# 상속을 설계하라

# 상속을 설계하라

| | |
|---|---|
| 발행일 | 2017년 7월 5일 |

| | |
|---|---|
| 지은이 | 김형석, 박세영, 문정균, 김종원 |
| 펴낸이 | 박필균 |
| 펴낸곳 | Cno Consulting Group(-CNO퍼블리셔-) |

| | |
|---|---|
| 출판등록 | 2017. 2. 7(제2017-000051호.) |
| 주소 | 서울시 강남구 논현로 652 2층 CNO컨설팅그룹 |
| 이메일 | dk23gh@cnocg.co.kr |
| 전화번호 | 02-3443-0780        팩스        02-6209-7544 |

| | |
|---|---|
| ISBN | 979-11-960302-0-9  03320(종이책) |
| | 979-11-960302-1-6  05320(전자책) |

이 도서의 국립중앙도서관 출판예정도서목록(CIP)은 서지유통지원시스템 홈페이지(http://seoji.nl.go.kr)와
국가자료공동목록시스템(http://www.nl.go.kr/kolisnet)에서 이용하실 수 있습니다.
(CIP제어번호 : CIP2017015484)

상 속 세 절 세 를 위 한 모 든 것

# 상속을 설계하라

### 상증세, 상속법, 신탁 그리고 보험

김형석, 문정균, 김종원, 박세영 공저

CNO
PUBLISHER
MAGAZINE&BOOKS

# 상속세 절세의 새로운 패러다임, 상속세·증여세 5단계 세금계획

2014년 5월 10일 밤 삼성그룹 이건희 회장이 급성 심근경색으로 쓰러졌다는 기사가 나오자 전국이 떠들썩했다. 2014년 10월 영국 경제주간지 〈이코노미스트〉는 '승계를 기다리며(Waiting in the wings)' 란 제목의 기사에서 삼성이 처한 상황과 경영권 승계 작업, 이재용 부회장의 과세 등을 다양한 시각으로 조망했다. 특히, CLSA증권 수석투자분석가 숀 코크는 "일련의 구조재편의 이유로는 순환출자에 대한 규제 강화도 있지만, 더 중요한 건 6조 원대의 상속세 문제 해결"이라고 전망했다. 한 달 뒤인 11월 이재용 삼성전자 부회장이 제일모직, 삼성SDS 등 삼성그룹의 핵심 계열사들을 잇달아 상장시킴에 따라 삼성그룹을 물려받는 데 필요한 '상속세 실탄 준비'는 사실상 끝났다는 기사가 인터넷에 올라오기 시작했다.

우리는 일련의 사건을 통해 경영권을 안정적으로 승계하기 위해서 상속세 재원마련이 얼마나 중요한지를 간접적으로 알 수 있었다. 우리나라는 '한강의 기적'이라는 고도성장을 발판삼아 지금에 이르렀다. 우리나라의 고도성장이 창업 1세대들의 피와 땀에서 비롯된 것임은 누구도 이론을 제기하지 못할 것이다. 그런데 창업 1세대들이 이제 경영 일선에서 물러나고 있다. 상속인들 사이에서는 상속재산 분할 분쟁이 빈번해지고 있고, 중소기업의 경우에는 가업승계가 가장 큰 화두가 되고 있다. 우리의 창업 1세대들은 회사를 키우는 데 평생을 바쳤고 또 그 결실을 맺었다. 하지만 기업을 승계받은 상속인들에게 상속세를 낼 현금이 없다면 결국 회사를 팔거나 회사 주식을 팔아야만 상속세를 낼 수 있을 것이다. 그렇다면 어떻게 해야 피땀 흘려 세운 기업을 혈육에게 온전히 물려줄 수 있을까?

상속재산가액이 10억 원이 넘는다면 상속세를 납부해야 한다. 상속세 문제는 대기업 후계자에게만 해당되는 다른 사람 얘기가 아니라 바로 당신의 얘기인 것이다.

인생에서 피할 수 없는 것이 두 가지 있다고 한다. 바로 '죽음과 세금'이다. 죽음은 누구도 피할 수 없어 요즘은 'Well Dying'에 대한 관심이 많다. 세금도 죽음과 마찬가지로 피할 수 없는 없지만 줄일 수는 있다. 그렇다고 아무런 노력 없이 세금을 줄일 수는 없다. 세금을 줄이고 싶다면 미리 계획을 세워 준비해야 한다. 많은 사람이 상속세 문제로 고민하지만, 세금계획을 세워 적극적으로 상속세를 줄이려는 사람은 생각보다 많지 않다.

상속세와 증여세 절세를 목적으로 쓴 이 책은 시중에 나와 있는 다른 책들과 다음과 같은 점에서 차별화했다.

첫째, 상속세와 증여세를 가장 효율적으로 절세할 수 있는 로드맵으로 '상속세·증여세 세금계획 5단계 전략'을 제시했다. 이는 상속인의 라이프사이클(Life cycle)을 고려하여 장기적인 관점에서 체계적으로 설계한 절세전략이다. 즉 자녀가 태어나서 성인이 되어 부모 재산을 상속받을 때까지를 기준으로 설계하였다. 기존 절세 관련 책들은 절세할 수 있는 기본적인 프레임을 제시하는 것이 아니라 다양한 방법을 백화점식으로 나열하여 납세자들을 오히려 혼란스럽게 하고 있기 때문이다.

둘째, 상속재산 규모에 맞는 세금계획을 제시하였다. 즉, 상속재산 규모에 따라 '상속세·증여세 세금계획 5단계 전략' 중 상속인이 무엇을 준비해야 하는지 이유와 방법을 설명하였다. 상속재산이 10억 원인 상속인과 100억 원인 상속인의 세금계획은 달라야 하기 때문이다. 하지만 시중에 나와 있는 대부분의 책들은 재산 규모에 따라 서로 다른 절세전략을 제시하지 않고 있다.

셋째, 증여뿐만 아니라 법인전환, 사업승계 등 상속세를 절세할 수 있는 다양한 방법을 '상속세·증여세 세금계획 5단계 전략' 안에 제시하였다. 절세 관련 책 대부분은 보통 상속과 증여만 다루고 있다. 재산을 수백억 원 물려받는 상속인이 증여만 해서 상속세를 얼마나 절세할 수 있을까? 재산을 수십억 원 증여받는다면 과연 증여세를 납부할 자금을 수증인이 보유하고 있을까?

넷째, 상속으로 발생할 수 있는 법률적 쟁점을 포괄적으로 담았다. 상속, 상속세 그리고 상속으로 인한 분쟁은 결국 상속인들 사이의 문제다. 상속인이 여럿이라면 상속세 등의 상속세에 따른 부담도 나누어야 한다. 부담의 분배 역시 상속의 화두다. 따라서 상속과 관련한 법률적 내용을 최대한 담고자 하였다.

다섯째, 부동산 전문가들도 낯설어하는 민사신탁이 왜 유용한가? 부동산 권리와 세금에 대해 탄력적이고 유연한 처리방안이 민사신탁이다. 후덥지근한 여름날의 소나기처럼 시원하고 새로운 패러다임을 보여줄 것이다. 기존의 부동산 문제에 대한 상식과 법체계로 기대할 수 없는 구조를 선택할 수 있게 된다. 자녀에게 증여가 좋은지, 매매가 좋은지 고민하는 경우나 증여가 좋은지, 상속이 좋은지 검토하는 이유도 권리와 세금 문제이다. 가족 간 재산분쟁 방지 및 증여·상속문제, 고령자 및 미성년 등 제한능력자의 재산보호, 중소기업의 원활한 가업승계 등이 필요한 시대 상황에서, 새로운 유형의 자산이전 및 자산관리 방식으로 민사신탁이 유용하다.

여섯째, 상속세와 증여세의 절세계획과 세금재원 확보 측면에서 보험상품 활용의 장단점에 대하여 설명하였다. 일반인들이 이해하기 쉽지 않은 보험의 특성상 보험의 구조부터 보험상품의 종류별 활용과 관련된 세법과의 관계 등을 자세히 다루었다. 보험상품이 활용될 때 유용성 여부는 상황에 따라 많이 달라질 수 있기 때문에 보험상품별, 상황별 활용사례를 담고자 하였으며, 시중에서 많이 제안되는 보험 활용 제안들의 장단점 등에 대해서도 설명하였다.

바쁜 가운데 집필 작업에 같이 참여한 문정균 변호사님, 김종원 법무사님, 박세영 세무사님과 책 출간에 많은 힘을 주신 CNO컨설팅그룹의 박필균 대표님께 감사의 마음을 전한다. 이 책이 상속과 관련된 세금계획에 관심이 있는 독자 및 금융종사자, 세무전문가들에게 '소음'이 아니라 '신호'의 역할을 할 수 있으면 좋겠다.

2017년 7월 어느 날
대표 저자 김형석

# 제1장

# 상속세,
# 남의 얘기가 아니다

# 1. 상속세를 준비하지 않으면
   물려받은 기업도 팔아야 한다

## 1. 농우바이오가 농협에 인수된 이유는 상속세 때문이다

국내 1위 종자 업체인 농우바이오가 2014년 9월 농협에 인수되었다. 농우바이오가 M&A 시장에 매물로 나온 이유는 바로 상속세 때문이다. 창업주인 고희선 명예회장이 2014년 8월 갑작스레 폐암으로 세상을 떠나면서 납부해야 할 상속세가 1,000억 원이 넘게 되었다. 유족은 1,000억 원이 넘는 상속세를 납부할 현금을 마련할 방법이 없자 결국 농우바이오 지분을 매각하기로 한 것이다.

이와 비슷한 사례는 전에도 있었다. 바로 세계 1위 손톱깎이 회사인 쓰리세븐(777)이 그곳이다. 2008년 창업주가 갑자기 사망하면서 부과된 상속세 약 150억 원 때문에 그 유가족들은 어쩔 수 없이 회사를 매각해야만 했다.

위 사례 외에도 상속에 대한 아무런 준비도 없이 최대주주가 갑자기 사망하여 이를 물려받은 유가족들이 거액의 상속세를 감당하지 못해 결국 해당 지분을 처분한 경우는 허다하다.

## 2. 준비 없이 맞이한 상속 왜 문제일까?

사전 준비 없이 갑자기 상속이 이뤄진 경우 다음 두 가지 문제를 발생시킨다.

첫째, 우리나라 가정의 경우 재산이 한 사람(보통 아버지)에게 집중되어 있기 때문에 5단계 누진세율(10%~50%)을 채택하고 있는 현행 상속세 세율 체계에서 상속이 개시될 경우 거액의 상속세를 부담할 수밖에 없다.

둘째, 거액의 상속세를 납부하기 위해 상속재산을 처분하거나 물납 또는 연부연납을 할 수밖에 없는데, 이러한 재산의 처분, 물납 또는 연부연납을 통해 상속세를 납부할 경우 상속재산을 처분, 물납 또는 연부연납하기 전의 상속세보다 상속세가 증가되는 '상속세 악순환' 구조에 빠지게 된다.

결국, 사전 준비 없이 상속이 개시될 경우 주로 두 가지 이유 때문에 상속세 세금폭탄을 맞을 수밖에 없는 것이 현실이다.


## 3. 상속세와 증여세, 과연 세테크만으로 절세 가능할까?

상속세·증여세 세금계획의 목표는 세금부담을 최소화하면서 부모의 재산을 자녀에게 이전하는 것이다. 결국, 상속세·증여세 세금계획은 '절세를 통한 부의 이전'을 실현하는 것이다. 따라서 거액의 세금을 부담해야 하는 상속의 경우 단편적인 세테크 전략만으로는 부족하다. 왜냐하면, 상속세·증여세 세금계획은 '절세계획'과 '상속세 재원마련 계획'이 같이 이루어져야 하기 때문이다.

상속세·증여세 세금계획의 핵심은 세금을 최소한 부담하면서 피상속인의 재산을 상속인에게 이전하는 것이기 때문에 장기간 전략적으로 설계해야 절세 효과를 크게 거둘 수 있다. 그렇기 때문에 상속세·증여세 세금계획의 필요성을 빨리 인식하고 일찍 준비하는 것이 무엇보다 중요하다.

일반적으로 상속세·증여세는 현금(유동성) 부족으로 거액의 세금을 납부하는 데 큰 어려움을 겪을 수밖에 없다. 특히 상속의 경우 거액의 상속세를 납부하기 위해 상속재산 중 일부를 급히 처분하거나 물납이나 연부연납을 통해서 상속세 재원을 해결할 경우 오히려 상속세가 늘어나 문제가 더 커지게 된다.

결국, 상속세·증여세에 대한 재원이 준비되어 있지 않으면 절세계획을 잘 세워도 실패로 돌아가고 만다.

---

**절세 포인트 1.** 상속에 대한 사전 준비 없이 최대주주가 갑자기 사망한 경우 상속세를 납부하기 위해 회사를 처분해야 하는 사례가 빈번하다.

**절세 포인트 2.** 사전 준비 없이 상속이 개시될 경우 부의 집중으로 인해 상속세 재원이 준비되어 있지 않기 때문에 상속세 부담이 늘어난다.

**절세 포인트 3.** 이제는 세테크만으로 부족하고 절세계획과 함께 상속세 재원을 같이 준비해야 한다.

---

# 2. 상속세·증여세 세금계획
## 이렇게 시작하자

상속세·증여세는 정부 부과방식을 채택하고 있다. 따라서 상속세·증여세 납세의무는 납세의무자가 신고한다고 해서 납세의무가 확정되는 것이 아니다. 과세관청이 자체적인 조사를 통하여 과세표준과 세액을 결정해야 납세의무가 확정된다. 특히 상속재산가액이 50억원을 초과하는 경우 지방국세청에서 상속세 적정신고 여부를 조사하도록 하고 있기 때문에 상속세·증여세 세금계획에서 전문가의 도움이 절대적으로 필요하다. 상속세·증여세의 세금계획 수립은 필요한 정보를 수집하는 것으로 시작한다. 수집해야 할 정보는 자산의 종류와 가액, 가족 구성상황과 피상속인 건강상태 등이다.

### 1. 재산의 종류와 가치를 파악하라

상속세·증여세 과세대상이 되는 재산의 종류와 가치를 파악하는 것은 세금계획에 있어 가장 중요한 사항이다. 왜냐하면 상속세·증여세법은 재산의 종류에 따라 평가방법을 다르게 규정하고 있기 때문이다. 그리고 재산의 보유형태를 달리할 경우 세금부담의 차이 여부도 검토해야 한다.

## 2. 기간에 따른 세금계획을 수립하라

상속세의 세금계획을 설계하는 데 있어 가장 예측하기 어려운 부분은 피상속예정인의 사망일이다. 따라서 피상속인의 연령, 건강상태 등을 고려하여 장기·중기·장기의 상속세 세금계획을 각각 수립해야 한다.

### 1) 장기 세금계획

사망일까지 10년 이상의 여유가 있을 때 채택할 수 있는 장기 세금계획으로, 생전증여 등 다양한 절세방법을 활용해 가장 큰 절세효과를 거둘 있는 가장 이상적인 방법이다.

### 2) 중기 세금계획

사망일까지 5년에서 10년 사이의 여유가 있을 때 채택할 수 있는 중기 세금계획으로, 피상속예정인의 건강상태가 어느 정도 양호하여 머지않은 미래에 상속이 개시될 것으로 예상되는 경우를 말한다.

### 3) 단기 세금계획

일반적으로 단기란 통상 사망일 전 5년 이내의 기간을 말한다. 단기 세금계획의 경우 상속인에게 증여한 재산이 상속재산에 합산되어 사전증여를 통한 절세 효과는 없기 때문에 그만큼 상속세 절세계획은 제한될 수밖에 없다.

## 3. 다양한 절세계획을 설계하자

상속세·증여세 세금계획의 핵심은 절세계획의 설계이다. 절세계획을 설계할 때는 주어진 상황에서 현실적으로 선택 가능한 다양한 절세방안을 동시에 설계하는 것이 좋다. 다양한 절세계획 중 절세 효과가 가장 큰 방법을 선택하는 것이 일반적이지만 무엇보다 중요한 것은 피상속예정인의 의지가 우선한다.

## 4. 상속세의 재원을 준비하자

상속세·증여세의 세금계획의 핵심인 절세계획만큼 중요한 것이 상속세의 재원을 준비하는 것이다. 유동성이 부족해 거액의 상속세를 납부하지 못해서 상속재산을 처분하거나 물납 등을 하게 되면 상속세 부담이 커져 절세계획이 큰 효과를 발휘하지 못하게 된다. 국세청 통계자료에 따르면 상속재산이 50억 원이 넘는 고액 재산가의 경우 상속세 실제 부담률에 비해 금융자산비율이 낮기 때문에 상속세 재원확보 계획에 각별히 주의를 기울여야 한다.

## 5. 피상속예정인의 심경 변화, 재산 포트폴리오 변화, 세법 개정에 따라 계획을 수정하라

선택된 절세계획은 상황의 변화에 따라 바뀔 수 있다. 특히, 피상속예정인의 의사 변동, 재산 포트폴리오의 변화 및 세법 개정을 들

수 있다.

## 1) 피상속예정인 심경 변화

상속세·증여세의 세금계획에서는 피상속예정인의 뜻이 가장 존중되어야 하기 때문에 피상속예정인의 심경이 바뀐 경우 세금계획은 그에 맞추어 수정해야 한다.

## 2) 재산 포트폴리오의 변화

상속세 및 증여세법은 재산의 종류에 따라 평가방법을 다르게 규정하고 있기 때문에 재산 포트폴리오의 변화는 상당히 중요하다. 변화된 재산 포트폴리오에 맞추어 세금계획 및 상속세 재원마련 계획을 수립해야 한다.

## 3) 세법 개정

세법의 개정은 향후 세금에 매우 중요한 영향을 미치기 때문에 세법 개정에 맞추어 세금계획을 계속 수정하여 반영해야 한다.

## 6. 상속세 신고 후 사후관리도 철저히 하자

상속세 및 증여세법은 상속재산가액이 30억 원 이상의 경우로서 상속개시 후 5년 이내에 상속인이 보유한 부동산, 주식 등 주요 재산가액이 상속개시 당시에 비하여 크게 증가한 때에는 조사하도록 규정하고 있다. 따라서 5년 후의 조사의 대상이 되는 경우를 미리 대비해서 상속개시 이후 증가한 자산에 관하여 자금출처를 입증할 수 있도록 준비해야 한다.

**절세 포인트 1.** 재산의 종류와 가액 파악이 제일 중요하다.

**절세 포인트 2.** 기간에 따라 단기, 중기, 장기 계획을 수립하자.

**절세 포인트 3.** 한 가지 계획이 아니라 다양한 절세계획을 수립하자.

**절세 포인트 4.** 절세계획뿐만 아니라 상속세 재원준비도 중요하다.

**절세 포인트 5.** 상속세 신고 후 사후관리도 철저히 하자.

# 3. 상속세 실탄이 없어 상속재산을 처분하는 경우도 있다

　상속세는 피상속인이 평생에 걸쳐 모은 재산에 과세하기 때문에 납부하여야 할 세금이 대체로 거액이다. 다음 세대로의 원활한 상속은 결국 상속세 납부에서 시작된다. 만약 다음 세대가 상속세 납부 능력이 충분하지 않다면 피상속인의 상속재산 중 상속세에 상당하는 금융자산이 있어야 한다. 그렇지 않으면 상속재산 중 일부를 처분하거나 물납 또는 연부연납을 통해서 상속세를 납부할 수밖에 없다. 이러한 방법은 결국 상속세 부담을 더욱 가중하기 때문에 상속세 재원을 미리 준비해 놓는 것은 절세를 위해서 반드시 필요하다.

　여기서 상속세 재원마련을 하지 못해 상속재산을 처분, 상속재산을 담보로 대출, 상속재산을 물납 또는 연부연납할 경우 왜 상속세 부담이 커지는지 이유를 알아보자.

## 1. 상속재산을 처분할 경우

　상속세 및 증여세법은 평가기준일 전후 6개월(증여재산의 경우 3개월) 이내의 기간 중 매매가 있는 경우 그 매매가액을 시가로 인정한다. 따라서 상속세를 납부하기 위해 상속재산 중 부동산을 급히 처분할 경우 그 처분가액을 시가로 보기 때문에 상속재산가액이 상향평가 되어 상속세 부담이 커진다. 그뿐만 아니라 부동산을 급히 처분하게 되면 급매에 따른 손실도 생길 수도 있다.

## 2. 상속재산을 담보로 대출받을 경우

상속세 및 증여세법은 평가기준일 전후 6개월(증여재산의 경우 3개월) 이내의 기간 중 감정이 있는 경우 그 감정가액을 시가로 인정한다. 따라서 상속재산을 담보로 대출을 받을 경우 상속재산 중 부동산은 보충적 평가방법인 개별공시지가로 평가되는 것이 아니라 개별공시지가보다 높은 감정가액으로 상향평가되기 때문에 상속세 부담이 커진다. 그뿐만 아니라 담보대출에 따른 원금 상환과 이자 부담에 어려움이 생길 수 있다.

## 3. 물납할 경우

상속세를 납부하기 위해 물납을 할 경우 다음과 같은 두 가지 문제점이 발생한다.

첫째, 물납할 경우 그 재산은 일반적으로 상속재산의 가액으로 평가하는데, 만약 부동산 등의 가액을 기준시가로 신고하면 물납가액 역시 신고가액에 의하게 되는 것이다. 예를 들어 상속재산 중 토지의 시가(호가는 200억 원인 경우)가 확인되지 않아 개별공시지가 150억 원으로 신고하여 그 토지를 물납한 경우 물납가액은 신고가액인 150억 원이 된다. 따라서 시가와 보충적 평가방법에 의한 가액의 차이가 크게 날수록 물납을 하게 되면 상속세를 더 부담하게 된다.

둘째, 물납한 재산을 국가가 처분한 경우 그 양도차익은 국가에 귀속된다. 따라서 물납할 경우 미래의 양도차익을 포기해야 하는 문제점도 발생한다.

## 4. 연부연납할 경우

상속세를 연부연납으로 납부할 수 있다. 연부연납을 할 경우에는 납세담보를 제공해야 한다. 만약 상속재산 중 토지를 납세담보로 제공할 경우 개별공시지가로 평가하며, 납부해야 할 상속세의 120%에 해당하는 납세담보를 제공해야 한다. 그리고 연부연납기간 동안에는 연부연납가산금(현재 연 1.6%)이라는 이자를 계속 부담해야 하는 문제점도 발생한다.

상속세를 납부할 현금이 없어 상속세 재원을 마련하기 위해 상속재산을 처분, 상속재산을 담보로 대출, 상속재산을 물납 또는 연부연납할 경우 상속재산을 처분, 대출, 물납 또는 연부연납하기 전의 상속세 부담보다 더 커지는 '상속세 악순환' 구조에 직면하게 된다. 즉 상속세 재원에 대한 유동성 부족을 해결하기 위한 노력은 결국 높은 상속세 부담이라는 결과를 가져오게 된다. 따라서 아무리 잘 세운 절세계획이라고 하더라도 상속세 재원의 준비가 제대로 되어 있지 않으면 실패할 수밖에 없다.

---

**절세 포인트 1.** 다음 세대로의 원활한 상속은 상속세 납부에서부터 시작된다.

**절세 포인트 2.** 상속재산을 처분할 경우 실지거래가액으로 상향평가되어 상속세 부담이 증가할 뿐 아니라 급매하는 바람에 손해를 볼 가능성도 있다.

**절세 포인트 3.** 상속재산을 담보로 대출받을 경우 감정가액으로 상향평가 되어 상속세 부담이 증가할 뿐 아니라 원금 상환과 이자 부담에 어려움이 있다.

**절세 포인트 4.** 물납할 경우에는 시가와 기준시가 차액만큼 상속세를 더 부담해야 할 뿐 아니라 시세차익을 포기해야 하고 부동산의 가치가 하락할 수 있는 문제점이 있다.

**절세 포인트 5.** 연부연납의 경우 납세담보 제공과 연부연납 가산금을 부담해야 하는 문제가 있다.

---

# 4. 상속세 실탄 준비하셨습니까?

## 1. 금융재산으로 상속세 납부가 가능할까?

우리나라 가구의 자산은 부동산의 비율이 여전히 높은 편이다. 통계청의 2013년 가계금융조사 결과에 따르면 2013년 3월 말 현재, 우리나라 가구당 전체 자산 중 부동산 비중은 67.8%로 나타났다. 이는 2012년 가계금융조사의 69.6%보다는 낮지만, 여전히 부동산 중심으로 자산이 구성되어 있음을 보여주고 있다.

또한, 2015년 《국세청통계연보》 상속세 결정현황에 따르면 총상속재산에서 각 재산이 차지하는 비율이 부동산 64.88%, 유가증권 12.42%, 금융자산 17.77%, 기타 상속재산 4.94%로 구성된 것으로 나타났다.

〈상속세 결정현황 중 상속재산가액 구분별 자산구성비율〉

(단위: %)

| 상속재산가액 구분별 | 부동산 | 유가증권 | 금융자산 | 기타상속재산 |
|---|---|---|---|---|
| 소계 | 64.88 | 12.42 | 17.77 | 4.94 |
| 1억 이하 | 77.76 | 0.00 | 21.95 | 0.28 |
| 3억 이하 | 87.57 | 0.55 | 10.56 | 1.32 |
| 5억 이하 | 88.02 | 1.14 | 9.49 | 1.34 |
| 10억 이하 | 75.17 | 1.78 | 19.43 | 3.63 |
| 20억 이하 | 76.32 | 2.99 | 16.99 | 3.69 |
| 30억 이하 | 74.93 | 4.71 | 16.53 | 3.83 |

| | | | | |
|---|---|---|---|---|
| 50억 이하 | 70.02 | 5.76 | 19.11 | 5.11 |
| 100억 이하 | 65.91 | 9.68 | 19.48 | 4.93 |
| 500억 이하 | 48.70 | 26.58 | 16.92 | 7.80 |
| 500억 초과 | 25.57 | 49.26 | 19.84 | 5.33 |

출처: 2015 국세청통계연보, 저자 재구성

　그러면 평균 금융자산 17.77%로 상속세를 충분히 납부할 수 있을까? 이는 2015년《국세청통계연보》상속세 결정현황 중 상속세 실제 부담비율을 통해 확인할 수 있다. 자료에 따르면 평균 실제 상속세 부담률(총결정세액/과세가액)은 12.61%로 나타난다. 이것은 상속재산 중 금융자산으로 상속세를 겨우 납부할 수 있는 수준이다.

### 〈상속재산가액 구분별 상속세 부담률〉

(단위: %)

| 상속재산가액 구분별 | 산출세액<br>─────<br>과세가액 | 산출세액<br>─────<br>과세표준 | 실제상속세부담률<br>결정세액<br>─────<br>과세가액 |
|---|---|---|---|
| 소 계 | 16.76 | 26.76 | 12.61 |
| 1억 원 이하 | 4.87 | 10.01 | 0.98 |
| 3억 원 이하 | 5.47 | 11.87 | 0.98 |
| 5억 원 이하 | 5.52 | 14.93 | 1.60 |
| 10억 원 이하 | 4.77 | 16.47 | 2.87 |
| 20억 원 이하 | 6.38 | 20.26 | 5.04 |
| 30억 원 이하 | 12.76 | 26.68 | 10.54 |
| 50억 원 이하 | 17.98 | 31.92 | 14.71 |
| 100억 원 이하 | 26.08 | 39.29 | 21.28 |
| 500억 원 이하 | 36.84 | 46.61 | 30.75 |
| 500억 원 초과 | 46.94 | 49.56 | 37.35 |

출처: 2015 국세청통계연보, 저자 재구성

하지만 상속재산가액 규모에 따라서 다음과 같은 차이를 나타내고 있다. 상속재산가액이 50억 원 이하인 경우에는 상속재산 중 금융자산으로 상속세를 납부할 수 있는 재원이 어느 정도 되지만, 100억 원 이하의 경우에는 금융자산비율보다 상속세 실제 부담률이 더 높기 때문에 상속재산 중 금융자산으로 상속세를 납부하기에는 유동성이 부족한 것으로 나타났다. 이 구간 이후부터는 상속세를 납부하기 위해 상속재산 중 부동산 또는 유가증권을 매각하거나 금융기관으로부터 차입하거나 상속세를 물납 또는 연부연납해야 하는 경우가 생기게 되는 것이다.

### 〈상속재산가액 구분별 자산구성비율과 상속세 부담률〉

(단위: %)

| 상속재산가액 구분별 | 상속세 실제 부담률 | 부동산 | 유가 증권 | 금융 자산 | 기타 상속 재산 |
|---|---|---|---|---|---|
| 소계 | 12.61 | 64.88 | 12.42 | 17.77 | 4.94 |
| 1억 원 이하 | 0.98 | 77.76 | 0.00 | 21.95 | 0.28 |
| 3억 원 이하 | 0.98 | 87.57 | 0.55 | 10.56 | 1.32 |
| 5억 원 이하 | 1.60 | 88.02 | 1.14 | 9.49 | 1.34 |
| 10억 원 이하 | 2.87 | 75.17 | 1.78 | 19.43 | 3.63 |
| 20억 원 이하 | 5.04 | 76.32 | 2.99 | 16.99 | 3.69 |
| 30억 원 이하 | 10.54 | 74.93 | 4.71 | 16.53 | 3.83 |
| 50억 원 이하 | 14.71 | 70.02 | 5.76 | 19.11 | 5.11 |
| 100억 원 이하 | 21.28 | 65.91 | 9.68 | 19.48 | 4.93 |
| 500억 원 이하 | 30.75 | 48.70 | 26.58 | 16.92 | 7.80 |
| 500억 원 초과 | 37.35 | 25.57 | 49.26 | 19.84 | 5.33 |

출처: 2015 국세청통계연보, 저자 재구성

## 2. 상속세 재원준비 어떻게 해야 하나?

상속세의 재원은 생명보험 상품, 자산 포트폴리오 조정, 재산 이전 및 소득분산 등의 방법으로 준비할 수 있다.

### 1) 생명보험 상품을 이용하자

생명보험에 가입할 수 있는 자격이 충족되면 생명보험을 통해 상속세 재원을 준비할 수 있다. 그런데 생명보험을 통해 수백억 원이나 되는 상속세를 모두 준비하기에는 현실적으로 어렵다. 그리고 보험금의 경우 간주상속재산에 포함되어 상속세가 과세될 수 있기 때문에 상속세 부담이 늘어나는 반대급부도 고려해야 한다.

### 2) 자산 포트폴리오를 조정하자

상속세 재원 문제는 결국 상속재산 중 부동산이 차지하는 비율이 높아서 발생하기 때문에 피상속예정인의 자산 포트폴리오를 조정하여 부동산자산의 비중을 적정수준으로 낮추고 금융자산의 비중을 실제 상속세 부담률만큼 높이는 것이 필요하다.

### 3) 재산 이전, 소득분산을 하자

피상속예정인의 자산 포트폴리오를 조정하여 부동산자산 비중을 낮추고 금융자산의 비중을 높이는 것이 현실적으로 어렵다면 사전증여로 한 사람(대부분 가정은 아버지)에게 집중된 재산을 배우자 또는 자녀에게 이전하여 소득을 분산해야 한다. 결국, 상속세는 상속인이 납부해야 하기 때문에 상속재산으로 상속세 납부가 힘들다면 상속인의 재산과 소득을 늘려서 상속인이 상속세 재원을 준비할 수 있도록 하자는 것이다. 이에 대한 자세한 내용은 '상속세·증여세 절세를 위한 로드맵을 세워라'에서 설명한다.

---

**절세 포인트 1.** 《국세통계연보》에 따르면 총상속재산에서 부동산이 64.88%, 금융자산이 17.77%로 부동산 비율이 상당히 높다.

**절세 포인트 2.** 상속재산가액이 50억 원 이상인 경우에는 금융자산비율보다 상속세 실제 부담률이 더 높기 때문에 상속세를 납부하기에는 유동성이 부족하다.

**절세 포인트 3.** 상속세 재원은 상속재산 중 부동산자산 비중을 낮추고 금융자산 비중을 높여서 마련할 수 있다.

**절세 포인트 4.** 상속세 재원은 상속세·증여세 절세를 위한 로드맵을 통해 재산 이전 및 소득분산을 해서 마련할 수 있다.

# 5. 상속세·증여세 절세를 위한
## 로드맵을 세워라

부모가 아무리 재산이 많아도 자녀가 변변한 직업이 없거나 능력이 없으면 부모로서는 증여도, 상속도 고민스러울 수밖에 없다. 지금 재산을 증여하면 바로 다 날릴 것 같고, 안 주자니 부모를 원망하는 것 같기 때문이다. 재산을 상속하게 되면 막대한 상속세는 자녀들이 어떻게 감당할지 걱정스럽고, 생전에 물려주게 되면 자녀들이 내야 할 증여세도 같이 걱정해야 한다. 결국, 이러한 문제를 해결할 방법은 자녀가 성인이 되어 직업을 갖는 것과 관계없이 자녀의 경제적인 능력을 키워 주는 것이다.

상속세·증여세 세금계획 5단계 전략은 자녀가 경제적 능력을 계속 키워 합법적인 방법으로 세금부담을 최소화함으로써 재산을 상속받는 방법을 제시한 것이다.

상속세·증여세의 세금계획은 절세계획과 상속세 재원준비계획을 함께해야 한다. 절세계획은 피상속인예정인이 세금부담을 최소화하면서 효율적으로 상속인에게 재산을 이전하는 것을 의미한다. 그리고 상속세 재원준비는 부를 효율적으로 분배해 상속인 스스로가 상속세 재원을 확보하는 것을 의미한다.

## 상속세·증여세 세금계획 5단계 전략

증여의 경우에는 증여자와 수증자의 의사에 따라 증여재산을 이전하기 때문에 재산의 종류, 증여의 시기, 규모를 자유롭게 결정할 수 있다. 하지만 상속에서 가장 중요한 상속개시일(사망일)을 본인이 결정하는 것은 불가능하기 때문에 상속세 세금계획에는 본질적으로 불확실성이 존재한다. 피상속예정인의 사망일이 가까워질수록 불확실성은 더욱 커지게 될 뿐만 아니라 상속세를 절세할 기회는 점점 줄어들게 된다.

상속세·증여세 세금계획 5단계 전략은 피상속인에게는 모든 세금의 종착역이지만 상속인에게는 출발역인 상속세 절세를 위한 목적으로 상속인의 라이프사이클을 고려하여 장기적인 관점에서 설계하였다.

**〈상속세·증여세 세금계획 5단계 전략〉**

| 첫 번째<br>단계 | | 두 번째<br>단계 | | 세 번째<br>단계 | | 네 번째<br>단계 | | 다섯 번째<br>단계 |
|---|---|---|---|---|---|---|---|---|
| | → | | → | | → | | → | |
| 증여 | | 법인<br>설립 | | 사업<br>승계 | | 가업<br>승계 | | 상속 |

재산에 대한 세금에 있어 세금계획 기법은 다음과 같다.
① 재산의 종류 변경, ② 재산의 귀속 시기 변경, ③ 재산의 귀속자 변경

## 1) 증여

첫 번째 단계인 증여는 재산의 귀속 시기와 재산의 귀속자를 변경하는 세금계획 기법이다. 먼저 재산의 귀속 시기 변경은 상속개시일에 피상속인에게 집중해서 귀속될 재산을 사전증여로 미리 분산해서 귀속시킴으로써 상속세 누진과세를 피할 수 있다. 재산의 귀속자

변경은 증여를 통해 수증자에게 재산의 소유권이 이전되면 그 재산에서 발생하는 양도차익과 소득은 수증자의 소득이기 때문에 소득세를 절세할 수 있을 뿐만 아니라 향후 자금출처에 대한 대비책이 될 수 있다.

### 2) 법인 설립

두 번째 단계인 법인 설립의 경우에는 재산의 종류를 변경하는 세금계획 기법이다. 개인소유의 부동산 등 실물재산이 법인 설립을 통해 주식으로 바뀌기 때문이다. 법인으로 전환할 때 부동산에 대하여 '이월과세'가 적용됨으로써 양도소득 귀속 시기가 늦추어져 납부 시기를 연기할 수 있다.

'이월과세'란 법인으로 전환할 때 양도소득세를 납부하는 것이 아니라 법인으로 전환한 법인이 그 부동산을 양도할 때 납부하지 않은 양도소득세를 납부하는 것을 말한다. 그리고 사업소득에서 근로소득 등으로 소득 종류가 변경될 뿐 아니라 자녀에게 소득의 귀속을 분산시킬 수 있기 때문에 소득세 절세가 가능하다.

### 3) 사업승계

세 번째 단계인 사업승계의 경우에는 재산의 종류, 재산의 귀속자 및 재산의 귀속 시기를 변경시키는 세금계획 기법에 해당한다. 첫 번째 단계인 증여, 두 번째 단계인 법인 설립을 통해 상속인이 축적한 부를 이용하여 상속재산을 미리 양수, 증여, 교환을 하거나 지주회사를 설립해 사업 일부분을 미리 승계하는 것이다.

사업승계전략의 목표는 사업승계를 통한 부의 이전과 가업승계 사후관리 위험성을 최소화하는 것이다.

## 4) 가업승계

네 번째 단계인 가업승계는 가업(개인 또는 법인)을 승계하는 것이다. 가업승계 요건을 충족하여 가업상속공제를 받는 것도 중요하지만, 가업승계 전에 사후관리를 중점적으로 관리해서 상속 이후에 상속세 추징 문제가 발생하지 않도록 하는 것이 더욱 중요하다.

## 5) 상속

상속세·증여세 세금계획의 마지막 단계는 상속이다. 첫 번째 단계부터 세 번째 단계까지 절세계획을 실행했다면 증여를 통해 재산을 분산하고, 상속재산의 종류도 변경되어 절세 효과를 충분히 거두었을 뿐만 아니라 상속세 재원도 충분히 마련되었다. 하지만 아무 준비도 없이 상속이 개시된 경우에는 절세 효과는 크지 않을 것이다. 하지만 마지막 단계인 상속에서 어떻게 대응하느냐에 따라 상속세는 달라지기 때문에 마지막 기회를 놓쳐서는 안 되겠다.

상속세·증여세 세금계획 5단계 전략은 절세계획과 상속세 재원준비가 동시에 달성되도록 하였다.

---

**절세 포인트 1.** 첫 번째 단계인 증여는 상속세 절세를 위한 반석이자 출발점이다.
**절세 포인트 2.** 두 번째 단계인 법인 설립을 통해 소득이전과 분산을 통한 자금출처 확보하고 상속세를 준비하자.
**절세 포인트 3.** 세 번째 단계인 사업승계로 상속재산을 줄이자.
**절세 포인트 4.** 네 번째 단계인 가업승계로 준비하자.
**절세 포인트 5.** 마지막 단계인 상속 때 절세 기회를 놓치지 마라.

# 제2장

# 상속하느냐 증여하느냐
# 이것이 문제로다

# 1. 상속이 유리할까,
   증여가 유리할까?

상속과 증여 중 어떤 방법이 더 유리하다고 단정해서 이야기하기는 쉽지 않다.

세율 면에서 상속세와 증여세는 동일한 세율(10%~50% 5단계 초과누진세율) 구조를 가지고 있지만, 과세체계와 공제방식이 서로 다르기 때문이다.

## 1. 재산이 10억 원 이하인 경우에는 상속이 유리하다

증여가 유리할지, 상속이 유리할지는 자산 규모에 따라 달라진다. 특히 배우자와 자녀가 있는 경우에는 최소 10억 원(배우자 공제 5억 원+ 일괄공제 5억 원)이 상속공제 되기 때문에 상속재산 10억 원 이하인 경우에는 상속세가 과세되지 않는다.

## 2. 재산이 10억 원을 초과하면 미리 증여하는 것이 유리하다

상속재산이 10억 원을 초과하는 경우에는 상속세가 과세될 수 있기 때문에 상속개시일 10년 또는 5년 전에 상속인 또는 상속인 외의 자에게 사전증여를 하는 것이 상속세 부담을 줄일 수 있는 방법이 될 수 있다.

예를 들어 배우자가 생존해 있고, 자녀(만 20세 이상)가 2명이며, 자산이 약 20억 원이라고 가정해보자. 상속개시 10년 이전에 배우자에게 6억 원, 자녀 2명에게 각각 2억 원을 증여하는 경우 배우자는 배우자 공제 6억 원을 빼면 증여세가 과세되지 않는다. 그리고 자녀는 5,000만 원을 공제해 주기 때문에 증여재산가액이 1억 5,000만 원이 되어 증여세는 3,720만 원(자녀 한 명당 1,860만 원)을 내야 한다. 그리고 증여하고 남은 상속재산은 10억 원이기 때문에 상속세는 과세되지 않는다.

그러나 사전증여 없이 갑자기 사망해 상속이 이뤄지는 경우 상속세 부담액은 약 2억 2,320만 원이다. 따라서 사전증여 후에 상속이 개시되는 경우 총 부담세액은 3,720만 원인 데 비해 사전증여 없이 상속이 개시되는 경우 총 부담세액은 약 2억 2,320만 원으로 상속개시 전에 미리 증여하는 것이 증여 없이 상속하는 것보다 세금부담이 적다는 것을 알 수 있다.

---

**절세 포인트 1.** 증여가 유리할지, 상속이 유리할지는 자산 규모에 따라 달라진다.
**절세 포인트 2.** 재산이 10억 원 이하인 경우에는 일반적으로 상속이 유리하다.
**절세 포인트 3.** 재산이 10억 원을 초과할 경우에는 미리 증여를 하는 것이 유리하다.

## 2. 증여세와 상속세는
   어떻게 계산할까?

　증여세와 상속세의 계산방법은 뒤에서 자세히 살펴보고 여기서는 계산방식의 특징에 대해서 살펴보겠다. 상속세와 증여세는 재산을 아무런 대가 없이 이전한다는 것은 같지만, 상속세는 상속에 의해 과세되고, 증여세는 생전증여에 의해 과세된다는 차이가 있다.

### 1. 상속세는 유산세 과세방식을 따른다

　상속세는 상속인 각자가 상속받은 재산에 대해서 각각 과세하는 것이 아니라 상속재산이 분할되기 전 피상속인의 상속재산 전체에 대해서 과세하는 '유산과세 방식'을 취하고 있다. 상속세는 상속재산이 분할되기 전 피상속인의 상속재산 전체에 대해서 과세하기 때문에 상속재산에 대해서 높은 세율이 적용되어 누진세율 구조에서 상속세 부담은 커질 수밖에 없다.

### 2. 증여세는 '증여자별·수증자별 과세원칙'이 적용된다

　'증여자별 과세원칙'이란 둘 이상의 증여자가 한 사람의 수증자에게 각각 증여할 경우 수증자가 받은 재산을 합산해서 증여세를 과세하는 것이 아니라 증여자별로 각각 따로 증여세를 과세하는 것을 말한다.

'수증자별 과세원칙'이란 한 사람의 증여자가 둘 이상의 수증자에게 각각 증여할 경우 증여자가 증여한 재산을 합산해서 과세하는 것이 아니라 각 수증자별로 각각 따로 증여세를 과세하는 것을 말한다.

예를 들면 김일남, 김이남, 김삼남 3형제가 각각 1/3씩 공동으로 소유하고 있는 토지를 첫째인 김일남에게 김이남과 김삼남이 자기 소유 지분 1/3을 증여할 경우에 김일남은 김이남과 김삼남으로부터 증여받은 재산을 합해서 과세하는 것이 아니라 각각 따로 증여세를 과세하는 것이다.

---

**절세 포인트 1.** 상속세는 유산과세 방식을 따르기 때문에 피상속인의 상속재산 전체에 대해 상속세를 과세한다.

**절세 포인트 2.** 증여세는 증여자별·수증자별 과세원칙에 따라 과세한다.

# 3. 증여세와 상속세는 누가 내나

## 1. 증여세 납세의무자는 수증자이다

증여세는 재산을 증여받은 수증자가 부담하는 것이 원칙이다. 그런데 수증자가 납부할 능력이 없을 경우에는 증여세를 면제하도록 하고 있으며, 일정한 사유에 해당하는 경우에는 증여자에게 연대납세의무를 지우도록 하고 있다.

먼저 증여세 면제에 대해 알아보면, 일정한 이익의 증여(저가·고가양도에 따른 이익의 증여 등, 채무면제 등에 따른 증여, 부동산 무상사용에 따른 이익의 증여, 금전무상대출 등에 따른 이익의 증여)에 해당할 경우 수증자가 증여세를 납부할 능력이 없다고 인정될 때에는 증여세의 일부 또는 전부를 면제하도록 하고 있다.

그리고 다음의 경우에는 증여자에게 증여세에 대한 연대납세의무를 지우고 있다.

① 수증자의 주소나 거소가 불분명하여 조세채권확보가 어려운 경우
② 수증자가 담세력이 없어 증여세를 납부할 수 없는 경우
③ 명의신탁 재산의 증여의제 과세대상에 해당하는 경우
④ 수증자가 비거주자인 경우

증여자가 수증자 대신 증여세를 납부한 경우에는 새로운 증여에 해

당하기 때문에 증여세 납세의무가 생긴다. 하지만 증여자가 연대납세의무자로서 납부하는 증여세액은 수증자에 대한 증여로 보지 않는다. 또한 부동산과 현금을 동시에 증여받아 증여받은 현금으로 부동산과 현금에 과세된 증여세를 납부한 경우 새로운 증여에 해당하지 않는다.

## 2. 상속세 납세의무자는 상속인이다

한편 상속세는 재산을 상속받은 상속인이 부담하는 것이 원칙이다. 상속포기자와 상속결격자는 민법상 상속인에 해당하지 않기 때문에 본래의 상속재산에 대해서는 납세의무가 없다. 하지만 상속개시일 전 10년 이내에 피상속인에게서 증여받은 재산이 상속재산에 가산되었거나 추정상속재산이 있는 경우에는 상속세 납세의무자인 상속인에 포함된다.

피상속인의 사망을 원인으로 하는 유증 또는 사인증여로 재산을 취득한 자로서 상속인이 아닌 자는 상속세 납세의무를 진다. 상속인 또는 수유자는 각자가 받았거나 받을 재산을 한도로 상속세의 연대납세의무를 진다. 상속세 연대납세의무의 한도는 상속받은 자산에 부채와 상속세를 공제한 금액을 말한다.

상속재산의 한도 내에서 다른 상속인이 납부해야 할 상속세를 대신 납부하는 경우에는 증여세가 부과되지 않는다. 그러나 상속재산의 한도를 초과하여 상속세를 대신 납부하는 경우에는 증여세가 과세된다.

# 4. 증여재산과 상속재산은
어떻게 평가하는가?

## 1. 상속 및 증여재산의 평가규정이란?

상속세와 증여세는 재산이 대가 없이 무상으로 상속이나 증여로 이전된 경우에 부과하는 세금이다. 따라서 상속세와 증여세를 과세하려면 제일 먼저 상속 또는 증여받은 재산이 얼마나 되는지를 알아야 한다. 만약 현금을 상속 또는 증여받게 된다면 따로 평가할 필요가 없지만, 부동산 또는 주식을 상속 또는 증여받은 경우에는 그 재산이 얼마인지를 상속세 및 증여세법에서 정하고 있는데 그것이 바로 '재산평가' 규정이다.

## 2. 원칙적으로 평가기준일의 시가로 한다

상속세 및 증여세법은 상속 또는 증여재산의 가액을 원칙적으로 증여일 또는 상속일 현재의 '시가'로 한다. '시가'란 불특정 다수인 사이에 자유로이 거래가 이루어지는 경우 통상 성립된다고 인정되는 가액을 말한다.

상속세 및 증여세법의 시가 평가원칙에도 불구하고 실무상 시가를 정확하게 산정하기 어렵기 때문에 평가 기간(상속재산의 경우 평가기준일 전후 6개월, 증여재산의 경우 평가기준일 전후 3개월) 내의 다음 가액들은 시가로 보도록 하고 있다.

| 구분 | 내용 |
|---|---|
| 매매가액 | 매매계약일이 평가 기간 내에 있는 경우로서 해당 재산에 대한 매매 사례가 있는 경우 그 거래가액 |
| 감정가액 | 평가 기간 내에 속하는 경우로서 2 이상의 공신력 있는 감정평가법인이 평가한 감정가액이 있는 경우에는 그 감정가액의 평균액<br>(단, 주식 및 출자지분의 감정가액은 제외) |
| 수용·공매·경매가액 | 평가 기간 내에 가격 결정이 된 경우로서 해당 재산에 대하여 수용·공매 또는 경매 사실이 있는 경우에는 그 보상가액·공매가액·경매가액 |
| 유사사례가액 | 평가 기간 내의 해당 재산과 면적·위치·용도 및 종목 및 기준시가가 동일하거나 유사한 다른 재산에 대한 매매가액·2 이상 감정가액·수용가액·경매가액·공매가액 |
| 주권상장법인·코스닥시장상장법인 주식 | 평가기준일 이전·이후 각 2개월 동안 공표된 매일의 한국거래소 최종 시세가액의 평균액 |

증여받은 부동산을 세금납부나 사업자금마련 등을 위해 증여일로부터 전후 3개월 이내에 매각하거나 담보로 대출받게 되는 경우가 종종 있다. 만약 이 기간에 매매계약을 체결하면 해당 부동산의 매매가액이 생기게 되고, 담보대출을 신청한다면 심사과정에서 감정가액이 생길 수 있다. 이럴 경우 해당 증여재산의 평가는 개별공시지가가 아닌 매매가액이나 감정가액으로 하게 되어 증여세가 증가하므로 주의해야 한다.

원래는 평가 기간 밖의 매매, 감정, 수용가액 등은 시가로 인정하지 않지만 상속개시일 전 6월 이내 기간 및 증여일 전 3월 이내의 기간을 제외한 평가기준일 전 2년 이내 기간 중에 매매가격, 감정가격, 수용·공매·경매가액, 유사사례가액 중 평가기준일과 매매계약 등에 해당하는 날까지의 기간 중에 주식발행회사의 경영상태, 시간의 경과 및 주위 환경의 변화 등을 감안하여 가격변동의 특별한 사정이 없다고 인정되는 때에는 평가심의위원회 자문을 받아 시가에 포함할 수 있다.

## 3. 부동산의 보충적 평가방법

상속세 및 증여세법에서 말하는 시가는 추상적으로 규정되어 있기 때문에 시가를 그 재산가액으로 하기에는 현실적으로 어려움이 많다. 그래서 상속세 및 증여세법은 재산의 종류별로 '보충적 평가액'을 두고 있으며 실무적으로 '보충적 평가액'으로 평가되고 있다. 재산종류별 보충적 평가방법은 다음과 같다.

시가를 산정하기 어려운 일반지역의 토지 평가는 평가기준일 현재 고시된 「부동산 가격공시 및 감정평가에 관한 법률」에 따른 개별공시지가에 따라 평가한다.

건물의 기준시가 산정방법은 다음과 같다.

| 구분 | | 기준시가 산정방법 |
|---|---|---|
| 주택 | 개별주택<br>(단독·다가구주택) | 시·군·구청장의 개별주택가격 |
| | 공동주택(아파트·연립·다세대주택) | 국토해양부장관이 고시하는<br>공동주택가격 |
| 상업용 건물·<br>오피스텔 | 지정지역 내 | 국세청장 일괄 고시가액 |
| | 지정지역 외 | ·토지: 개별공시지가<br>·건물: 일반건물 평가액 |
| 일반건물 | | 국세청장이 고시한<br>산정방법으로 평가한 가액 |

임대차계약이 체결되거나 임차권이 등기된 자산은 다음과 같이 평가한 가액으로 한다.

---

①, ② 중 큰 금액
① 보충적 평가가액
② 임대료 등 환산가액 = 임대보증금 + (1년간 임대료 ÷ 12%)

---

저당권·질권·전세권이 설정된 재산 및 양도담보된 자산은 다음과 같이 평가한 가액으로 한다.

---

①, ② 중 큰 금액
① 해당 재산이 담보하는 채권액
② 시가 또는 보충적 평가방법에 의한 평가액

---

## 4. 부동산 이외 유형재산의 보충적 평가방법

| 재산종류 | 구분 | 보충적 평가방법 |
|---|---|---|
| 선박, 항공기, 차량, 기계장비, 입목 | 재취득가액이 확인되는 경우 | 처분할 경우 다시 취득할 수 있다고 예상되는 가액 |
| | 재취득가액이 확인되지 않을 경우 | ①, ②를 순차적으로 적용<br>① 장부가액<br>② 지방세법 제4조 제1항 시가표준액 |
| 상품·제품·반제품·재공품·원재료 등, 소유권의 대상이 되는 동산 | 재취득가액이 확인되는 경우 | 처분할 경우 다시 취득할 수 있다고 예상되는 가액 |
| | 재취득가액이 확인되지 않을 경우 | 장부가액 |

| 대부금·외상매출금 및 받을 어음 등 채권 | ① 회수 기간이 5년 초과<br>② 회사정리절차·화의절차 개시 등으로 채권내용이 변경된 경우 | $\sum_{n=1}^{n}\dfrac{\text{각 연도에 회수할 금액}(\text{원본}+\text{이자상당액})}{(1+r)^n}$<br><br>(r=8.0%) |
| | 회수 기간이 5년 이내 채권 | 원본가액 + 평가기준일까지 미수이자 상당액 |
| 판매용이 아닌 서화·골동품 | | ①, ② 중 큰 금액<br>① 전문분야별로 2인 이상 전문가의 감정가액<br>② 국세청장이 위촉한 3인 이상의 전문가로 구성된 감정평가심의회에서 감정한 감정가액 |
| 소유권의 대상이 되는 동물 | 재취득가액이 확인되는 경우 | 처분할 경우 다시 취득할 수 있다고 예상되는 가액 |
| | 재취득가액이 확인되지 않을 경우 | 장부가액 |
| 평가방법을 규정하지 않은 그 밖의 유형재산 | 재취득가액이 확인되는 경우 | 처분할 경우 다시 취득할 수 있다고 예상되는 가액 |
| | 재취득가액이 확인되지 않을 경우 | 장부가액 |

## 5. 비상장주식의 평가

| 구분 | 보충적 평가방법 |
| --- | --- |
| 평가원칙<br>MAX(①, ②) | ① $1\text{주당 평가액} = \dfrac{1\text{주당 순자산가치}\times2 + 1\text{주당 순손익가치}\times3}{5}$<br><br>② 순자산가치 × 70%(80%) |
| 부동산 과다법인<br>MAX(①, ②) | ① $1\text{주당 평가액} = \dfrac{1\text{주당 순자산가치}\times3 + 1\text{주당 순손익가치}\times2}{5}$<br><br>② 순자산가치 × 70%(80%) |

| | |
|---|---|
| 청산절차 진행 중이거나 사업자의 사망 등으로 인하여 사업의 계속이 곤란한 법인 | 순자산가치로만 평가 |
| 사업개시 전의 법인, 사업개시 후 3년 미만의 법인 | |
| 휴·폐업 중에 있는 법인 | |
| 3년 내의 사업연도 부터 계속하여 결손금이 있는 법인 | 순자산가치로만 평가 |
| 골프장 등의 업종으로서 부동산 비율이 자산가액의 80% 이상인 법인 | |
| 자산총액 중 주식 등의 비율이 80% 이상인 법인 | |
| 법인설립시부터 확정된 존속기한 중 잔여존속기한이 3년 이내인 법인 | |
| 평가심의위원회의 비상장주식 평가 | 아래 요건 충족 시 가능<br>① 「중소기업기본법」에 의한 중소기업<br>② 보충적 평가방법 가액이 해당 법인의 자산·매출규모 및 사업의 영위기간 등을 감안하여 동종업종 주권상장법인 등의 주식가액과 비교할 때 불합리하다고 인정되는 법인 |

※ 2017. 4. 1. ~ 2018. 3. 31.까지는 순자산의 70%구분

# 5. 증여세와 상속세 신고와
## 납부 어떻게 하나?

## 1. 증여세와 상속세의 신고·납부기한

증여세와 상속세는 정부부과방식을 채택하고 있기 때문에 납세의무자가 신고한다고 하여 납세의무가 확정되는 것이 아니며 과세관청이 과세표준과 세액을 결정하여야 납세의무가 확정된다.

증여세의 신고·납부는 재산을 증여받은 날이 속하는 달의 말일로부터 3월 이내이며, 상속세의 신고·납부는 상속개시일이 속하는 달의 말일로부터 6월 이내이다. 다만 피상속인이나 상속인 전원이 비거주자인 경우에는 상속개시일이 속하는 달의 말일로부터 9월 이내이다.

## 2. 증여세와 상속세 납부

증여세와 상속세의 납부는 일시에 납부하는 것이 원칙이다. 그러나 일시납부에 따른 과중한 세 부담을 분산시켜 증여·상속재산을 보호하고, 납세의무의 이행을 쉽게 이행하기 위하여 일정 요건이 성립되는 경우에 분할하여 납부할 수 있다.

증여세와 상속세의 납부할 세액이 1천만 원을 초과하는 때에는 다음의 금액을 납부기한 경과 후 2개월에 이자 부담 없이 분납이 가능하다.

- 납부할 세액이 2천만 원 이하일 때: 1천만 원을 초과하는 금액
- 납부할 세액이 2천만 원을 초과하는 때: 그 세액의 50% 이하의 금액

　증여세와 상속세의 납부세액이 2천만 원을 초과하고, 납세담보를 제공하여야 가능하며, 신고 시에 증여세, 상속세 신고서와 함께 연부연납을 신청해야 한다. 증여세의 연부연납기간은 5년 이내로 납세의무자가 신청한 기간으로 하며 상속세의 경우에는 가업상속의 경우는 그 기간이 다르나 가업상속 외의 경우에는 연부연납허가일로부터 5년이다.

　세금의 납부는 현금납부를 원칙으로 하나 상속세의 경우 현금으로 납부하기 곤란한 경우에는 일정 요건을 갖추어 세무서장의 승인을 받으면 상속받은 재산으로 물납할 수 있다.

# 제3장

# 분쟁을 피하기 위해
# 알아야 할 상속법

# 1. 상속순위 - 나의 상속순위는?

[서설]

상속은 망인(피상속인)의 사망으로 상속인이 피상속인이 가지는 모든 재산상의 권리와 의무를 포괄적으로 승계하는 것을 말한다. 상속은 그 본질이 재산의 승계에 있기 때문에 누가 상속인이 되는가, 즉 상속인의 자격을 가진 자들 사이에서의 형평성의 문제가 있기 마련이다. 따라서 상속에 대해 수많은 분쟁이 발생할 염려가 있고, 이는 공익적인 측면에서도 중대한 영향을 끼칠 수밖에 없다. 그렇기 때문에 상속의 순위를 모두 법률(민법)에 따라 획일적으로 정하여 변경할 수 없도록 하고 있다.

[사례]

망 A(부)와 망 B(모) 사이에서 출생한 딸 C는 아버지 A가 사망하여 재산을 상속하였다. 망 B는 A 사망 후 D와 재혼하였고, 그 사이에서 딸 E가 출생하였다. E는 자녀 F가 있고 C는 자녀가 없다. E가 사망하고 C가 사망하였다. 생존해 있는 F는 C의 재산을 상속받을 수 있을까?(사망순서 A→B→E→C)

C와 E는 이성동복 사이인 자매지간이다. E는 피상속인 C의 자매로 B의 상속재산에 대한 상속자격이 있기 때문에 C의 재산에 대해서도 상속자격이 있다. 따

```
A - B - D
|   |
C   E
    |
    F
```

라서 F는 E가 생존하였다면 받았을 상속분을 대습하여 상속받을
수 있다. 다만, D는 C와 혈족관계가 아니기 때문에 상속자격이 없
다.

## 1. 제1순위: 피상속인의 직계비속(민법 제1000조 제1항 제1호)

제1순위 상속인은 직계비속, 즉 망인인 피상속인의 자녀들이다. 직
계비속이 여러 명인 경우 촌수가 같으면 그들은 동순위로 상속인이
된다(민법 제1000조 제2항). 그러므로 가령 자녀가 여럿인 경우 자녀들
은 동순위로 상속인이 되고, 자녀와 손자녀가 있다면 자녀가 손자녀
에 우선하여 상속이 된다. 만일 자녀가 모두 상속개시 전에 사망하
였거나 하여 상속권이 없거나 상속개수 후 상속권을 포기하였다면
손자녀가 징계비속으로 1순위 상속인이 된다. 그리고 직계비속이면
혼인 중에 출생하였는지, 혼인외 출생자인지, 남자인지, 여자인지,
기혼인지, 미혼인지는 상속순위에 전혀 영향이 없다.

상속권이 인정되기 위해서는 피상속인과 혈족관계에 있어야 한다.
따라서 계부, 계모와 자녀 사이에는 상속권이 없다. 적모와 서자 사
이도 마찬가지다. 이들은 인척관계에 불과할 뿐 혈족관계는 아니기
때문이다. 혈족관계라면 부계뿐만 아니라 모계에서도 상속권이 인정
된다. 따라서 직계비속에는 외손자녀, 외증손자녀도 포함된다. 부모
가 이혼한 경우 친권, 양육권이 없는 아버지가 사망한 경우에도 자
녀들은 직계혈족이므로 상속인이 된다.

직계비속이면 자연혈족이나 법정혈족이나 차이가 없다.[1] 즉, 직계비속에는 친생자뿐만 아니라 다른 사람에게 입양되어 양자가 된 자도 포함한다. 그렇다면 입양으로 다른 사람의 양자가 된 자는 친부모의 재산을 상속을 받을 수 있는지 의문이 들 수 있다. 결론은 상속을 받을 수 있다는 것이다. 다른 사람의 양자가 된 경우에는 친부모와 양부모 양쪽에서 모두 상속을 받게 된다. 그러나 입양제도 중에는 '친양자제도'라는 것이 있다. 친양자는 보통의 양자와는 달리 양부모의 혼인중 출생자로 간주하게 되며(민법 제908조의3 제1항), 입양 전의 친족관계가 종료하게 된다(민법 제908조의3 제2항). 따라서 친양자의 친생부모에 대한 상속권 역시 없게 되므로 양부모로부터만 상속을 받을 수 있게 된다.

사람의 권리능력(권리를 가질 수 있는 자격)은 출생으로 시작된다. 따라서 출생 전인 태아는 권리를 가질 자격이 없다. 하지만 민법은 일정한 경우 태아를 출생한 것으로 보고 권리증력을 인정하고 있는데, 그 가운데 하나가 상속권이다. 민법은 태아는 상속순위에 관하여는 이미 출생한 것으로 본다고 정하고 있다(민법 제1000조 제3항).

---

1 여기서 자연혈족과 법정혈족의 구별은 혈연관계가 있는지 여부이다. 자연혈족이란 혈연관계가 있는 경우로 출생에 의하여 맺어지고 사망에 의하여 소멸되는 관계이다. 따라서 망인을 중심으로 혈연관계가 있다면 자연혈족이 되는 것으로 이복형제, 이성형제도 자연혈족이다. 그러나 계모와 자녀, 적모와 서자는 혈족관계가 아니다. 법정혈족이란 입양을 통하여 자연혈족과 같은 관계가 있는 것으로 법률상 인정하는 경우를 말하는 것이다.

## 2. 제2순위: 피상속인의 직계존속(민법 제1000조 제1항 제2호)

제2순위 상속인은 피상속인의 직계존속이다. 직계존속이 여러 명인 경우 촌수가 같으면 동순위이고, 촌수가 다르면 최근친이 우선하게 된다. 따라서 부모와 조부모가 있으면 부모가 조부모에 우선하여 상속을 받게 된다.

직계존속이면 양가, 생가를 불문하고 상속이 된다.[2] 그러므로 친생부모와 양부모가 있는 경우에는 모두 동순위로 상속인이 된다. 또한 직계존속이면 부계와 모계 모두 상속이 이루어진다. 가령, 부모가 없이 조부모와 외조부모가 있는 자녀가 사망하면 조부모와 외조부모가 공동상속인이 된다.

이혼한 부모도 상속권이 있다(이혼한 부부 상호 간에는 상속권이 없다). 부모가 이혼한 후 어머니와 함께 살다가 사망하였더라도 피상속인의 아버지는 상속권이 인정된다.

## 3. 제3순위: 피상속인의 형제부모(민법 제1000조 제1항 제3호)

제3순위 상속인은 피상속인의 형제자매이다. 성별, 혼인 여부, 자연혈족, 법정혈족과 관계없이 상속이 인정된다. 부계 및 모계의 형제자매 사이에서도 상속이 인정된다. 따라서 아버지가 같고 어머니가 다른 형제자매(이복형제), 어머니가 같고 아버지가 다른 형제자매(이성동복) 사이에도 상속이 이루어진다. 대습상속이 인정된다. 따라서 재

---

2  다만 친양자의 경우 친생부모는 피상속인과 더 이상 친족관계가 없으므로 상속권이 인정되지 않는다.

산은 많지만 자녀가 없었던 삼촌이 사망하였는데, 부모도 생존해 있지 않다면 조카는 아버지가 받았을 상속분에 대해 (대습)상속을 받게 된다(민법 제1001조, 제1000조 제1항 제3호).

[사례]

망 A(부)와 망 B(모) 사이에서 출생한 딸 C가 그의 아버지 A가 사망함으로써 그의 재산을 상속하였고, 한편 망 B는 그의 남편 A가 사망한 후 D에게 재가하여 딸 E를 출산하였다. 한편, E는 자녀 F가 있었고, C에게 자녀가 없었는데 E가 사망한 후 C가 사망하였다. F는 C의 재산을 상속받을 수 있을까?

→ C와 E는 이성동복 사이인 자매지간이다. 따라서 E는 피상속인 C의 자매로 상속자격이 있는데, C보다 먼저 사망하였다. 따라서 F는 E가 생존하였더라면 받았을 상속분을 대습하여 상속받을 수 있다고 보아야 할 것이다.

## 4. 제4순위: 4촌 이내의 방계혈족(민법 제1000조 제1항 제4호)

마지막 순위의 상속인은 4촌 이내의 방계혈족이다. 3촌 관계인 방계혈족은 백부, 숙부, 외숙부, 고모, 이모, 조카 등이며, 4촌 관계인 방계혈족은 종조부, 대고모, 종형제자매, 내·외종형제자매, 이종형제자매. 외종조부, 외대고모 등이 된다.

## 5. 배우자 상속(민법 제1003조 제1항)

피상속인의 배우자는 직계비속과 동 순위로 직계비속과 공동상속인이 된다. 즉 제1순위 상속인이다. 만일 자녀가 없고 부모가 생존해 있다면 직계존속과 공동상속인이 된다. 피상속인에게 자녀도 부모도 없다면 배우자는 단독상속인이 된다.

이혼소송 중인 유책배우자도 상속권이 인정된다. 예컨대, A와 B는 부부 사이로 자녀가 없었다. A는 날마다 술만 먹고 심지어 바람도 피우고 다니다가 B로부터 이혼소송을 당하게 되었다. 그런데 B는 A와의 혼인생활 중에 받은 스트레스로 화병이 나서 결국 이혼소송 중에 죽게 되었다. 그러면 A는 B의 전 재산을 단독으로 상속하게 된다. 아직 이혼소송이 끝나지 않아 법률상 부부이기 때문이다.

상속권이 있는 배우자는 혼인신고를 한 법률상 배우자를 의미한다. 따라서 사실혼의 배우자는 상속권이 없다. 다만 사실혼 배우자는 특별연고자로서 상속재산에 대한 기여청구권을 생각해 볼 수 있다.

# 2. 할아버지의 재산을
   상속받을 수 있을까?(대습상속)

## 1. 의의

상속개시 당시 살아있었다면 상속인이 될 수 있었던 피상속인(A)의 직계비속(D) 또는 형제자매가 상속개시(A의 사망 시) 전에 사망하였거나 상속결격자가 된 경우, 상속인이 될 자(D)의 직계비속(F)이 있으면, 그 직계비속이 사망하거나 결격된 자의 순위에 갈음하여 상속인이 된다(민법 제1001조). 또한 상속개시 전에 사망 또는 결격된 자(D)의 배우자(F)도 그 직계비속(D)과 동 순위로 공동상속인이 된다(민법 제1003조 제2항).

예를 들어 A의 사망 당시 A에게는 배우자 B, 아들 C, 딸 D가 있었는데, 딸 D는 결혼하여 배우자 E와 아들 F가 있었지만, A가 사망하기 전에 불의의 사고를 당하여 이 세상 사람이 아니다. 이 경우 B와 C가 공동상속인이라는 것은 쉽게 알 수 있는데, 과연 F는 어떨까? D가 A보다 나중에 사망하였다면, D는 A의 직계비속으로 상속을 받은 후에 사망한 것이 되므로 F는 A의 유산을 상속받게 된다. 이와 같은 경우, F에게 A의 유산을 상속받을 수 있는 자격을 인정하는 것이 대습상속제도이다.

한편, 이 경우 F에게도 대습상속이 인정된다. 따라서 B는 배우자로서, C는 직계비속으로, E와 F는 대습상속인으로 공동상속인이 된다. 그러나 만일 F가 D의 사망 후에 재혼을 하면 인척 관계가 소멸하기 때문에 대습상속권이 없다고 보아야 한다(민법 제775조 제2항). 따라서 F가 D의 사망 후에 재혼을 하였다면 A의 유산에 대한 공동상속인은 B, C, E가 된다.

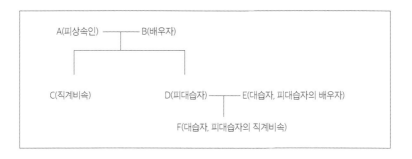

## 2. 대습상속인은 피대습자의 직계비속과 배우자이다

- 대습상속인은 피대습자의 직계비속이나 배우자이어야 대습상속의 자격이 인정된다. 그리고 피대습자의 배우자는 사별 후 재혼을 하지 않아야 대습상속을 받을 수 있다.
- 대습상속인도 당연히 상속결격자가 아니어야 한다.

## 3. 상속이 개시 전에 피대습자는 사망하였거나 상속결격자이어야 한다

- 피상속인과 피대습자가 동시에 사망한 경우에도 대습상속이 인정된다(99다13157).

[사례] 장인의 재산을 단독으로 상속받는 사위

상당한 재력가인 A는 삼 형제 중 장남으로 다른 형제들보다 많은 재산을 물려받았다. A에게는 배우자 B와의 사이에 외동딸 C가 있다. C는 D와 혼인하였는데, D는 신혼 때부터 바람을 피우기 시작했다. 이를 알게 된 A와 B는 C와 D를 이혼하게 할 마음을 가지고 있었고, 이를 준비하는 과정에서 C의 마음을 달래주기 위해 함께 해외여행을 가게 되었는데, 불의의 사고로 A, B, C 모두 사망하게 되었다. A, B, C 중 누가 먼저 사망하였는지는 알 수 없었다. 한편, 제1순위 상속인들인 배우자 B와 직계비속 C가 모두 사망하게 되었기 때문에 제2순위 상속인인 A의 형제들은 아버지의 재산을 물려받은 A의 재산을 자기들이 상속받을 것으로 기대하고 있다. 과연 그럴까?

→ 민법에는 같은 사고로 2인 이상이 사망한 경우에는 동시에 사망한 것으로 추정한다고 정하고 있다(민법 제30조). 따라서 딸 C가 A보다 먼저 사망한 것으로 확인되지 않는다면 결국 A와 C는 동시에 사망한 것으로 추정할 수밖에 없는 상황이다. 그렇다면 동시에 사망한 것으로 추정되는 경우에도 대습상속을 인정할 수 있을까? 만일 인정한다면, A의 유산은 사위인 F가 단독으로 상속받게 되고, A의 형제들은 한 푼도 상속을 받을 수 없게 된다. 대법원은 민법 제1001조의 상속인이 될 직계비속이 상속개시 전에 사망한 경우에는 상속인이 될 직계비속이 상속개시와 동시에 사망한 것으로 추정되는 경우도 포함한다고 판시하고 있다(대법원 2001. 3. 9. 선고 99다13157 판결). 결국, 동시에 사망한 경우에도 대습상속이 인정되므로 A의 재산은 F가 단독으로 상속받게 될 것이다.

## 4. 피대습자가 상속을 포기한 경우에는 대습상속이 인정되지 않는다

- 상속포기는 상속이 개시된 이후에만 할 수 있다. 따라서 대습상속 사유가 될 수 없는 것이다.

## 5. 직계존속에 대해서는 대습상속이 인정되지 않는다

- 피상속인의 어머니가 먼저 사망하였고, 아버지만 있는 경우는 아버지만 상속을 받게 되며, 어머니의 직계존속인 외조부모는 대습상속할 수 없다.
- 또한, 양부모가 사망하고 양자가 거액의 유산을 상속받았는데, 사실 그 재산은 양조부모가 양부모 생전에 증여한 재산이었다. 그 후 양자는 배우자와 직계비속 없이 사망하게 되었다. 이 경우 양자의 상속재산은 전부 친생부모가 상속받게 된다. 양조부모가 생존해 있더라도 대습상속을 받을 수는 없기 때문이다.

## 6. 대습상속은 피대습자의 상속분을 상속하는 것이다

- 대습상속인이 여러 명인 경우에는 피대습자의 상속분을 각 대습 자가 자신의 상속분 비율로 상속받는 것이다

[사례]
피상속인 A의 아들 B, 딸 C 모두 상속개시 전(A가 사망하기 전)에 사

망하였고, B에게는 아들과 딸이 있고, C에게는 딸이 하나 있어, A에게는 손자녀 3명(B의 아들 D, B의 딸 E, C의 딸 F)이 있다. 이 경우 상속분은 어떻게 될까?

→ 얼핏 공동상속인 3명이므로 D, E, F의 각 상속분이 1/3이라고 생각할 수도 있다. 대습상속은 피대습자의 상속분을 상속받는 것이다. 따라서 B와 C의 상속분을 계산한 다음 각 상속분 범위에서 다시 상속분을 계산하여야 한다. 그러면 D는 1/2, E와 F는 각 1/4을 상속받게 된다.

# 3. 패륜아는 상속자격이 없다(상속결격)

## 1. 의의

  상속결격이란 상속하는 자격을 잃는 것이다. 민법은 상속의 결격 사유를 정하고 있는데, 그와 같은 사유는 특별한 재판상의 선고가 있어야만 하는 것이 아니다. 민법 소정의 상속결격 사유에 해당하면 당연히 피상속인을 상속하는 자격을 잃게 된다.

## 2. 결격사유

### 1) 피상속인에 대하여 패륜적인 행위를 하였을 때

  가) 피상속인 등을 살해하거나 살해하려 한 경우(민법 제1004조 제1호) - 고의로 직계존속, 피상속인, 그 배우자 또는 상속의 선 순위나 동 순위에 있는 자를 살해하거나 살해하려 한 자는 상속하는 자격이 없다. 고의에 의한 살인인 경우만 해당하기 때문에 과실에 의한 경우에는 상속결격이 아니다. 직계존속은 부계(부모, 조부모, 증조부모)뿐만 아니라 모계(외조부모, 외증조부모)도 포함한다.

  [태아 낙태 사례]
  A는 B를 남편으로 맞이하여 혼인한 후 아이를 갖게 되었는데, 불

의의 사고로 B는 사망하게 되었다. A는 장차 태어날 아이가 아버지도 없이 자라게 될 것이 걱정되었고, 자신도 사랑하는 남편의 사망으로 심한 정신적 충격에 빠져 있었다. 결국, A는 낙태를 하게 되었다. 그러던 중 B의 부모(A의 시부모)들은 자신들의 자식(B)를 사망에 이르게 한 가해자를 상대로 손해배상을 구하는 소송을 하게 되었다. B의 사망 당시 A는 임신 중이었으므로 B의 사망으로 인한 상속인은 A와 A의 태아가 공동상속인이 된다. 따라서 B의 부모는 상속권이 없다. 따라서 B의 부모는 B를 사망에 이르게 한 가해자에 대하여 B가 받을 손해배상금에 대해서는 권리가 없는 셈이다. 그런데, B의 부모는 A가 공동상속권자인 A의 태아를 낙태시켰으며, 이는 동 순위에 있는 상속인을 고의로 살해한 것이어서 상속결격자라고 주장하였다. 이에 대해 법원은 B가 낙태를 한 것은 동 순위의 공동상속인을 살해한 경우에 해당한다고 하여 상속결격자라고 보았다(대법원 1992. 5. 22. 선고 92다2127 판결).

나) 고의의 상해치사(민법 제1004조 제2호) - 고의로 직계존속, 피상속인과 그 배우자에게 상해를 가하여 사망에 이르게 한 자는 상속을 할 자격이 없다. 이때, 그 대상에 상속의 선 순위자 또는 동 순위자는 포함되지 않는다. 사망에 이르게 하여야 하기 때문에 상해만 가한 경우에는 상속결격사유가 되지 않는다.

## 2) 피상속인의 유언에 관하여 부정한 행위를 한 경우

가) 사기 또는 강박으로 피상속인의 상속에 관한 유언 또는 유언의 철회를 방해한 자는 상속을 할 자격이 없다(민법 제1004조 제3호).

나) 사기 또는 강박으로 피상속인의 상속에 관한 유언을 하게 한

자는 상속을 할 자격이 없다(민법 제1004조 제4호).

다) 피상속인의 상속에 관한 유언서를 위조, 변조, 파기 또는 은닉
한 경우(민법 제1004조 제5호)

## 3. 상속 결격사유에 해당하는 행위를 한 자는 당연히 상속할 자격이 없다

가) 상속개시 전에 결격사유가 있으면 상속을 할 수 없고, 상속
개시 후에 결격사유가 있으면 유효하게 개시되었던 상속은
소급하여 무효가 된다. 따라서 상속개시 후에 피상속인의 유
언서를 위조한 상속인이 상속재산을 제3자에게 양도한 경우
에도 무효가 된다.

나) 상속을 할 수 없을 뿐만 아니라 수증결격자도 된다(민법 제1064
조, 제1004조). 따라서 유증도 받을 수 없다. 따라서 만일 B가 친
구인 A의 유언에 의해 유증을 받게 되었는데, B의 사기로 A가
B에게 유증을 하게 된 것이 밝혀졌다면 B는 유증을 받을 수
없게 되는 것이다.

다) 조부(직계존속)를 살해한 손자는 직계존속을 살해한 자이므로
상속결격자가 된다. 따라서 아버지가 사망한 경우 아버지의
재산을 상속받을 수 없다. 그러나 배우자를 살해한 자는 배우
자의 재산을 상속받을 수는 없지만, 아버지의 재산을 상속받
을 수는 있다. 상속결격의 효과는 그 피상속인에 대한 관계에
만 미치기 때문이다.

# 4. 내가 받을 상속재산은 얼마일까?(상속분)

## 1. 상속재산

가) 상속인은 상속개시(피상속인의 사망)와 동시에 피상속인의 재산에 관한 권리 의무를 포괄적으로 승계한다(민법 제1005조). 상속인이 피상속인의 사망을 알았는지 몰랐는지 또는 부동산의 경우 이전등기를 마쳤는지 등에 관계없이 법률상 당연히 발생하게 된다.

나) 상속재산에는 적극재산뿐만 아니라 소극재산도 포함한다. 즉, 빚(채무)도 포함한다.

### 1) 부동산

가) 부동산을 소유하기 위해서는 부동산등기를 마쳐야 한다. 그러나 부동산을 상속받을 경우 상속등기를 하지 않더라도 당연히 부동산의 소유권을 갖게 된다. 상속등기를 제때 하지 않아 세금이 부과되는 등의 불이익이 있는 것과는 별개의 문제이다. 민법이 정하고 있는 상속이라는 법률상의 원인에 따라 소유권을 취득하게 되기 때문이다.

나) 만일 피상속인이 소유하고 있던 부동산을 매도하는 부동산매매계약을 체결하고 등기를 이전하기 전에 사망하였다면 상속인은 매수인에 대한 등기의무를 승계하게 된다. 따라서 부동산의 매도인으로서 매매대금을 받을 권리가 있고 등기를 이전

할 의무가 있는 것이다(상속인에 의한 등기, 부동산등기법 제47조).

## 2) 동산, 채권

가) 피상속인 소유의 동산도 인도를 받아야 한다거나 할 필요가
   없다. 가령, 피상속인이 금괴를 금고에 보관해 둔 채로 사망하
   였다면, 금고에 있는 금괴는 피상속인의 사망 시부터 상속인의
   소유가 된다.

나) 손해배상청구권

   통상의 손해배상청구권(피상속인이 상해를 입었거나 하여 발생한 채권 또
   는 채무불이행으로 인한 손해배상청구권 등). 피상속인이 교통사고로 사
   망한 경우 피상속인이 가해자에게 청구할 수 있는 재산상 손
   해 및 정신적 손해에 대한 손해배상청구권이 대표적인 예이다.

다) 재산분할청구권

   재산분할청구는 이혼을 전제로 하는 것이다. 만일 이혼소송
   중에 배우자 일방이 사망하였다면 이혼소송을 종료하고 동시
   에 재산분할 청구소송도 종료하므로 상속의 문제가 발생하지
   않게 된다. 배우자의 재산을 상속받게 될 뿐이다.

라) 생명보험금

   보험계약자인 피상속인이 자기를 피보험자 및 수익자로 한 경
   우라면 보험금은 상속재산이다.

   피상속인이 자기를 피보험자로 하면서 수익자는 특정 상속인
   으로 한 경우 보험금은 피보험자의 사망 시에 그 상속인의 고
   유재산이 되고, 따라서 상속재산에 포함되지 않는다.

   피상속인이 자기를 피보험자로 하고, 수익자는 만기까지 자신
   이 생존하면 자신, 자신이 사망하면 상속인이라고 지정한 경

우 마찬가지로 상속재산이 아닌 상속인의 고유재산이 된다.

상속세 및 증여세법은 상속인이 취득하는 생명보험금을 상속재산으로 보고 있는 것과는 다르다. 따라서 고유재산으로 생명보험금을 수령한 경우라도 상속세는 부담하게 된다. 그러나 민법상 상속재산이 아니므로 상속재산분할의 대상이 되지 않는다. 따라서 공동상속인이 있는 경우 특정 공동상속인 1인이 수익자로서 수령한 생명보험금은 다른 공동상속인과 공유하는 것이 아닌 단독소유가 되는 것이다.

피상속인이 자기를 피보험자로 하고 상속인 외의 제3자를 수익자로 지정한 경우에는 수익자가 보험사고 발생 전 사망하였는데 보험계약자가 다시 수익자를 지정하지 않고 사망하였다면 보험수익자의 상속인이 수익자가 된다.

마) 사망퇴직금

사망퇴직금은 피상속인이 생전에 퇴직하였다면 받았을 퇴직금으로 미지급임금이다. 하지만 동시에 유족의 생활보장을 위한다는 성격도 가지고 있으며, 그 지급의 범위나 순위가 개별법령에 따라 다르다. 그렇기 때문에 상속재산이 아니고 수급권자의 고유재산이 된다.

그러나 상속세 및 증여세법은 퇴직수당, 공로금, 연금 또는 이와 유사한 급여로 피상속인에게 지급할 것이 피상속인의 사망으로 인하여 그 상속인에게 지급될 때에는 상속재산으로 정하고 있다. 따라서 상속세를 부담하게 된다.

바) 임차권

임대차 관계에서 임대인의 지위나 임차인의 지위는 당연히 상속이 이루어진다.

주택임차권의 승계는 주택임대차보호법에 특별히 규정하고 있다.

임차인이 상속권자 없이 사망한 경우 그 주택에서 가정공동생활을 하던 사실상의 혼인관계에 있는 자가 있으면 그가 사망한 임차인의 권리 의무를 승계하므로 임차보증금반환을 임대인에게 구할 수 있다.

사) 유족연금

유족연금은 생계를 책임지고 있던 피상속인이 사망할 경우 그 유족의 생활을 보장하기 위해 지급되는 것으로 이는 상속재산이 아니며, 세법상으로 상속재산으로 보지 아니하여 상속세를 부담하지 않는다.

아) 저작권, 상표권, 특허권 등의 무체재산권은 상속재산이다.

## 3) 채무 또는 재산상의 의무

가) 채무 기타 재산적 의무도 상속된다. 피상속인이 적극재산이 전혀 없고 오히려 소극재산만 있다면, 즉 빚만 많이 있는 피상속인이 사망하면 상속인 빚만 상속받게 된다.

나) 공법상 채무도 상속의 대상이다. 피상속인이 생전에 법을 위반하여 부과받은 과징금 채무가 있다면, 이는 대체적 급부가 가능한 의무이므로 상속인에게 포괄승계된다.

다) 보증채무

단순한 금전채무에 대한 보증채무는 당연히 상속의 대상이다. 다만 계속적 보증의 경우 보증한도액이 정해진 경우에는 상속인들이 보증인의 지위를 승계한다.

그러나 보증기간과 보증한도액의 정함이 없는 계속적 보증의 경우에는 보증인의 지위가 승계된다고 볼 수 없고 이미 발생한 보증채무만을 상속된다.

## 2. 상속분

### 1) 의의

공동상속인이 소극재산을 포함한 포괄적인 상속재산에 대하여 가지는 권리·의무의 비율을 말한다. 각 상속인이 받을 구체적인 상속재산의 가액은 적극·소극의 전 상속재산에 각자의 상속분을 곱하여 산정한다.

### 2) 지정상속분

피상속인의 유언에 의하여 포괄유증을 할 수 있는데, 피상속인은 포괄유증을 통하여 공동상속인의 상속분을 지정할 수 있게 된다. 피상속인에게 자녀 3인이 있는데, 그중 1인에게 상속재산의 1/2을 나머지 2인에게 각 1/4을 포괄유증 하는 유언을 하면 되는 것이다. 다만, 유류분에 반하는 지정을 하였을 경우에는 유류분권리자는 유류분을 침해하여 유증을 받은 공동상속인에 대하여 반환을 구할 수 있다.

그러나 상속채무는 유언으로 정할 수 없다. 예컨대 공동상속인 3인 중의 1인에게만 피상속인이 부담하고 있는 채무를 모두 유증하는 경우이다. 만약 이를 허용하면 자력이 없는 상속인이 지정되어 결국 상속채권자를 해하게 되기 때문이다. 따라서 유언으로 상속채무에 관한 지정을 하더라도 상속인은 상속채권자에게 대항할 수 없고 법정상속분에 따라 채무를 이행하여야 할 것이다.

### 3) 법정상속분

가) 동 순위 상속인이 여러 명인 경우 그 상속분은 동일하게 나누게 된다(민법 제1009조 제1항 본문).

나) 피상속인의 배우자의 상속분은 직계비속 또는 직계존속과 공동으로 상속하는 경우에 직계비속 또는 직계존속의 상속분의 5할을 가산한다(민법 제1009조 제2항).

다) 대습상속인은 피대습자의 상속분에 따르고, 대습자가 수인이라면 그 사이에서는 법정상속분에 따르게 된다(민법 제1010조).

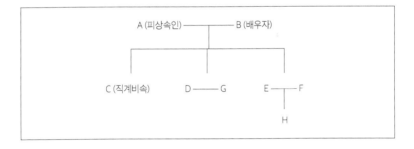

① A가 사망한 경우

| 상속인 | B | C | D | E |
|---|---|---|---|---|
| 상속분 | 1.5 | 1 | 1 | 1 |
| 분배율 | 3/9 | 2/9 | 2/9 | 2/9 |

## ② C가 사망한 경우

| 상속인 | A | B |
|---|---|---|
| 상속분 | 1 | 1 |
| 분배율 | 1/2 | 1/2 |

## ③ D가 사망한 경우

| 상속인 | G | A | B |
|---|---|---|---|
| 상속분 | 1.5 | 1 | 1 |
| 분배율 | 3/7 | 2/7 | 2/7 |

## ④ E가 사망한 경우

| 상속인 | F | H |
|---|---|---|
| 상속분 | 1.5 | 1 |
| 분배율 | 3/5 | 2/5 |

## ⑤ E 사망 후에 A가 사망한 경우(대습상속)

| 상속인 | B | C | D | F | H |
|---|---|---|---|---|---|
| 상속분 | 1.5 | 1 | 1 | 1 | 1 |
| 분배율 | 3/9 | 2/9 | 2/9 | 2/9 × 3/5 = 6/45 | 2/9 × 2/5 = 6/45 |

# 5. 나의 상속권을 침해받았다면?

(상속회복, 유류분 반환청구)

[상속회복청구]

## 1. 의의

상속인이 아님에도 사실상 상속을 하고 있는 참칭상속인으로 인하여 상속권이 침해된 경우 상속권자 또는 그 법정대리인은 상속회복의 소를 제기하여 상속재산을 회복할 수 있다(민법 제999조 제1항).

가령 상속인이 아닌 친척이 스스로 상속인이라고 주장하여 타인에게 상속재산인 임야를 매도한 경우(93다7955), 사망자의 상속인 아닌 자가 상속인인 것처럼 허위기재된 위조의 제적등본, 호적등본을 기초로 상속인인 것처럼 꾸며 상속등기한 경우(93다34848)이다.

## 2. 상속회복청구권자

- 진정한 상속인 또는 그 법정대리인이다.
- 참칭상속인인 상대방과 피상속인이 같아야 한다.
- 자신의 권리가 상속을 원인으로 취득되었음을 청구 원인으로 주장하여야 한다.

## 3. 상대방

- 단순히 상속재산에 속하는 재산을 제3자가 권원 없이 점유하는 경우에는 상속회복청구의 상대방이 아니다.
- 정당한 상속권이 없음에도 재산상속인임을 신뢰케 하는 외관(가족관계등록부 등 공부상 상속인으로 기재된 경우)을 갖추고 상속재산의 전부 또는 일부를 점유하고 있는 자를 말한다.

## 4. 공동상속인

- 공동상속인의 한 사람이 다른 상속인의 상속권을 부정하고 자기만이 상속권이 있다고 참칭하는 경우도 참칭상속인에 해당한다.
- 96다4688판결: 상속재산인 부동산에 관하여 공동상속인 중 1인 명의로 소유권이전 등기가 경료된 경우, 그 등기가 상속을 원인으로 경료된 것이라면 등기명의인의 의사와 무관하게 경료된 것이라는 등의 특별한 사정이 없는 한 그 등기명의인은 재산상속인임을 신뢰케 한 외관 갖추고 있는 자로서 참칭상속인에 해당한다.

## 5. 제3 취득자

- 참칭상속인으로부터 권리를 이전받은 제3자, 참칭상속인의 상속인도 상대방이 된다(79다854, 87다카2311).

## 6. 행사의 방법

- 관할은 일반민사소송으로 이행의 소이므로 일반법원이다. 가정
  법원이 아니다.

## 7. 제척기간

- 침해를 안 날로부터 3년, 상속원의 침해행위가 있는 날로부터
  10년

[유류분 반환]

## 1. 의의

유류분이란 피상속인의 생전처분(증여) 또는 유언에 의한 상속재산
처분의 자유를 제한하여 법정상속인 중 일정한 범위의 근친자에게
법률상 유보된 상속재산의 일정한 비율을 말한다.

유류분권리자는 피상속인의 증여(유증)으로 인하여 자기의 유류분
액에 부족이 생긴 경우 그 부족한 한도에서 증여 또는 유증의 목적
인 재산의 반환을 청구할 수 있다(민법 제1115조 제1항).

유류분권의 사전 포기는 인정되지 않는다(98다9201). 상속개시 후
유류분권 자체를 포기할 수 있다.

## 2. 유류분권자

- 모든 상속인이 아니다. 피상속인의 직계비속, 배우자, 직계존속, 형제자매이다(민법 제1112조).
- 상속개시 당시 순위상 상속권이 있어야 한다.
- 태아
- 대습상속인도 피대습자의 상속분 범위에서 유류분권을 갖는다.
- 법정상속권이 전제되므로 결격 또는 포기로 상속권을 잃은 자는 유류분권도 잃는다.
- 포괄수유자는 유류분권리자가 아니다.

## 3. 비율

- 직계비속 배우자는 법정상속분의 2분의 1
- 직계존속 형제자매는 법정상속분의 3분의 1

## 4. 산정

- 유류분산정의 기초가 되는 재산은 상속개시 시 피상속인이 가진 재산의 가액에 증여재산을 가액을 가산하고 채무 전액을 공제한 재산이다(민법 제1113조 제1항).
- 재산의 가액은 상속개시 당시(피상속인 사망 시)를 기준으로 산정한다. 즉 증여의 목적물이 상속개시 전 멸실된 경우 상속개시를 기

준으로 그 가액을 산정하여야 하며, 증여의 목적이 금전이라면 그 금액을 상속개시 당시의 화폐가치로 환산하여 산정하며 물가 변동률을 반영하는 방법으로 한다.

## 1) 상속개시 전에 가진 재산

가) 적극재산을 의미한다.

나) 분묘에 속한 1정보 이내의 금양임야와 600평 이내인 농지, 족보와 제구의 소유권은 상속재산이 아니므로 제외된다.

다) 피상속인의 상속인에 대한 채권은 포함된다.

라) 이행되지 않은 증여의 목적물은 상속재산을 구성하므로 포함하지만, 수증자에 대하여 증여 계약을 이행할 채무를 부담함을 유의하여야 한다.

마) 유증된 재산도 포함되며, 특정유증 포괄유증을 구분하지 않는다. 사인증여도 포함한다.

## 2) 증여의 가산

가) 상속개시 전 1년간 행하여진 증여는 모두 산입한다(민법 제1114조 전문).

나) 법인 설립을 위한 출연행위, 무상의 채무면제도 포함한다.

다) 증여 계약이 체결된 시기가 상속개시 전 1년 내이어야 한다.

라) 상속개시 1년 전의 증여라도 당사자 쌍방이 유류분권리자의 손해를 가할 것을 알고 한 경우라면 그 증여는 산입된다(민법 제1114조 후문).

마) 공동상속인이 상속재산 중에서 미리 증여받은 경우, 즉 상속인의 특별수익분은 상속개시 1년 전에 증여받은 것이라도 가

해의 인식이 있었는지 여부를 묻지 않고 모두 산입된다.

바) 생명보험금

피상속인이 자신을 수익자로 하였다면 상속재산이 되므로 유류분산정의 기초재산이 된다.

공동상속인 중 1인으로 수익자를 지정하였다면 이는 증여에 해당하므로 가산하여야 한다.

상속인 이외의 제3자를 수익자로 하였다면 제3자의 고유재산 이므로 상속재산도 아니고 유류분산정의 기초재산도 아니다.

사) 유족급여

유족급여는 상속재산이 아니므로 해당하지 않는다.

아) 부의금

장례비용에 충당하고 남은 것에 관해서는 공동상속인 각자의 상속분에 응하여 권리를 취득한다고 보아야 한다(92다2998).


## 3) 상속채무의 공제

사법상 채무, 공법상 채무(벌금, 과징금, 세금)


## 4) 유류분권리자별 유류분액 및 유류분침해액

가) 유류분액 = 실질상속재산액(적극재산 + 증여가액 - 상속채무) × 각자의 유류분 비율(법정상속분의 1/2 또는 1/3)

나) 유류분권리자가 증여(유증)를 받은 경우 특별수익으로 그 액만큼 공제한다.

다) 순상속액(적극재산-소극재산) < 유류분액 -> 유류분권의 침해가 있다.

라) 유류분침해액 = 유류분액 - 순상속액(실질취득액)

마) 유류분침해액 = (상속개시 시의 적극재산 + 증여가액 - 채무액) × 당해
상속인의 유류분율 - 당해 상속인의 특별수익액 - (적극상속재산
액 × 당해 상속인의 상속분율 - 상속채무액 × 당해 상속인의 상속분율)

## 5. 행사

유류분반환청구는 가사사건이 아닌 일반민사사건이다. 관할이 가
정법원이 아니다.

## 6. 반환 순서

- 유류분반환청구를 받게 되는 증여와 유증이 병존하는 경우, 유
류분반환청구는 1차적으로 유증에 대하여 하여야 하고(민법 제
1116조), 유증이 복수라면 각자가 얻은 유증가액에 비례하여 반환
하여야 한다(민법 제1115조 제2항).
- 유류분반환청구의 목적인 증여나 유증이 병존하고 있는 경우에
는 유류분권리자는 먼저 유증을 받은 자를 상대로 유류분침해
액의 반환을 구하여야 하고, 그 이후에도 여전히 유류분침해액
이 남아 있는 경우에 한하여 증여를 받은 자에 대하여 그 부족
분을 청구할 수 있는 것이며, 사인증여의 경우에는 유증의 규정
이 준용될 뿐만 아니라 그 실제적 기능도 유증과 달리 볼 필요
가 없으므로 유증과 같이 보아야 할 것이다(2001다6947).
- 증여를 받은 자는 2차적 반환의무자이고, 증여가 복수라면 각자

가 얻은 증여가액의 비율로 반환하여야 한다.

## 7. 반환 범위 방법 - 2004다51887

[1] 우리 민법은 유류분제도를 인정하여 제1112조부터 제1118조까지 이에 관하여 규정하면서도 유류분의 반환방법에 관하여 별도의 규정을 두지 않고 있는바, 다만 제1115조제1항이 '부족한 한도에서 그 재산의 반환을 청구할 수 있다.'고 규정한 점 등에 비추어 반환의무자는 통상적으로 증여 또는 유증대상 재산 그 자체를 반환하면 될 것이나 위 원물반환이 불가능한 경우에는 그 가액 상당액을 반환할 수밖에 없다(원물반환 원칙, 가액반환 예외).

[2] 유류분반환범위는 상속개시 당시 피상속인의 순재산과 문제가 된 증여재산을 합한 재산을 평가하여 그 재산액에 유류분청구권자의 유류분비율을 곱하여 얻은 유류분액을 기준으로 하는 것인바, 이와 같이 유류분액을 산정함에 있어 반환의무자가 증여받은 재산의 시가는 상속개시 당시를 기준으로 산정하여야 하고, 당해 반환의무자에 대하여 반환하여야 할 재산의 범위를 확정한 다음 그 원물반환이 불가능하여 가액반환을 명하는 경우에는 그 가액은 사실심 변론종결 시를 기준으로 산정하여야 한다.

## 8. 공동상속인들 사이의 유류분반환청구 - 대법원 2006. 11. 10. 선고 2006다46346 판결

[1] 유류분권리자가 유류분반환청구를 함에 있어 증여 또는 유증을 받은 다른 공동상속인이 수인일 때에는 각자 증여 또는 유증을 받은 재산 등의 가액이 자기 고유의 유류분액을 초과하는 상속인에 대하여 그 유류분액을 초과한 가액의 비율에 따라서 반환을 청구할 수 있고, 공동상속인과 공동상속인 아닌 제3자가 있는 경우에는 그 제3자에게는 유류분이 없으므로 공동상속인에 대하여는 자기 고유의 유류분액을 초과한 가액을 기준으로 하여, 제3자에 대하여는 그 증여 또는 유증받은 재산의 가액을 기준으로 하여 그 각 가액의 비율에 따라 반환청구를 할

수 있다. 망 소외 1의 법정상속인으로는 소외 2와 피고 1이 있는데 위 망인은 그 전 재산인 이 사건 부동산 전부를 소외 2와 원고에게 유증한 사실, 그런데도 피고 1은 이 사건 부동산 중 1/2 지분에 관하여 그 명의로 상속을 원인으로 한 이전등기를 경료한 다음, 그에 관하여 피고 2명의로 소유권이전 등기 청구권 보전을 위한 가등기 및 근저당권설정등기를 경료하였다. 피고 1은 원고에 대한 관계에서 이 사건 부동산 중 1/8 지분에 관하여 유류분 반환청구권을 행사할 수 있으므로 피고들 명의의 각 등기 중 그에 해당하는 부분은 실체 권리관계에 부합하는 것으로서 유효하고 나머지 3/8 지분에 해당하는 부분에 한하여 피고들이 원고에게 위 각 등기를 말소할 의무가 있다고 주장하였다. 이 사건에서, 피고 1(직계비속인 공동상속인)의 유류분은 이 사건 부동산 중 1/4 지분(=법정상속분 1/2의 1/2)인 한편, 소외 2(직계비속인 공동상속인)가 공동상속인으로서 그 자신의 유류분을 초과하여 유증받은 부분은 이 사건 부동산 중 1/4 지분(=유증받은 지분 1/2 - 유류분 1/4)이 된다. 원고가 공동상속인이 아닌 제3자로서 유증받은 것은 이 사건 부동산 중 1/2 지분이므로, 피고 1(직계비속인 공동상속인)로서는, 소외 2(직계비속인 공동상속인)에 대하여는 이 사건 부동산 중 1/12 지분 {=(유류분을 초과하여 유증받은 1/4 지분) × (원고와의 반환의무의 비율 1/3)}, 원고에 대하여는 이 사건 부동산 중 1/6 지분 {=(원고가 유증받은 1/2 지분) × (소외 2와의 반환의무의 비율 2/3)} [피고1은 자신의 유류분인 이 사건 부동산 중 1/4의 지분에 대하여 소외 2에 대해서는 1/12(= 1/4 × 1/3)을 원고에 대해서는 1/6(= 1/4 × 2/3)을 청구할 수 있다]에 관하여 각각 유류분반환청구를 할 수 있다. 따라서 이 사건 부동산 중 피고들 앞으로 경료된 등기 중 위 1/6 지분에 해당하는 부분은 실체권리관계에 부합하여 유효하고, 나머지 1/3 지분 {=(피고 1앞으로 등기된 지분 1/2) - (원고에 대하여 유류분반환 청구할 수 있는 지분 1/6) = 2/6}에 해당하는 부분에 한하여 원고가 말소를 구할 수 있다고 할 것이다.

# 6. 효성이 지극한 자식은
## 상속재산을 더 받는다(기여분)

## 1. 의의

기여분이란 공동상속인 중 피상속인 재산의 유지 또는 증가에 특
별히 기여하거나 피상속인을 특별히 부양한 자가 있는 경우에 상속
분의 산정에 그러한 기여나 부양을 고려하는 제도(민법 제1008조의 2)

피상속인의 재산가액에서 기여분을 공제한 것을 상속재산으로 보
고 그에 기하여 각 공동상속인의 상속분을 산정한 후 그 기여한 공
동상속인에게 그 기여분만큼을 가산하여 구체적인 상속분을 정하
는 것이다.

## 2. 기여분 받을 수 있는 자: 공동상속인(민법 제1008조의 2 제1항)

- 공동상속인이 아닌 자(사실혼 배우자, 포괄수유자, 상속결격자, 상속포기자
  등)는 기여분권자가 아니다.
- 선 순위 상속인이 있으면 후 순위 상속인이 특별기여를 하였더라
  도 기여분을 청구하지 못한다.
- 대습상속인은 자신의 기여뿐만 아니라 피대습자의 기여도 주장
  할 수 있다.

## 3. 요건 – 특별부양 또는 재산상의 특별기여

### 1) 특별부양

가) 상당한 기간 동거·간호 그 밖의 방법으로 피상속인을 특별히 부양한 경우

나) 기간의 상당성은 구체적 사실관계를 기초로 개별적으로 판단

다) 통상의 부양(민법 제974조의 부양)의 부양의무의 범위를 벗어나야 하는 것이어야 한다.

라) 장기간 그 부모와 동거하면서 생계유지의 수준을 넘는 부양자 자신과 같은 생활 수준을 유지하는 부양을 한 경우에는 부양의 시기, 방법 및 정도의 면에서 각기 특별한 부양이 된다고 보아 각 공동상속인 간의 공평을 도모하는 측면에서 그 부모의 상속재산에 대하여 기여분을 인정(30년간 어머니를 모셔온 딸에게 기여분 인정)(1998. 12. 8. 97므513·520, 97스12)

### 2) 재산상의 특별한 기여

가) 수인의 자 중 한 사람이 무상으로 부의 사업을 위하여 장기간 노무를 제공한 경우

나) 가족생활상 불가피한 생활비용의 부담은 특별한 기여로 보기 어렵다

## 4. 기여분의 결정

- 공동상속인들의 협의로 정한다(민법 제1008조의 2 제1항, 공동상속인 전

원이 협의에 참여하여야 한다).

- 협의가 되지 않거나 불가능한 경우 기여자의 청구에 의하여 가
  정법원이 기여의 시기, 방법 및 정도와 상속재산의 액, 기타 사정
  을 고려하여 심판으로 정한다(마류 가사비송사건으로 조정을 거친다. 가
  사소송법 제50조).
- 피상속인이 기여분을 지정하는 유언은 법률상 효력이 없다. 기
  여분의 지정은 법정유언사항이 아니다.
- 기여분은 상속재산분할의 전제 문제이다. 따라서 상속재산 분할
  의 청구나 조정신청이 있는 경우에 한하여 기여분결정청구를 할
  수 있다(상속재산분할 청구와 기여분결정청구를 동시에 할 수 있다).
- 기여분이 결정되기 전에 유류분반환청구소송에서 상속재산 중
  자신의 기여분에 대한 공제항변을 할 수는 없다(94다8334).

## 5. 산정

### 1) 내용

가) 기여의 시기 방법 정도와 상속재산의 액 기타 사정을 참작하
   여 기여분을 정하여야 하며(민법 제1008조의 2 제2항), 상속이 개시
   된 때의 피상속인의 재산가액에서 유증의 가액을 공제한 액을
   넘지 못한다(동조 제3항).
나) 상속개시 당시의 피상속인 재산가액에서 산정된 기여분을 공
   제한 것을 상속재산으로 보고, 제1009조와 제1010조에 의하
   여 산정한 상속분에 기여분을 가산한 액을 기여상속인의 상
   속분으로 본다(민법 제1008조의 2 제1항).

## 2) 특별수익

상속개시시의 상속재산에 생전증여를 가산한 가액에서 기여분의 가액을 공제한 것을 상속재산으로 보고 여기에 공동상속인의 상속분을 곱하여 구체적 상속분을 산정하며, 기여상속인의 상속분은 계산된 상속분가액에 기여분을 합한다(2013. 6. 26. 선고 2001느합86).

## 3) 제3자에 대한 유류분반환청구와 기여분

기여분은 유류분과 무관하다. 기여분의 가액이 상속재산의 거의 대부분을 차지하는 경우에도 유류분에 대한 침해로 되지 않는다. 기여분은 유류분에 우선한다.

# 7. 받은 재산이 많으면
   상속재산이 달라질까?(특별수익)

## 1. 의의

  공동상속인 중에 피상속인으로부터 재산의 증여 또는 유증을 받은 자가 있는 경우에 그 수증재산이 자기의 상속분에 달하지 못한 때에는 그 부족한 부분의 한도에서 상속분이 있다(민법 제1008조).

  피상속인으로부터 공동상속인이 증여 또는 유증을 받은 자가 있다면, 그 증여 또는 유증의 가액을 상속분을 산정함에 있어 참작하지 않는다면 상속인들 사이의 공평을 기할 수 없다. 증여 또는 유증을 상속분의 선급이라고 보아야 하기 때문이다. 따라서 증여 또는 유증의 가액을 상속재산의 가액에 합산한 후 합산된 가액을 상속재산으로 보아 공동상속인의 상속분을 산정하여야 하는 것이다.

  [사례]

  피상속인 A에게 세 명의 자녀 B, C, D가 있는데, A는 생전에 B에게 유학자금으로 3,000만 원을 증여하였다. A는 C와 D를 따로 유학 보내지 않은 것에 미안한 마음이 있었다. 그래서 C와 D가 혼인할 때에 결혼준비자금을 보태줄 생각을 하고 있었다. 그러나 A는 C와 D가 혼인하기 전에 사망하였다. A가 남긴 상속재산은 9,000만 원이다.

  이 경우 B, C, D가 B의 유학자금을 전혀 고려하지 않고, 법정상속분을 산정하면 각각 3,000만 원씩 상속하게 된다. 그러나 B는 자기의 상속분에서 미리 3,000만 원을 받았다. 따라서 B의 유학자금을 고려하여 상속분을 조정하여야 하는데, B는 생전증여로 받은 3,000만 원을 더하면 상속재산은 1억 2,000만 원이 된다. 이를 상속재산으로 하여 상속분을 산정하면 각각 4,000만 원을 상속하게 된다. 여기서 B는 피상속인으로부터 재산의 증여를 받은 자로서 그 증여의 가액(3,000만 원)이 자기의 상속분(4,000만 원)에 달하지 못하므로 그 부족한 부분(1,000만 원)의 한도에서 상속분을 가지는 것이다.

## 2. 특별수익의 범위

- 증여: 피상속인으로부터 피상속인 생전에 증여를 받은 가액은 특별수익이다. 모든 증여를 특별수익으로 볼 수는 없다. 결혼준비금, 경제적 독립을 위한 비용(주택 마련 자금), 유학자금 등은 특별수익에 해당한다. 그러나 피상속인이 자녀의 부양을 위해 사용한 비용(양육비)은 제외된다. 생일선물, 용돈 등은 이에 포함되지 않는다. 특별수익인지 여부는 상속재산을 미리 준 것인지에 따라 판단할 수밖에 없다.
- 상속인이 고유재산으로 수령한 생명보험금, 사망퇴직금 등은 특별수익이라고 보는 것이 타당하다. 그러나 가령 생명보험금의 경우 피상속인인 보험계약자가 실제로 지급한 보험료액이 특별수익인지, 상속인이 수령한 보험금 총액이 특별수익인지에 대해서는 생각해볼 문제이다.
- 유증은 그 목적을 묻지 않고 특별수익에 해당한다. 다만 특별수익자의 상속분 계산에 있어 상속재산에 포함하지 않는 점에 차이가 있다.

## 3. 특별수익의 평가 시기

- 특별수익의 평가는 상속개시 시를 기준으로 평가하게 된다. 그러나 이렇게 되면 금전이 증여된 경우 문제가 있게 된다.
- 피상속인이 사망하기 10년 전에 1억 원을 증여하였는데, 10년 동안 물가가 10배 올라 피상속인 사망 당시에는 1,000만 원의 가치에 불과한 경우를 생각해보자. 이와 같은 화폐가치의 변동을 고려하지 않게 되면 공동상속인들 사이의 공평을 기하기 어렵게 된다.
- 따라서 금전이 증여된 경우에는 증여받을 당시와 상속개시 당시의 화폐가치 변동을 고려하여 물가지수에 따라 상속개시 시의 시가로 환산하여 평가하여야 한다. 즉, 10년 전 1억 원을 증여받고 10년 동안 물가가 10배 올랐다면 특별수익은 1억 원이 아니라 10억 원이 되어야 할 것이다.


## 4. 상속채무의 분담

특별수익자가 있는 경우에도 상속채무는 법정상속분에 따라 승계된다. 구체적인 상속분 계산은 사례로 살펴보자.


## 5. 구체적 상속분

공동상속인 중에 특별수익자가 있는 경우, 상속분의 산정은 상속개시 당시의 상속재산(A)에 생전증여 가액(B)를 더한 것(C)을 공동상속인들의 상속분에 따라 나누어 계산하여 각 상속분을 산출한 후 특별수익자의 생전증여(B)와 유증(D)의 가액을 공제하면 된다. 여기서 피상속인의 소극재산, 즉 상속채무는 공제할 것이 아니다. 이를 산식으로 표현하면 다음과 같다.

특별수익자의 상속분 = (상속재산 + 생전증여 전부) × 법정상속분률 - 특별수익(생전증여 + 유증)

[사례]

피상속인 A는 상속인으로 배우자 B, 자녀 c, d, e가 있고, 사망 당시 상속재산은 7억 원이다. A는 배우자 B에게 2억 원을 유증하였고, 생전에 c에게 주택 마련 자금으로 1억 원을 주었으며, d에게는 사업자금으로 1억 원을 주었다.

① 간주상속재산

9억 원 = 9억 원(상속재산) + 2억 원(c와 d가 증여받은 가액)

② 법정상속분

B: 3/9[= 1.5/(1.5+1+1+1)]

c, d, e: 각 2/9[1/(1.5+1+1+1)]

③ 법정상속분에 따른 상속분

B: 3억 원

c, d, e: 각 2억 원

④ 구체적 상속분

B: 3억 원 - 2억 원(유증) = 1억 원

c: 2억 원 - 1억 원(증여) = 1억 원

d: 2억 원 - 1억 원(증여) = 1억 원

e: 2억 원


## 6. 특별수익자의 상속분

### 1) 특별수익자

가) 공동상속인 중에 피상속인으로부터 재산의 증여 또는 유증을
받은 특별수익자가 있는 경우, 공평을 기하기 위하여 그 수증
재산을 상속분의 선급으로 보아 구체적인 상속분을 산정함에
참작하게 된다. 공동상속인 중에 피상속인으로부터 재산의 증
여 또는 유증을 받을 자가 있는 경우에 그 수증재산이 자기의
상속분에 달하지 못한 때에는 그 부족한 부분의 한도에서 상
속분이 있다.

나) 공동상속인 중 증여 또는 유증을 받은 자

- 상속을 승인한(단순승인, 한정승인) 공동상속인

- 상속을 포기한 자는 다른 공동상속인의 유류분을 침해하지
않는 한 반환의무를 지지 않는다. 따라서 증여 또는 유증받
은 재산을 보유할 수 있다.

- 공동상속인의 직계비속, 배우자 또는 직계존속이 증여나 유
증을 받은 경우에 공동상속인이 반환의무 부담하지 않는다.

- 그러나 실질적으로 피상속인으로부터 상속인에게 직접 증여
된 것과 다르지 않다고 인정되는 경우에는 고려될 수 있다
(2006스3).

다) 대습상속

피대습자가 피상속인으로부터 특별수익을 한 경우 대습상속인은 반환의무를 진다.

라) 포괄수유자

- 법정상속인 아닌 포괄수유자는 피상속인으로부터 받은 유증재산을 반환할 필요가 없다.
- 공동상속인으로서 포괄유증을 받은 경우, 제2순위 이하의 자로서 포괄유증을 받은 후 선 순위 상속인 전원의 상속포기 또는 결격으로 공동상속인으로 된 경우 특별수익 반환의무가 있다.

마) 혼인 또는 입양으로 상속인이 된 자

수익 당시에 상속인이 될 지위에 있지 않았으나, 그 후 증여자 또는 유증자의 배우자나 양자로 된 경우 학설은 일반적으로 반환의무가 있다고 본다.

## 2) 특별수익

가) 생전증여

- 생전증여 중 특별수익에 해당하는 것이 있는지에 관한 판단이 필요하다. 피상속인의 생전의 자산, 수입, 생활 수준, 가정상황 등을 참작하고 공동상속인들 사이의 형평을 고려하여 당해 생전증여가 장차 상속인으로 될 자에게 돌아갈 상속재산 중 그의 몫의 일부를 미리 주는 것이라고 볼 수 있는지에 의하여 결정한다(97므513·520, 97스12).
- 혼수비용, 지참금, 창업자금

나) 유증

목적을 불문하고 반환의 대상이다.

다) 생명보험금, 사망퇴직금

　생명보험금청구권은 유증 내지 사인증여에 준하는 것이므로, 특별수익에 포함한다. 사망퇴직금도 공동상속인의 1인이 받았다면 유증에 해당한다.

### 3) 계산방법

가) 공동상속인 중 특별수익자가 있는 경우, 피상속인이 상속개시 당시 가지고 있던 재산의 가액(현존상속재산가액)에 특별수익분인 생전증여의 가액을 가산한 후(의제상속재산), 이 가액에 각 공동상속인별로 법정상속분률을 곱하여 산출된 상속분의 가액(상속분액)으로부터 특별수익자의 수증재산인 증여 또는 유증의 가액을 공제하는 방법으로 계산한다(94다16571).

---

상속분 = (현존상속재산가액 + 생전증여의 가액) × 법정상속분률 - 특별수익

---

나) 소극재산에 포함 여부

- 피상속인이 상속개시 당시에 가지고 있던 재산의 가액은 상속재산 가운데 적극재산 전액을 가리킨다(94다16571).

- 특별수익자가 있더라도 상속채무는 공동상속인 간에 법정상속분에 따라 승계된다(제1009조).

다) 증여 또는 유증가액의 평가 시점

① 증여받거나 유증받은 재산이 금전이 아닌 물건인 경우(황금 송아지)

- 특별수익으로 반환되어야 하는 것은 현물이 아닌 그 가액이다.

- 생전증여를 받은 경우라면 그 가액을 상속재산에 산입하여 특별

수익자와 다른 공동상속인의 구체적 상속분을 확정한다.

- 유증을 받은 경우라면, 그 재산은 공동상속인들이 각자의 상속분에 따라 공유하게 되고(민법 제1006조), 그 소유권을 수유자에게 이전할 의무를 부담하게 되므로 그 가액을 산정하여야 한다.

② 증여가액의 평가 시기

- 96스62결정: 공동상속인 중에 특별수익자가 있는 경우의 구체적 상속분 산정을 위한 재산평가 시점(상속개시일) 대상분할의 방법에 의한 상속재산분할 시의 정산을 위한 상속재산 평가 시점(분할 시) "공동상속인 중에 피상속인으로부터 재산의 증여 또는 유증 등의 특별수익을 받은 자가 있는 경우에는 이러한 특별수익을 고려하여 상속인별로 고유의 법정상속분을 수정하여 구체적인 상속분을 산정하게 되는데, 이러한 구체적 상속분을 산정함에 있어서는 상속개시 시를 기준으로 상속재산과 특별수익재산을 평가하여 이를 기초로 하여야 할 것이고, 다만 법원이 실제로 상속재산분할을 함에 있어 분할의 대상이 된 상속재산 중 특정의 재산을 1인 및 수인의 상속인의 소유로 하고 그의 상속분과 그 특정의 재산의 가액과의 차액을 현금으로 정산할 것을 명하는 방법(소위 대상분할의 방법)을 취하는 경우에는, 분할의 대상이 되는 재산을 그 분할 시를 기준으로 하여 재평가하여 그 평가액에 의하여 정산을 하여야 한다."

- 수증자의 행위에 의하여 증여물이 멸실, 변경된 경우라도 상속개시시의 시가로 평가한다.

- 수증자가 증여물로부터 수취한 과실 또는 사용수익의 대가는 상속재산에 포함시키지 않는다.

- 금전증여의 경우 그 금전으로부터 수취한 이자는 상속재산에 산

입되지 않는다.

- 다만 금전증여의 경우, 증여받은 금액을 상속개시 당시의 화폐가치로 환산하여 이를 증여재산의 가액으로 봄이 상당하고, 그러한 화폐가치의 환산은 증여 당시부터 상속개시 당시까지 사이의 물가변동률을 반영하는 방법으로 산정하는 것이 합리적이라는 것이 판례(2006다28126)의 입장이다.

- 따라서 만일 1991. 7. 15. 위 피상속인으로부터 8,900만 원을 증여받았고 피상속인은 2000. 3. 6. 사망함으로써 상속이 개시되었다면, 상속분을 산정함에 있어 상속재산에 합할 증여재산의 가액은 위 증여액에 그 증여받은 당시부터 위 상속개시 당시까지의 물가변동률을 반영하여 산정한 가액이 된다. 실무에서는 통계청 발표의 소비자물가지수를 이용하여 가액을 산정하고 있다(서울고등법원 1995. 3.22. 선고 94나19978 판결).

## 4) 수익액이 상속분을 초과할 경우

가) 증여 또는 유증을 받은 공동상속인의 특별수익이 그의 본래의 상속분에 달하지 못하면 그 부족분의 한도에서 상속분을 더 받을 수 있으며, 부족분이 없으면 더 이상 상속받을 것이 없게 된다(제1008조).

나) 상속분을 초과하여 특별수익을 하였다 하더라도 다른 공동상속인에게 반환의무가 있는 것은 아니지만, 다른 공동상속인의 유류분권을 침해하였다면 그 한도에서는 반환의무를 지게 된다.

다) 특별수익자가 상속을 포기하더라도 유류분권의 침해가 발생한다면 반환의무를 질 것이다.

## 5) 의의

가) 공동상속인 중에 피상속인으로부터 재산의 증여 또는 유증을 받은 자가 있는 경우에 그 수증재산이 자기의 상속분에 달하지 못한 때에는 그 부족한 부분의 한도에서 상속분이 있다(민법 제1008조).

나) 피상속인 A에게 세 명의 자녀 B, C, D가 있는데, A는 생전에 B가 혼인할 때 결혼자금으로 6,000만 원을 증여하였다. A는 C와 D가 혼인할 때에도 상속분을 미리 준다고 생각하고 결혼 준비자금을 보태줄 생각이었는데, C와 D가 혼인하기 전에 사망하였다. A가 남긴 상속재산은 1억 8,000만 원이다. 이 경우 B, C, D가 B에 대한 생전증여를 고려하지 않고, 상속재산을 법정상속분에 따라 나눈다면 각각 6,000만 원씩을 상속하게 될 것이다. 그러나 B는 이미 자기의 상속분에서 미리 6,000만 원을 받았으므로 이 생전증여의 가액을 고려하여 공평의 이념에 맞게 상속분을 조장할 필요가 있다. 을은 이미 생전증여로 6,000만 원을 받았으므로 여기에 더하여 상속재산에서 2,000만 원을 더 받으면 C와 D와 같이 8,000만 원을 상속한 결과가 된다. 여기서 B는 피상속인으로부터 재산의 증여를 받은 자에 해당하고 그 수증분(6,000만 원)이 자기의 상속분(8,000만 원)에 달하지 못하므로 그 부족한 부분(2,000만 원)의 한도에서 상속분을 가지는 것이다.

# 8. 법이 정해준 상속분을 인정할 수 없다고?(상속재산분할)

- 공동상속, 상속개시와 동시에 피상속인의 재산이 공동상속인의 공유재산이 된다.
- 결국, 분할을 통해 정리한다.

---

**제1012조(유언에 의한 분할방법의 지정, 분할 금지)** 피상속인은 유언으로 상속재산의 분할방법을 정하거나 이를 정할 것을 제삼자에게 위탁할 수 있고 상속개시의 날로부터 5년을 초과하지 아니하는 기간 내의 그 분할을 금지할 수 있다.

**제1013조(협의에 의한 분할)** ① 전조의 경우 외에는 공동상속인은 언제든지 그 협의에 의하여 상속재산을 분할할 수 있다.
② 제269조의 규정은 전 항의 상속재산의 분할에 준용한다.

**제1014조(분할 후의 피인지자 등의 청구권)** 상속개시 후의 인지 또는 재판의 확정에 의하여 공동상속인이 된 자가 상속재산의 분할을 청구할 경우에 다른 공동상속인이 이미 분할 기타 처분을 한 때에는 그 상속분에 상당한 가액의 지급을 청구할 권리가 있다.

**제1015조(분할의 소급효)** 상속재산의 분할은 상속개시된 때에 소급하여 그 효력이 있다. 그러나 제삼자의 권리를 해하지 못한다.

---

## 1. 유언으로 분할방법을 지정

피상속인은 유언으로 상속재산의 분할방법을 정할 수 있는데, 이를 분할방법의 '지정'이라 한다. 가령, 피상속인이 유언으로 상속인 A에게는 아파트를, 상속인 B에게는 금괴를 나누어 줄 것을 정하는 것이다. 분할방법의 지정은 유언으로 하여야 한다. 생전에 분할방법을 지정하였더라도 효력이 없다.

## 2. 유언으로 분할을 금지할 수 있다

1) 피상속인은 유언으로 상속개시의 날부터 5년을 넘지 않는 기간 내에서 상속재산의 분할을 금지할 수 있다(민법 제1012조 후단). 분할 금지는 상속재산 전부에 대한 것이든 그 일부에 대한 것이든 상관없다. 상속재산의 일부만 분할을 금지하였다면 금지되지 않은 부분에 대해서도 분할이 가능하다.

2) 상속인의 일부에 대해서도 분할을 금지할 수 있다.

## 3. 상속재산 분할의 협의

1) 분할의 협의는 공동상속인 간의 일종의 계약이다. 그러므로 공동상속인 전원이 참가하여야 한다. 일부라도 협의에 참여하지 않았다면 분할의 협의는 무효가 된다. 가령 아버지가 사망하여 어머니와 자녀들이 공동상속인이 되었는데, 어머니가 계모라는 이유로 어머니를 제외하고 분할협의를 하였다면 이는 무효가 된다.

2) 공동상속인은 언제든지 협의로 상속재산을 분할할 수 있다. 다

만, 상속재산 분할협의를 하게 되면 단순승인을 한 것이 된다. 분할협의는 계약이므로 일부의 상속인이 상속재산의 분할협의를 요구하더라도 이에 응할 의무가 있는 것은 아니다. 그러나 협의에 의한 상속재산의 분할은 공동상속인 전원의 동의가 있어야 유효하고 공동상속인 중 1인의 동의가 없으면 그 분할협의는 무효가 된다.

3) 분할의 결과, 공동상속인 각자의 현실적 취득분과 법정상속분 사이에 차이가 현저한 경우, 가령 공동상속인들 사이에 상속재산 전부를 공동상속인 1인이 상속받기로 하는 경우라도 가능하다. 이는 실질적으로 공동상속인들 사이에 증여가 이루어진 것으로 볼 수 있는데, 실무는 이를 증여로 보지 않는다. 상속재산의 분할협의는 소급효가 있다. 따라서 공동상속인 1인이 상속개시 당시 상속재산을 전부 상속한 것으로 된다.

4) 상속재산 분할협의가 있고 난 뒤라도 전원의 합의가 있다면 합의해제하는 것도 가능하다.


## 4. 분할의 대상

### 1) 채권

금전채권과 같은 가분채권(예금채권)은 상속개시와 동시에 법정상속분에 따라 각 공동상속인에게 분할하여 귀속된다. 따라서 자신의 상속분을 초과하여 채권을 분할 받는 협의를 한다면 채무자에 대한 채권양도의 통지를 하여야 할 것이다.

## 2) 채무

금전채무는 분할의 대상이 아니다. 상속개시와 동시에 법정상속분에 따라 각 공동상속인에게 분할하여 귀속될 뿐이다. 왜냐하면 자력이 전혀 없는 공동상속인 1인에게 상속채무를 전부 넘기게 된다면 상속채권자들을 해하게 되기 때문이다.


## 5. 분할의 방법

1) 협의에 의한 분할의 경우 그 방법에는 제한이 없다. 토지를 상속받았다고 할 경우 공동상속인들은 분필하여 분할하는 방법으로 현물분할을 할 수도 있고, 토지를 분필하지 않고 각자의 협의로 정한 지분을 등기하는 방법으로 분할할 수도 있다. 아니면 토지를 공동상속인 1인의 소유로 하고 토지를 소유하게 된 공동상속인이 나머지 공동상속인에게 금전을 지급하는 방법으로 분할할 수도 있다. 이를 대상분할(代償分割)이라 한다. 상속재산을 보유하지 상속인이 보유하지 않고 분할할 수 있다. 즉 토지를 처분하여 그 매각대금을 나누어 갖는 것이다.

2) 협의가 이루어지지 않을 경우 각 공동상속인은 가정법원에 분할을 청구할 수 있다.

## 6. 피상속인의 사망 후 혼인외 출생자가 인지되는 경우

1) 피상속인의 사망 후 혼인외의 출생자가 인지되는 경우, 인지의 효력은 그 혼인외 출생자의 출생 시로 소급하게 된다(민법 제860조). 즉 혼인외 출생자는 출생한 때부터 피상속인의 자녀가 된다. 따라서 그 혼인외 출생자(피인지자)는 당연히 상속권을 갖는다.

2) 따라서 A의 상속인 B와 C가 9,000만 원 상당의 상속재산을 균분하여 분할하였는데, 그로부터 5년이 지난 후 피상속인 사후 인지청구에 의하여 상속권을 취득한 A의 혼외자 D는 B와 C를 상대로 상속분에 상응한 가액의 지급을 청구할 수 있다.

3) 이때, 상속재산의 가액이 상승하여, 가액지급청구 소송의 사실심변론종결 시 상속재산의 가액이 2억4,000만 원이 되었다면 혼외자 D는 2억4,000만 원의 1/3인 8,000만 원을 청구할 수 있고, B와 C는 각각 4,000만 원씩을 지급하여야 한다.

# 9. 빚도 재산이라고
## 상속받았다면(한정승인과 상속포기)

> **제1019조(승인, 포기의 기간)** ① 상속인은 상속개시 있음을 안 날로부터 3월 내에 단순승인이나 한정승인 또는 포기를 할 수 있다. 그러나 그 기간은 이해관계인 또는 검사의 청구에 의하여 가정법원이 이를 연장할 수 있다.
> ② 상속인은 제1항의 승인 또는 포기를 하기 전에 상속재산을 조사할 수 있다.
> ③ 제1항의 규정에 불구하고 상속인은 상속채무가 상속재산을 초과하는 사실을 중대한 과실 없이 제1항의 기간 내에 알지 못하고 단순승인(제1026조 제1호 및 제2호의 규정에 의하여 단순승인한 것으로 보는 경우를 포함한다)을 한 경우에는 그 사실을 안 날부터 3월 내에 한정승인을 할 수 있다.

## 1. 정의

- 상속의 개시에 의하여 피상속인의 재산상의 모든 권리와 의무는 일신전속적인 것을 제외하고, 상속인의 의사와 관계없이 또 상속인이 알 건 모르건, 법률상 당연히 포괄적으로 상속인에게 승계된다(민법 제1005조). 그런데 상속재산에 채무가 많을 때, 즉 빚만 상속을 받는다면 상속은 상속인에게 큰 피해를 줄 수 있다. 이에 민법은 상속포기제도와 한정승인제도를 두고 있다.
- 상속포기란 피상속인으로부터 상속받을 수 있는 재산상의 모든 권리와 의무를 포기하는 것을 말한다. 이와 달리 한정승인은 상속으로 인하여 얻는 피상속인의 재산을 한도로 피상속인의 채무와 유증을 변제하는 것으로 채무는 승계하지만, 상속재산의 한도에서만 변제의 책임을 지는 것을 말한다.

- 단순(한정)승인 또는 포기는 상속개시 후에 하여야 하며, 개시 전에 그 의사표시를 할 수 없으므로, 상속개시 전에 상속포기약정을 하더라도 이는 무효가 된다. 상속개시 전에 상속포기약정을 한 공동상속인은 상속개시 후에 상속권을 주장할 수 있다. 승인 또는 포기는 그 어느 쪽을 선택한 후에는 이를 변경할 수 없다.
- 상속의 승인 또는 포기는 상속인만이 할 수 있다. 미성년자와 같은 무능력자는 법정대리인의 동의가 있어야 한다. 미성년자의 경우 친권자가 미성년자인 자(子)에 갈음하여 승인 또는 포기할 수 있다(민법 제920조). 부(父) 사망, 모(母)와 자(子)가 상속인인 경우, 모(母)가 미성년 자(子)에 갈음하여 승인 또는 포기, 이해상반행위, 특별대리인 선임을 가정법원에 청구하여야 한다(민법 제921조, 가소 2라 ⑯).
- 상속인이 상속되는 채무가 그 재산을 초과하는 사실을 중대한 과실 없이 알지 못하고 단순승인하거나 제1026조 제1호(상속인이 상속재산에 대한 처분행위를 한 때) 및 제2호(상속인이 제1019조 제1항의 기간 냉에 한정승인 또는 포기를 하지 아니한 때)에 의한 법정 단순승인이 되었을 경우에는 그 사실을 안 날로부터 3월 내에 한정승인을 할 수 있다.

---

### 상속개시 있음을 안 날

상속개시의 사실(피상속인 사망의 사실)과 자기가 상속인이 된 사실을 안 날, 자기가 상속인이 된 사살을 안 날을 뜻한다.

아버지와 아들이 함께 기차를 타고 가다가 사고를 당하여 아버지는 그 자리에서 사망하고, 아들은 의식불명 상태에 있다가 3개월이 지나서야 깨어났다면 아들은 의식을 회복한 후에 아버지의 사망 사실을 알게 되어 자신이 상속인이 되었음을 알게 되므로 그때부터 3개월 동안 승인, 포기를 결정할 수 있게 된다.

제1순위 상속인이 전부 상속을 포기하여 제2순위 상속인이 상속인으로 된 경우에는 제2순위 상속인은 제1순위 상속인 전원이 상속을 포기한 결과 자기가 상속인이 되었다는 사실을 안 날(예를 들면 상속채권자의 채무이행청구를 받은 날)로부터 3개월간의 고려 기간을 가지게 된다. 3개월의 기간은 상속인이 여러 명 있는 때에는 각 상속인에 대하여 각각 별도로 진행하게 되는 것이다.

상속재산이 있음을 안 날(대판 1974. 11. 26. 74다 163, 대결 1984. 8. 23. 84스17-25), 상속재산의 유무를 안 날, 상속포기제도를 안 날(대결 1986. 4. 22. 86스10, 대결 1988. 8. 25. 88스 10-13), 상속재산 또는 상속채무의 존재를 안 날(대결 1991. 6. 11. 91스1) … 아니다.

**연장청구**

재산상태가 복잡하거나 공동상속인 1인이 먼 거리에 있기 때문에 협의하기 힘든 경우, 또는 그 밖의 사유 때문에 3개월간으로는 의사결정을 하는데 불충분한 경우, 이해관계인 또는 검사의 청구에 의하여 가정법원은 이 기간을 연장할 수 있다(가소 제2조 제1항 2호 가목 30).

## 2. 승인 또는 포기 전의 상속재산의 조사

- 제1019조 제2항: 상속인은 제1항의 승인 또는 포기를 하기 전에 상속재산을 조사할 수 있다.
- 피상속인의 재산을 조사할 수 있는 권리를 상속인에게 인정한 것이다.

## 3. 상속인이 중대한 과실 없이 상속채무의 초과사실을 알지 못하고 단순승인을 한 경우의 한정승인 기간(특별한정승인제도)

- 제1019조 제3항: 제1항의 규정에 불구하고 상속인은 상속채무가 상속재산을 초과하는 사실을 중대한 과실 없이 제1항의 기간 내

에 알지 못하고 단순승인(제1026조 제1호 및 제2호의 규정에 의한 단순승인한 것으로 보는 경우를 포함한다)을 한 경우에는 그 사실을 안 날로부터 3월 내에 한정승인을 할 수 있다.

- 중대한 과실 없이 알지 못하였다는 사실: 입증책임 상속인, 기간은 제척기간
- 제1020조: 상속인이 무능력자인 경우 그 법정대리인이 상속개시 있음을 안 날로부터 기산하게 된다.
- 제1021조: 상속인이 승인이나 포기를 하지 않고 3개월의 기간 내에 사망한 때에는 그의 상속인이 그 자기의 상속개시가 있음을 안 날로부터 3개월을 기산한다(민법 제1021조).
- 조부의 상속재산이 채무초과인데, 부가 상속포기를 하지 않은 상태에서 고려 기간 내 사망한 경우 자는 부의 상속포기권을 상속하여 그때로부터 3개월 이내에 행사할 수 있다. 이를 통해 조부의 재산이 부에게 상속되는 것을 막을 수 있다. 그러나 자가 부를 상속하는 것(제2 상속)을 포기하고 부가 조부를 상속하는 것(제1 상속)을 승인할 수는 없다. 제2 상속을 포기하면 제1 상속의 승인 포기권을 승계할 근거가 없기 때문이다. 제1 상속과 제2 상속을 함께 포기할 수 있다.
- 돈 없는 할아버지, 돈 많은 아버지 … 할아버지 사망에 충격받은 아버지 2달 뒤 갑자기 사망, 아들은 승인 포기 기간을…? 도과?
- 제1024조: 상속의 승인이나 포기는 제1019조 제1항의 기간 내에도 이를 취소하지 못한다(제1항). 전항의 규정은 총칙편의 규정에 의한 취소에 영향을 미치지 아니한다. 그러나 그 취소권은 추인할 수 있는 날로부터 3월, 승인 또는 포기한 날로부터 1년 이내에 행사하지 아니하면 시효로 인하여 소멸된다(제2항).

- 상속의 승인과 포기를 일단 한 이상 3개월의 기간 내에도 이를 취소(철회)할 수 없다. 한정승인과 포기는 가정법원에 신고하여 이 것이 수리되었을 때 그 효력이 생기는 것으로 수리되기 전까지 상속인이 그 신고를 취하하는 것은 상관없다.

## 4. 승인 또는 포기의 철회

승인 또는 포기의 철회는 허용되지 않으나, 총칙 편의 규정에 의한 승인 또는 포기의 취소에는 영향을 미치지 않는다. 즉 미성년자와 피성년후견인이 후견인의 동의 없이 한 경우, 착오로 인한 경우, 사기 강박에 의한 경우에는 취소권자가 그 승인 또는 포기를 취소할 수 있다.

## 5. 승인 또는 포기

### 1) 제1025조(단순승인의 효과)

가) 상속인이 단순승인을 한 때에는 제한 없이 피상속인의 권리·의무를 승계한다.

나) 단순승인이란 피상속인의 권리·의무를 무제한 무조건으로 승계하는 상속형태 또는 이를 승인하는 상속방법을 말한다. 따라서 단순승인을 한 상속인은 피상속인이 가지고 있던 적극재산을 승계함과 동시에 소극재산, 즉 채무에 대해서도 제한 없는 책임을 진다. 상속인은 상속재산으로 상속채무를 전부 변제할 수

없는 경우에도 그것을 이유로 채무의 이행을 거부할 수 없다. 상속채권자는 상속재산에 대해서 뿐만 아니라, 상속인의 고유 재산에 대해서도 강제집행을 하여 변제를 받을 수 있다.

### 2) 제1026조(법정단순승인)

가) 다음 각 호의 사유가 있는 경우에는 상속인이 단순승인을 한 것으로 본다.

1. 상속인이 상속재산에 대한 처분행위를 한 때

2. 상속인이 제1019조 제1항의 기간 내에 한정승인 또는 포기를 하지 아니한 때

3. 상속인이 한정승인 또는 포기를 한 후에 상속재산을 은닉하거 나 부정소비하거나 고의로 재산목록에 기입하지 아니한 때

나) 상속인이 상속재산을 자기의 고유재산과 혼합하거나 상속재산 을 처분한 후에 한정승인 또는 포기를 하면 상속채권자와 다 른 상속인이 손해를 입을 염려가 있다.

다) 제1호: 한정승인 또는 포기를 하기 이전의 처분. 처분, 사실적 처분(산림의 벌채, 가옥의 파괴), 법률적 처분(산림의 매각, 주식의 질권 설 정, 대물변제, 채권을 추심하여 수령영득하는 것, 경제적 가치 있는 동산의 증여) 을 말한다. 그러나 실화나 과실로 가옥이나 미술품 등을 훼손 하였을 경우에는 처분이 아니다.

라) 직계비속 갑, 을, 병이 1억 2,000만 원 상당을 재산을 상속, 상 속채무는 1억 8,000만 원이다. 갑과 을은 한정승인 → 각자의 상속분 4,000만 원의 한도에서 각자의 상속분에 따른 채무 6,000만 원을 변제해야 한다(결과적으로 갑과 을의 변제 후에는 1억 원 의 상속채무가 남게 된다). 단순승인한 병은 자기의 상속분에 따른

채무 6,000만 원 전액을 변제하여야 한다. 즉, 상속으로 받은 재산 4,000만 원에 자기의 고유재산 2,000만 원을 보태서 상속채무를 변제하여야 한다.

마) 제3호: 한정승인 또는 포기를 한 후의 처분. 상속재산 은닉, 부정소비, 고의로 재산목록에 기입하지 않은 때를 말한다.

재산목록은 한정승인의 경우(민법 제1030호), 재산을 은닉하여 상속채권자를 사해할 의사로 재산목록에 기입하지 않는 것으로, 소극재산만 있는 경우도 알고 있는 이상은 기재하여야 한다. 존재하지 않는 상속채무를 재산목록에 기재한 것에 대해서도 본 호를 유추적용한다. 공동상속인이 공동으로 적법하게 한정승인을 한 후에, 그중의 일부 상속인이 부정행위를 하였을 때에는 부정행위를 한 상속인에 대해서만 단순승인의 효과가 발생한다. 따라서 부정행위를 한 상속인은 청산 후 남는 채무에 대하여 자기 상속분에 따라 자기의 고유재산으로써 책임을 진다.

## 3) 제1027조

가) 상속인이 상속을 포기함으로 인하여 차순위 상속인이 상속을 승인한 때에는 전조 제3호의 사유는 상속의 승인으로 보지 아니한다.

나) 제2의 상속인은 제1의 상속인에 대하여 은닉한 재산의 인도, 소비한 재산의 배상 등을 청구할 수 있다.

## 4) 제1028조(한정승인의 효과)

가) 상속인은 상속으로 인하여 취득할 재산의 한도에서 피상속인의

채무와 유증을 변제할 것을 조건으로 상속을 승인할 수 있다.

나) 한정승인이란 상속인이 상속으로 인하여 얻을 재산의 한도에서 피상속인의 채무와 유증을 변제하는 상속형태 또는 그와 같은 조건으로 상속을 승인하는 것을 말한다. 한정승인은 상속승인의 하나이므로 피상속인의 채무와 유증을 변제한 후에 상속재산이 남았을 때는 그것은 물론 상속인에 귀속한다.

다) 방식

- 상속인이 수인인 때에는 각 상속인은 그 상속분에 응하여 취득할 재산의 한도에서 그 상속분에 의한 피상속인의 채무와 유증을 변제할 것을 조건으로 상속을 승인할 수 있다(민법 제1029조).

- 3개월의 기간 내에 상속재산의 목록을 첨부하여 가정법원에 한정승인의 신고를 하여야 한다(민법 제1030조 제1항). 특별한정승인(민법 제1019조 제3항)을 한 경우에는 상속재산 중 이미 처분한 재산이 있는 때에는 그 목록과 가액을 함께 제출하여야 한다(민법 제1030조 제2항).

- 한정승인의 의사표시는 상속인 또는 그 대리인이 가정법원에 대하여 서면으로써 하여야 하며, 그 신고서의 기재사항은 가사소송규칙 제75조에 따른다. 한정승인의 신고를 하여야 할 법원은 상속개시지의 가정법원이다.

- 가사소송규칙 제75조(한정승인·포기의 신고)

① 상속의 한정승인 또는 포기의 신고는 법 제36조 제3항[3]에 규정

---

3  가사소송법

제36조 ③ 심판청구서에는 다음 각 호의 사항을 적고 청구인이나 대리인이 기명날인하여야 한다.

    1. 당사자의 등록기준지, 주소, 성명, 생년월일, 대리인이 청구할 때에는 대리인의 주소와 성명

    2. 청구 취지와 청구 원인

    3. 청구 연월일

    4. 가정법원의 표시

한 사항 외에 다음 각 호의 사항을 기재하고, 신고인 또는 대리인이 기명날인 또는 서명한 서면에 의하여야 한다.

1. 피상속인의 성명과 최후주소
2. 피상속인과의 관계
3. 상속개시 있음을 안 날
4. 상속의 한정승인 또는 포기를 하는 뜻

② 제1항의 신고서에는 신고인 또는 대리인의 인감증명서를 첨부하여야 한다.

③ 가정법원이 제1항의 신고를 수리할 때에는, 그 신고의 일자 및 대리인에 의한 신고인 경우에는 그 대리인의 주소와 성명을 기재한 심판서를 작성하여야 한다.

라) 한정승인의 효과

– 피상속인의 채무

• 피상속인의 일신에 전속하는 채무를 제외하고 상속개시 시 피상속인의 재산에 속한 모든 채무를 승계한다.
• 상속인이 상속인으로서 부담하는 채무; 유언의 검인과 집행에 관한 비용, 피상속인의 장례비용
• 상속개시 후 구체적으로 발생하는 채무; 피상속인의 주주의 지위를 승계한 자가 부담하는 미납입주금지급의무
• 상속재산이 채무의 전액을 변제하는 데 부족한 경우, 유증은 변제되지 않는다(민법 제1036조).

– 상속재산

• 상속으로 인하여 취득할 재산
• 상속에 의하여 취득한 것이 아닌 재산은 상속재산이 아니다.
• 상속인이 유족의 자격으로 취득하는 손해배상청구권(민법 제

752조)

- 연금, 유족급여(부조료, 부의금)를 받을 권리
- 보험계약자가 보험수익자를 지정하지 않은 상태에서 피보험자가 사망한 경우, 피보험자의 상속인이 보험수익자(상법 제733, 730조)가 된다. 보험수익자인 상속인의 보험금청구권은 상속재산이 아니다. 따라서 사망보험금 수령한 행위는 단순승인 사유(민법 제1026조 제1호)가 아니며, 그 후 상속포기를 할 수 있다.
- 보험계약자가 보험자에게 상속인을 보험금 수령인으로 지정하였을 때(계약자 사망 - 조건 성취)의 보험금은 수령인 고유재산(상속재산 아니다)이다. 한정승인을 한 경우 보험금 수령인인 상속인은 그 보험금으로 상속채권자에게 변제할 필요가 없다.
- 상속재산인 주식으로부터 생긴 이익배당청구권은 상속개시 후의 총회에서 확정된 것이라도 상속재산의 일부이다.

– 한정승인한 상속인의 책임

- 한정승인을 한 상속인은 상속에 의하여 취득한 재산의 한도에서만 피상속인의 채무와 유증을 변제하면 된다. 이는 자기의 고유재산으로 변제할 책임이 없다는 의미일 뿐이며, 채무로서는 전액을 승계하는 것이다.
- 채권자가 상속인의 고유재산에 대하여 집행을 하였을 때에는 상속인은 민사집행법 제44조(청구이의의 소)에 의하여 배제를 청구할 수 있다.
- 한정승인을 한 상속인이 초과 부분을 임의로 변제한 때에는 채무자의 변제로서 유효하며 비채변제가 되지 않는다.
- 한정승인 전에 피상속인의 채무에 대하여 보증을 한 자나 병존적 채무인수를 한 자는 한정승인 한 후에도 채무의 전액에 대

하여 책임을 진다.

## 5) 제1029조(공동상속인의 한정승인)

- 상속인이 수인인 때에는 각 상속인은 그 상속분에 응하여 취득
  할 재산의 한도에서 그 상속분에 응한 피상속인의 채무와 유증
  을 변제할 것을 조건으로 상속을 승인할 수 있다.
- 상속인이 수인인 때에도 각 상속인은 각각 독립적으로 자기 의
  사에 의하여 그 상속분에 따라 한정승인을 할 수 있도록
- 상속인이 수인, 그중의 1인이 부모의 명예를 위해 한정승인에 반
  대하더라도 다른 상속인은 자유로이 독립적으로 한정승인을 할
  수 있다.

## 6) 제1030조(한정승인의 방식)

- 제1항: 상속인이 한정승인을 함에는 제1019조 제1항 또는 제3항
  의 기간 내에 상속재산의 목록을 첨부하여 법원에 한정승인의
  신고를 하여야 한다.
- 제2항: 제1019조 제3항의 규정에 의하여 한정승인을 한 경우 상
  속재산 중 이미 처분한 재산이 있는 때에는 그 목록과 가액을
  함께 제출하여야 한다.

## 7) 제1031조(한정승인과 재산상 권리 의무의 불소멸)

- 상속인이 한정승인을 한 때에는 피상속인에 대한 상속인의 재산
  상 권리·의무는 소멸하지 아니한다.
- 피상속인이 상속인에 대하여 채권을 가지고 있었거나 또는 채무
  를 지고 있었는데 상속이 개시되었다면 이는 혼동에 의하여 원

칙적으로 소멸한다(민법 제507조).

- 피상속인이 상속인의 소유물 위에 가지고 있던 제한물권, 상속
인이 피상속인의 소유물에 가지고 있던 제한물권도 혼동에 의
하여 원칙적으로 소멸한다(민법 제191호).
- 한정승인 → 피상속인의 재산을 상속인의 고유재산으로부터 분
리, 청산 → 혼동에 의한 권리소멸을 인정할 수 없다. → 피상속
인이 상속인 소유토지 위에 가졌던 저당권, 상속인이 피상속인
소유가옥 위에 가졌던 임차권

## 8) 제1032조(채권자에 대한 공고, 최고)

- 제1항: 한정승인자는 한정승인을 한 날로부터 5일 이내에 일반
상속채권자와 유증받은 자에 대하여 한정승인의 사실과 일정한
기간 내에 그 채권 또는 수증을 신고할 것을 공고하여야 한다.
그 기간은 2월 이상이어야 한다.
- 제2항: 제88조 제2항, 제3항과 제89조의 규정은 전항의 경우에
준용한다. → 신문공고 등

## 9) 제1033조(최고기간 중의 변제거절)

한정승인자는 전조 제1항의 기간만료 전에는 상속채권의 변제를
거절할 수 있다.

# 10. 유언상속과 유증의 차이

## 1. 유증이란?

유증이란 유언의 방식으로 유언자의 재물 또는 재산상 이익을 다른 사람(상속자격 여부와 무관하다)에게 주는 것을 말한다. 따라서 유언서를 작성할 때 '내가 죽은 후에 장남에게 부동산을 준다' 또는 '내가 죽은 후에 아내에게 대한민국의 은행에 있는 나의 모든 예금채권을 준다' 등으로 표현하게 된다.

## 2. 유증의 종류

### 1) 포괄유증(包括遺贈)

포괄유증이란 적극재산(채권, 물권)과 소극재산(채무)을 모두 포함하여 상속재산의 전부 또는 일부를 전체 재산에 대한 비율로 정하여 주는 것을 말한다. 예를 들어 '내가 죽은 후에, 나의 재산 전부를 막내딸에게 준다' 또는 '내가 죽은 후에 내 재산의 3분의 1을 나의 모교에 준다'고 하는 것이 포괄유증에 해당한다.

### 2) 특정유증(特定遺贈)

유증의 목적이 되는 재산이 특정된 것이다. 예를 들어 '내가 죽은 후에 나의 자동차들 중 A사의 세단 승용차는 아내에게 준다' 또는 '

내가 죽은 후에 금고에 있는 금괴는 장남에게 준다'고 하는 것이 특정유증에 해당한다.

### 3) 부담부유증

유언자는 수증자에게 재산을 주면서 일정한 부담을 지우는 것을 말한다. 예를 들어 상속재산을 주는 동시에 수증자에게 유언자의 아들이 성년이 될 때까지 보살펴 달라고 하는 부담을 부과하는 것이다.

## 3. 수증자

수증자는 유언자의 사망 당시 생존하고 있어야 한다. 만일 수증자가 유언자보다 먼저 사망하였다면 그 유증은 무효라고 해야 한다. 유증은 대습상속이 인정되지 않기 때문에 수증자의 상속인이 대습하여 유증을 받을 수는 없다. 다만 유언자 사망 후에 수증자가 사망한 경우에는 수증자의 상속인이 수증자가 유증을 받은 것을 상속받은 것은 당연한 것이다.

## 4. 유증의무자

상속재산 중에서 수증자에게 유증의 목적인 재산을 양도할 의무가 있는 자를 말하는데, 상속인, 유언집행자, 포괄적 수증자 등이 유증의무자가 된다.

## 5. 포괄유증

> **제1078조(포괄적 수증자의 권리·의무)** 포괄적 유증을 받은 자는 상속인과 동일한 권리·의무가 있다.
>
> **제1089조(유증 효력 발생 전의 수증자의 사망)** ① 유증은 유언자의 사망 전에 수증자가 사망한 때에는 그 효력이 생기지 아니한다.

### 1) 상속인과 동일한 권리·의무가 있다

상속인과 같이 유언자의 권리를 포괄적으로 승계하게 된다. 즉 유증을 받은 비율만큼의 상속지분을 갖게 되는 것과 같다고 할 수 있다. 따라서 채무도 상속인과 같이 그 유증을 받은 비율만큼 승계받게 되는 것이다. 또한 유언자의 사망과 동시에 포괄유증받은 상속재산을 법률상 당연히 승계하게 된다. 즉, 부동산의 경우 등기를 하지 않았어도 소유권을 주장할 수 있게 되는 것이다. 공동상속인들과 같은 지위에 있기 때문에 공동상속인들과 상속재산에 대하여 공유관계에 있게 되고 상속재산분할협의에 참가할 수 있다. 포괄수증자는 채무도 승계를 받기 때문에 포괄유증에 대한 승인 또는 포기를 할 수 있다. 이는 상속인과 같다.

### 2) 상속인과 똑같다고 할 수는 없다

포괄적 유증을 받은 자는 어디까지나 수증자이지 상속인이 아니다. 가령, 상속능력이 없는 법인의 경우에도 수증능력은 인정되기 때문에 유증을 받을 수 있다. 예를 들어 '내가 죽으면 재산의 절반을 사회복지재단에 기부하겠다'라는 유언을 할 경우 사회복지재단은 수증자가 되는 것이다. 포괄수증자에게는 유류분권이 인정되지 않는다. 유류분권은 상속인만의 권리이다. 대습상속도 인정되지 않는다. 유증자보다 먼저 포괄수증자가 사망하면 포괄유증은 효력을 상실하게 된다.


## 6. 특정유증

**제1074조(유증의 승인, 포기)** ① 유증을 받을 자는 유언자의 사망 후에 언제든지 유증을 승인 또는 포기할 수 있다.
② 전 항의 승인이나 포기는 유언자의 사망한 때에 소급하여 그 효력이 있다.

**제1075조(유증의 승인, 포기의 취소금지)** ① 유증의 승인이나 포기는 취소하지 못한다.
② 제1024조 제2항의 규정은 유증의 승인과 포기에 준용한다.

**제1076조(수증자의 상속인의 승인, 포기)** 수증자가 승인이나 포기를 하지 아니하고 사망한 때에는 그 상속인은 상속분의 한도에서 승인 또는 포기할 수 있다. 그러나 유언자가 유언으로 다른 의사를 표시한 때에는 그 의사에 의한다.

**제1077조(유증의무자의 최고권)** ① 유증의무자나 이해관계인은 상당한 기간을 정하여 그 기간 내에 승인 또는 포기를 확답할 것을 수증자 또는 그 상속인에게 최고할 수 있다.
② 전 항의 기간 내에 수증자 또는 상속인이 유증의무자에 대하여 최고에 대한 확답을 하지 아니한 때에는 유증을 승인한 것으로 본다.


1) 특정유증을 받은 자는 유언자가 사망하여 유언의 효력이 발생한 후에 언제든지 유증을 승인 또는 포기할 수 있다. 유증자의 승인 또는 포기의 효력은 유언자의 사망 시로 소급하여 만일 유증을 포기한다면 처음부터 유증을 받지 않은 것으로 된다. 유증의무자(통상 상속인이 된다) 등은 상당한 기간을 정하여 그 기

간 내에 승인 또는 포기를 확답할 것을 수증자에게 최고할 수 있고, 만일 그 기간 내에 답을 하지 않으면 유증을 승인한 것으로 간주하게 된다.

2) 특정 유증은 포괄유증과 달리 유증의무자에 대하여 유증의 이행을 청구할 수 있는 권리를 취득하는 것이다. 유증의 목적이 되는 상속재산에 대하여 유증의무자에게 이행을 청구하여야 하기 때문에 만일 유증의 목적이 부동산이라면 유증의무자(상속인들)을 상대로 소유권이전 등기를 청구하여야 할 것이다.

## 7. 부담부유증

[사례]

유언자가 고령의 노모가 있어 친구 A에게 자신의 모친을 보살펴달라면서 아파트를 유증하였다. 그런데 친구 A는 아파트만 받고 유언자의 모친을 전혀 보살피지 않고 있다면 어떻게 하여야 할까?

> **제1088조(부담 있는 유증과 수증자의 책임)** ① 부담 있는 유증을 받은 자는 유증의 목적의 가액을 초과하지 아니한 한도에서 부담한 의무를 이행할 책임이 있다.
> ② 유증의 목적의 가액이 한정승인 또는 재산분리로 인하여 감소된 때에는 수증자는 그 감소된 한도에서 부담할 의무를 면한다.
>
> **제1111조(부담 있는 유언의 취소)** 부담 있는 유증을 받은 자가 그 부담의무를 이행하지 아니한 때에는 상속인 또는 유언집행자는 상당한 기간을 정하여 이행할 것을 최고하고 그 기간 내에 이행하지 아니한 때에는 법원에 유언의 취소를 청구할 수 있다. 그러나 제삼자의 이익을 해하지 못한다.

## 1) 유증의 부담을 청구할 수 있는 자

유증의 부담을 청구할 수 있는 자는 상속인 또는 유언집행자, 유언에서 부담의 이행을 청구할 수 있는 자로 지정된 자 등이다. 부담부 유증에서 수증자는 자신이 받는 유증의 한도에서 부담을 지게 된다.

## 2) 사례의 해결

위 사례의 경우 유언자의 모친은 A에게 자신의 부양을 청구할 수 있다(유언집행자가 청구할 수도 있다). A가 이행을 하지 않는다면 상속인(유언자의 모친)이나 유언집행자는 가정법원에 유증의 취소를 구하는 심판을 청구할 수 있다. 유증이 취소되면 유증은 상속개시 시에 소급하여 그 효력을 상실하게 되기 때문에 아파트는 유언자의 상속인에게 귀속된다. 이 경우 유언자에게 사망 당시 직계비속이 있었다면 아파트는 직계비속인 손주들에게 귀속될 것이다.

# 11. 망자는 더 이상 말이 없다

(유언의 방법)

## 1. 유언은 정해진 방식에 의해야 한다

> **제1060조(유언의 요식성)** 유언은 본 법의 정한 방식에 의하지 아니하면 효력이 생하지 아니한다.

### 1) 유언의 요식성

유언은 유언자가 자신의 사망과 동시에 일정한 법률효과를 발생하도록 하는 것을 목적으로 민법이 정하고 있는 방식에 따라야 하는 상대방 없는 단독행위이다. 유언자가 죽기 전 아내와 자녀들이 모두 모인 자리에서 모든 재산을 장남에게 주겠다고 말하고는 바로 사망에 이르게 되었다면 다른 상속인들은 한 푼도 상속을 받지 못하게 되는 것일까? 상속인들이 유언자의 의사를 존중해 유언자의 장남이 유언자의 모든 재산을 상속받는 것에 동의하면 문제가 없을 것이다. 하지만 위와 같은 유언자의 유언은 민법상의 방식을 따르지 않았기 때문에 법적인 효력은 없다. 이를 유언의 요식성이라 한다.

### 2) 민법상 유언의 내용으로 정할 수 있는 것은 법률이 정한 사항에 한정된다.

법률에서 유언으로 할 수 있다고 정한 것이 아니면 민법상의 유언이 아니다. 유언의 내용 중 '형제간에 우애 있게 살도록 하여라'라는 것이 있다 해도 이는 유훈일 뿐 민법상 유언은 아니다. 피상속인은 유언으로 상속재산의 분할방법을 정할 수 있다(민법 제1012조). 가령, 상속재산으로 부동산과 금괴가 있다고 할 때, 피상속인은 장남에게는 부동산을, 차남에게는 금괴를 나누어줄 것을 유언으로 정할 수 있다. 이때 부동산의 가치가 금괴의 2배라고 한다면 어떨까? 장남과 차남의 법정상속분은 같다. 결국, 유언을 통해 장남이 차남보다 많은 재산을 상속받게 되는 것이다. 분할의 방법을 유언으로 정한 것이지만 실질은 유증이 이루어진 것이기 때문에 위와 같은 결과가 되는 것이다.

### 3) 유언사항

- 가족관계에 대한 것
  - 유언에 의한 친생부인(민법 제850조)
  - 유언에 의한 인지(민법 제859조 제2항)
  - 유언에 의한 미성년후견인의 지정(민법 제931조)
  - 미성년후견감독인의 지정(민법 제940조의 2)
- 재산관계에 대한 것
  - 재단법인의 설립(민법 제47조 제2항)
  - 상속재산분할방법의 지정 또는 위탁(민법 제1012조 전단)
  - 상속재산분할의 금지(민법 제1012조 후단)
  - 유언집행자의 지정 또는 위탁(민법 제1093조)
  - 신탁의 설정(신탁법 제3조)

## 2. 유언의 방식

> **제1065조(유언의 보통방식)** 유언의 방식은 자필증서, 녹음, 공정증서, 비밀증서와 구수증서의 5종으로 한다.

유언은 유언자(피상속인)이 사망하여야 그 효력이 발생한다. 유언자는 자신이 사망 전에는 언제든지 유언을 철회할 수 있고 변경할 수도 있다. 따라서 유언자가 사망하여야 효력이 발생하는 유언, 과연 그 유언이 진실한 것인지를 확인하는 것은 결코 쉬운 일이 아니다. 그렇기 때문에 민법은 유언의 형식을 엄격하게 정하고 있다. 민법이 정하고 있는 유언의 방식은 ① 자필증서에 의한 유언, ② 녹음에 의한 유언, ③ 공정증서에 의한 유언, ④ 비밀증서에 의한 유언, ⑤ 구수증서에 의한 유언으로 모두 5가지이다.

## 1) 자필증서에 의한 유언

> **제1066조(자필증서에 의한 유언)** ① 자필증서에 의한 유언은 유언자가 그 전문과 연월일, 주소, 성명을 자서하고 날인하여야 한다.
> ② 전 항의 증서에 문자의 삽입, 삭제 또는 변경을 함에는 유언자가 이를 자서하고 날인하여야 한다.

[사례] 아버지 돌아가신 후 아버지의 물건을 정리하던 중 아버지의 유언장을 발견한 나장남. 유언장에는 전 재산을 자신에게 물려준다고 되어 있다. 그런데 유언장은 아버지의 글씨가 분명한데, 유언장에는 아버지의 날인이 없고, 무인도 없고, 작성한 날짜의 기재도 없다. 나장남은 아버지의 재산을 혼자 상속받을 수 있을까?

→ 자필증서란 유언자가 직접 작성하는 것을 말하므로, 다른 사람에게 대신 쓰도록 하는 것은 자필증서가 아니다. 유언자가 컴퓨터나 타자기를 이용하여 작성한 문서는 자필증서가 아니다. 따라서 컴퓨터를 이용해 작성한 것은 자필증서가 아니므로 그 유언은 무효가

된다. 이때 무효라는 것은 자필증서에 의한 유언은 무효라는 것이다.

유언서의 전문(全文), 즉 전체의 내용을 유언자가 직접 작성해야 한다. 그 외 유언서를 작성한 연월일, 주소, 성명을 직접 자필로 작성해야 한다. 연월일이 기재되지 않은 유언서는 무효이다. 연월일은 매우 중요한 요건이기 때문이다. 주소는 주민등록지의 주소일 필요는 없다. 유언자가 유언서를 작성할 당시 생활의 근거가 되는 곳을 기재해도 무방하다. 성명을 기재하는 것은 유언자가 누구인지를 알기 위한 것이다. 날인은 반드시 도장으로 할 필요는 없고 무인(拇印)으로 날인해도 무방하다.

자필로 작성하다 보면, 고쳐 쓰는 경우가 있을 수 있는데, 이때 문자를 삽입하거나 삭제, 변경하는 경우에는 유언자가 그 부분에 자서하고 날인을 하여야 한다. 자필증서에 의한 유언은 위·변조 가능성이 높은 단점이 있다. 따라서 변경된 부분에는 반드시 유언자의 자서와 날인이 있어야 하는 것이다.

## 2) 녹음에 의한 유언

> **제1067조(녹음에 의한 유언)** 녹음에 의한 유언은 유언자가 유언의 취지, 그 성명과 연월일을 구술하고 이에 참여한 증인이 유언의 정확함과 그 성명을 구술하여야 한다.

녹음에 의한 유언은 유언자의 유언 내용이 있는 유언자의 육성을 녹음하는 방식이다. 유언자가 유언의 취지, 유언자의 성명, 녹음의 연원일을 육성으로 구술하고 이를 녹음하는 것이다. 이때 증인이 참석하여 유언자의 유언이 정확한 것임을 확인하고 증인의 성명을 구술하여 이를 녹음하여야 한다.

그렇다면 증인은 누가 할 수 있을까? 증인은 증인의 자격이 있어야 한다. 민법은 증인이 될 수 없는 사람을 정하고 있는데(민법 제1072조), 미성년자, 피성년후견인, 피한정후견인, 유언으로 이익을 받을 사람과 그 배우자 직계혈족은 유언에 참여할 수 없다. 미성년자는 법정대리인의 동의가 있어도 증인이 될 수 없다. 피성년후견인과 피한정후견인은 법률행위를 할 능력이 없는 자들이므로 증인이 될 수 없다. 유언으로 이익을 받는 사람이란 유언자의 상속인으로 될 자 또는 유증을 받게 될 수증자 등을 말하는 것이다. 따라서 유언집행자는 증인이 될 수 있다(대법원 1999. 11. 26. 97다57733 판결).

### 3) 공정증서에 의한 유언

> **제1068조(공정증서에 의한 유언)** 공정증서에 의한 유언은 유언자가 증인 2인이 참여한 공증인의 면전에서 유언의 취지를 구수하고 공증인이 이를 필기낭독하여 유언자와 증인이 그 정확함을 승인한 후 각자 서명 또는 기명날인하여야 한다.

[사례] 뇌혈전증으로 병원에 입원치료 중으로 불완전한 의식상태와 언어장애로 말을 못하고 고개만 끄덕거리면서 반응을 할 수 있는데, 옆에 있던 친족이 공증인에게 말하여 주면 공증인이 유언자에게 그 취지를 말하여 주고 "그렇소?" 하고 물으면, 유언자는 말은 하지 않고 고개만 '끄덕끄덕' 하여 이 내용을 공증인이 필기하고 공증인이 낭독하는 방식으로 작성한 유언서는 유효할까?

→ 일정한 사실을 명확히 해두기 위해 많은 경우 '공증'이라는 절차를 활용한다. 공증인이라 법률행위나 그 밖에 사권(私權)에 관한

사실에 대한 공정증서의 작성, 사서증서(私書證書) 또는 전자문서에 대한 인증 등의 사무를 처리는 사람을 말한다(공증인법 제2조, 제1조의 제1호). 유언의 존재를 명확히 하면서 그 내용에 대한 신뢰를 확보하기 위해 공증인을 통한 유언서를 작성하는 것이 공정증서에 의한 유언이다. 공정증서에 의한 유언이 효력을 갖기 위해서는 ① 2인의 증인이 참여하여야 하며, ② 유언자가 공증인의 면전에서 유언의 취지를 구술하고, ③ 공증인이 유언자의 구술을 필기한 후 이것을 유언자와 증인의 면전에서 낭독한 후, ④ 유언자와 증인은 공증인이 필기한 내용이 정확한 것임을 확인(승인)한 후 각자 서명 또는 기명날인하여야 한다.

이때 증인은 결격사유가 없어야 한다. 따라서 미성년자, 피성년후견인, 피한정후견인, 유언으로 이익을 받을 사람과 그 배우와 직계혈족은 증인이 될 수 없다. 또한 공증인법에 따른 결격사유가 없어야 한다. 미성년자, 시작장애이거나 문자를 해득하지 못하는 사람, 서명할 수 없는 사람, 촉탁사항에 관하여 이해관계가 있는 사람(반드시 그렇지는 않지만 유언으로 이익을 받는 사람과 같이 이해하면 될 것이다), 촉탁사항에 관하여 대리인 또는 보조인이거나 대리인 또는 보조인이었던 사람, 공증인의 친족, 피고용인 또는 동거인, 공증인의 보조자가 이에 해당한다. 증인의 자격이 없는 사람이 참여하면 그 유언은 무효가 된다. 증인은 유언사항 전체가 필기되는 동안 참여하고 있어야 한다.

유언자는 증인의 참여한 상태로 공증인의 면전에서 구수하여야 한다. 즉, 언어로 진술하여야 하는 것이다. 따라서 거동으로 유언의 내용을 표시하는 것은 구수로 볼 수 없다. 유언자가 의식은 명료한데, 말을 할 수 없는 상태에 있다고 가정해보자 이때 유언자 옆에 누군가가 유언자에게 '골프장 회원권은 큰딸이 상속받는 것으로 할까요?' 하고 묻고 유언자가 고개만 끄덕인 경우라면 유언자가 구수한 것일까? 논란의 여지는 있으나 이런 경우에는 유언자가 언어로 진술하였다고 할 수 없다고 해야 할 것이다. 다만, 유언자가 문서로 미리 작성해서 이를 공중인에게 보여 주어 낭독하도록 하는 것은 가능할 것이다.

### 4) 비밀증서에 의한 유언

**제1069조(비밀증서에 의한 유언)** ① 비밀증서에 의한 유언은 유언자가 필자의 성명을 기입한 증서를 엄봉날인하고 이를 2인 이상의 증인의 면전에 제출하여 자기의 유언서임을 표시한 후 그 봉서 표면에 제출연월일을 기재하고 유언자와 증인이 각자 서명 또는 기명날인하여야 한다.
② 전 항의 방식에 의한 유언봉서는 그 표면에 기재된 날로부터 5일 이내에 공중인 또는 법원 서기에게 제출하여 그 봉인상에 확정일자 인을 받아야 한다.

**제1071조(비밀증서에 의한 유언의 전환)** 비밀증서에 의한 유언이 그 방식에 흠결이 있는 경우에 그 증서가 자필증서의 방식에 적합한 때에는 자필증서에 의한 유언으로 본다.

자신의 전 재산을 사회에 환원하고 싶은 사람이 있다고 생각해보자. 그리고 그 사실을 죽을 때까지 아무에게도 알리고 싶지 않다면 어떻게 해야 할까? 이런 경우 이용할 수 있는 것이 비밀증서에 의한 유언이다.

유언자는 필자의 성명을 기입한 증서를 엄봉날인하여야 한다. 유언서에는 유언자와 필기자의 성명이 기입되어 있어야 하고, 유언자의 자필인 경우에는 유언자와 필기자가 동일인이 될 것이다. '엄봉한다'는 것은 유언서를 봉투 등에 넣거나 다른 종이로 싸는 것이고, 그 엄봉한 봉서에 날인을 하면 된다. 이때 유언자는 유언서를 직접 자필로 작성할 필요는 없고, 연월일, 주소도 자필로 기재할 필요도 없다. 하지만 이를 모두 자필로 작성하였다면, 비밀증서에 의한 유언의 요건을 갖추지 못한 경우 자필증서에 의한 유언으로 유효한 유언이 될 수 있다(민법 제1071조).

엄봉한 봉투에 한 날인증서를 2인 이상의 증인의 면전에 제출하여 유언자 자신의 유언서임을 표시하여야 하는데, 표시의 방법은 말이나 글로 하면 될 것이다. 엄봉한 봉투의 표면에 유언서의 제출연월일을 기재하고, 유언자와 증인이 각자 서명 또는 기명날인을 하여야 한다.

마지막으로 확정일자를 받아야 한다. 유언봉서 표면에 기재된 날로부터 5일 이내에 공증인 또는 가정법원 서기에게 제출하여 그 봉인상에 확정일자를 받아야 한다.

### 5) 구수증서에 의한 유언

**제1070조(구수증서에 의한 유언)** ① 구수증서에 의한 유언은 질병 기타 급박한 사유로 인하여 전 4조의 방식에 의할 수 없는 경우에 유언자가 2인 이상의 증인의 참여로 그 1인에게 유언의 취지를 구수하고 그 구수를 받은 자가 이를 필기낭독하여 유언자의 증인이 그 정확함을 승인한 후 각자 서명 또는 기명날인하여야 한다.
② 전 항의 방식에 의한 유언은 그 증인 또는 이해관계인이 급박한 사유의 종료한 날로부터 7일 내에 법원에 그 검인을 신청하여야 한다.
③ 제1063조 제2항의 규정은 구수증서에 의한 유언에 적용하지 아니한다.

[사례] 오랫동안 항암치료를 받아오던 아버지가 어느 날 입원을 하게 되었는데, 아버지는 살 날이 얼마 남지 않았다며 혼자서 아버지

병간호를 하던 막내딸에게 유언을 남긴다고 하였고, 막내딸은 아버지의 말을 듣고 유언서를 작성하였다. 그런데 아버지는 유언을 남긴 후 바로 죽고 말았다. 유언장의 내용은 모든 재산을 막내딸에게 남긴다는 것이다. 유언장은 유효할까?

→ 구수증서에 의한 유언은 질병, 기타 급박한 사유로 인하여 앞에서 살펴본 4가지의 방식으로 유언을 할 수 없는 긴박한 경우에 하는 유언의 방식이다. 따라서 급박한 사유가 있어야 한다. 급박한 사유란 유언자가 다른 유언 방식으로 유언을 할 수 없는 경우로 위독하여 거동이 불편한데 천재지변으로 교통이 마비된 경우와 같은 것을 말한다. 따라서 만일 자필증서, 녹음 등의 방법으로 유언을 할 수 있는 경우에는 급박한 사유로 유언을 할 수 없는 경우가 아니기 때문에 구수증서에 의한 유언은 무효가 된다.

이때 2인 이상의 증인이 참여하여야 하며, 그 중 1인이 유언의 취지를 구수하여야 한다. 유언의 취지를 구수하는 것은 말로 유언의 내용을 전달하는 것이므로 유언자가 제대로 말을 할 수 없어 증인이 유언의 취지를 확인하는 질문을 유언자에게 하고 유언자가 '음' '어'라고 말하기만 하는 것은 유언의 취지를 구수한 것으로 할 수 없다(대법원 2006. 3. 9. 2005다57899 판결).

구수를 받은 증인은 이를 필기낭독하여 유언자와 증인이 그 정확함을 승인한 후, 유언자와 증인은 직접 서명 또는 기명날인을 하여야 한다. 구수증서에 의한 유언은 그 증인 또는 이해관계인이 급박한 사유가 종료한 날로부터 7일 이내에 가정법에 그 검인을 신청하여야 한다. 여기서 이해관계인이란 상속인, 수증자 등 유언의 내용에 이해관계를 갖는 자를 말한다. 검인이란 일종의 증거보존절차로 가정법원의 심판으로 이루어지며, 유언의 진의에 관한 판단 절차는 아니다.


## 3. 유언의 철회

> **제1108조(유언의 철회)** ① 유언자는 언제든지 유언 또는 생전행위로써 유언의 전부나 일부를 철회할 수 있다.
> ② 유언자는 그 유언을 철회할 권리를 포기하지 못한다.
>
> **제1109조(유언의 저촉)** 전후의 유언이 저촉되거나 유언 후의 생전행위가 유언과 저촉되는 경우에는 그 저촉된 부분의 전 유언은 이를 철회한 것으로 본다.

유언자는 민법이 정한 방식에 따라 유효한 유언서를 작성한 후라고 해도 언제든지 어떤 이유에서라도 자신의 유언은 변경하거나 철회할 수 있다. 유언 철회의 방식에도 제한이 없다. 유언의 철회를 반드시 유언으로 할 필요가 없다는 것이다. 유언서를 작성하였는데, 유언의 내용이 자신의 모든 재산을 장남에게 물려주는 것인데, 유언자가 죽기 전에 자신의 모든 재산을 모교에 기부하였다고 한다면 유언자는 유언을 철회한 것이다.

따라서 유언자는 언제든지 유언서를 다시 작성할 수 있다. 유언자가 자신의 재산 절반을 장남에게 주기로 했는데, 생각이 바뀌어서 막내아들에게 모든 재산을 물려주고 싶어졌다면 막내아들에게 생전에 증여를 하거나 유언서를 다시 작성하면 된다. 유언서를 다시 작성하면 앞의 유언은 철회한 것이 되어 무효가 되고 나중에 한 유언이 유효하게 된다.

# 제 4 장

# 생명보험을 활용한
# 절세전략

# 1. 보험의 기본 구조와 세금과의 관계

시중에 많은 보험사나 은행, 증권사들이 VIP센터, PB센터 등을 운영하고 있다. 고액자산가 고객들은 세금 문제에 관심이 많은 만큼 이곳에서는 투자와 관련된 상담뿐 아니라 세금 문제에 대한 상담도 많이 이뤄지고 있다. 특히, 상속증여에 활용하는 용도로써 생명보험 상품을 많이 권하고 있는데 이에 대하여 구체적으로 알아본다. 이에 대한 이해를 위해서는 계약자, 피보험자, 수익자라는 보험의 기본적인 구조 및 특징, 그리고 이와 관련된 세법 적용의 기본 토대에 대한 이해가 선행되어야 한다. 이를 통해 어떠한 경우에 실제로 상속증여 목적상 보험계약이 유용할 수 있는지, 그리고 그 한계점 또는 장단점 등에 대해 알아본다.

## 1. 보험의 구조와 특징

### 1) 보험계약자, 피보험자, 수익자

은행의 예·적금 등 일반 금융상품과 달리 보험계약은 구조적으로 계약자, 피보험자, 수익자가 필요하여 독특한 특징이 나타난다. 보험계약자는 보험료 납입 의무를 지는 자로, 보험계약 유지 중 중도인출금 수령, 보험계약대출(약관 대출), 해지 시 해지 환급금 수령 등 '보험금' 수령을 제외한 보험계약과 관련된 대부분의 권리를 가진다. 상대적으로 보험계약의 수익자는 보험사고 발생 시 보험금을 수령하는 권리만을 갖는다. 보험사고의 종류에는 사망, 질병, 재해사고 등에 따른 보험금 지급 사유 외에도 연금을 개시하는 것, 만기환급도 포함된다. 각각의 보험사고에 대해 수익자를 구분해서 지정할 수도 있다. 피보험자는 보험사고의 대상이 되는 주체로, 보험계약은 피보험자의 사망 시, 질병 발생 시, 재해장해 발생 시, 생존(연금) 시 등에 대하여 보험금을 수익자에게 지급하게 되는 것이다.

## 2) 보험의 특징

보험은 일반적인 금융상품과 다른 큰 특징 두 가지가 있다.

첫째, 보험계약자, 피보험자, 수익자의 구성을 모두 다르게 설정할 수 있다는 점이다. 예를 들어, 보험료를 납입하는 계약자는 아버지로 하면서 피보험자 및 보험금 수익자는 자녀로 할 수도 있고, 계약자는 아버지, 피보험자는 어머니, 수익자는 자녀로 할 수도 있다.

둘째, 보험계약자 또는 수익자가 사망하더라도 보험계약이 자동으로 소멸되는 것이 아니라는 점이다. 피보험자가 생존해 있는 이상 해당 보험계약은 계약자 또는 수익자를 상속인 등이 승계하여 계속 유지할 수 있다.

이러한 보험의 구조적인 특징 때문에 보험료 납입자(계약자), 보험금 수령(수익자) 주체 및 피보험자(피상속인 또는 상속인 등)를 다르게 하는 방법, 보험료 납입 시점과 보험금 수령 시점이 다른 점 등을 이용하여 다양한 구조가 발생할 수 있다. 이에 따른 세법의 적용 역시 보험계약의 구조 및 상황에 따라 다르게 적용될 수 있다.

## 2. 보험과 상속증여세법

보험과 관련된 상속증여세법상 규정은 크게 2가지로 볼 수 있다.

첫째, 피상속인의 사망으로 상속인이 받게 되는 보험금은 상속재산으로 '간주'하는 것이다. 본래 민법상 보험금은 상속재산이 아닌 특정수익자 또는 상속인의 고유재산으로 본다. 하지만, 피상속인의 재산 전체에 과세하는(유산과세) 상속세의 취지상 피상속인의 사망으로 인해 상속인이 받게 되는 보험금을 다른 상속재산과 다르게 볼 이유가 없다. 이에 따라, 상속증여세법에서는 보험금을 상속재산으로 간주하는 규정을 두어 상속세를 과세하겠다는 것이다. 그런데, 이 경우에도 모든 사망보험금이 해당되는 것이 아니라, 해당 보험계약의 보험료를 피상속인이 납부한 경우에만 해당되게 된다. 즉, 보험료는 피상속인이 납부하였는데, 그 혜택(보험금)을 상속인이 받게 되면 상속재산으로 보아 과세한다는 것으로, 만약 피상속인은 보험계약의 피보험자일 뿐이고 보험료는 상속인이 납부하였다면 해당 보험금은 피상속인의 상속재산과는 무관하게 되는 것이다.

둘째, '보험금의 증여' 규정으로 보험료를 납입하는 자(계약자)와 보험금을 수령하는 자(수익자)가 다른 경우 보험사고 발생 시(보험금 수령 시) 보험계약자가 수익자에게 증여한 것으로 보아 과세하는 것이다.

위 두 가지 규정 모두 과세 취지는 동일하다고 할 수 있다. 보험료는 A가 냈는데, 그 혜택(보험금)은 B가 받게 되면 A에서 B에게로 재산이 무상 이전(상속 또는 증여)되는 것과 동일한 것이다. 보험금의 지급 원인, 시점에 따라 피상속인의 사망으로 인해 보험금이 상속인에게 지급될 때는 상속세, 상속발생 이전에 수익자에게 보험금이 지급될 때는 증여세가 부과되는 것이다.

외형상 보험계약자와 수익자는 동일한 경우라도 실제 보험료를 납입한 자는 다른 경우에는 보험계약자와 수익자가 다른 경우로 보아 상속세 또는 증여세가 과세된다. 또한, 수익자 본인의 소득이나 재산으로 보험료를 납입하지 않고, 타인으로부터 현금 등 증여받은 재산으로 보험료를 납입한 경우에도 과세된다. 이 경우, 증여재산가액은 증여받은 재산으로 납입한 보험료 납입액보다 큰 보험금 상당액이다. 예를 들어, 아버지로부터 1억 원의 현금을 증여받은 아들이 그 재원으로 저축보험을 가입하고 20년 후 1억 2천만 원의 만기환급금을 수령하였다면, 만기환급금 수령 시점이 증여 시기가 되어 2천만 원(보험금 1억 2천만 원 - 증여받아서 납입한 보험료 1억 원)은 다시 증여재산가액이 되어 증여세가 부과되는 것이다.

## 2. 보험계약의 상속증여 활용과 한계

### 1. 유동성 확보의 필요성

2015년 국세청 통계자료에 의하면, 상속세가 부과된 피상속인을 중심으로 한 상속재산 종류별 구성 비율을 보면 토지, 건물 등 부동산이 약 65%를 차지하고, 금융자산은 17%에 불과하다. 상속세는 과세표준에 따라 30억 원을 초과 시, 최고세율 50%를 적용하기 때문에 자산 규모가 클수록 상속세 부담이 급증하게 되는데, 문제는 우리나라의 많은 자산가들이 자산 구성현황에서 비유동성 자산의 비중이 너무 크다는 것이다.

피상속인의 상속재산 구성 중 유가증권이 약 12%를 차지하는데 여기에는 매매가 용이한 상장주식도 포함되지만, 상당액은 현실적으로 매매가 어려운 비상장주식도 많은 부분을 차지할 것이다. 즉, 비상장법인을 운영하는 자산가의 경우 세금을 납부할 수 있는 금융자산의 비중이 더 적을 가능성이 크다는 것이다.

이러한 문제점 때문에 상속세 절세계획 수립 시, 상속세 과세표준(상속재산)을 낮출 수 있는 방안뿐만 아니라 상속 발생했을 때 세금을 납부할 수 있는 재원을 마련하는 방안도 함께 모색되어야 한다. 이에 따라, 세금 납부재원의 유동성 확보 목적에서 보험을 활용하고자 하는 경우가 많다.

유동성 확보 측면에서의 보험 활용은 '03. 보험이 유용한 경우'에서 후술하고 보험 상품 자체의 기능을 활용하여 보험계약 자체를 증여 또는 상속하게 될 경우의 절세효과 및 한계점에 대해 알아본다.


## 2. 보험계약의 이전을 통한 증여 및 상속

### 1) 즉시연금의 증여

보험계약 자체를 증여 목적하기 위해 많이 활용된 대표적인 상품이 '즉시연금'이다. 즉시연금은 보험가입 시 보험료를 일시에 납입하고, 가입 후 1개월 경과 시부터 만기까지 또는 피보험자 사망 시까지 매월 연금을 수령하는 구조의 상품이다.

2017년 4월 1일 이후 현재는 보험차익에 대한 이자소득 비과세 규정이 개정되어 5년 납 미만의 월 적립식 상품 또는 일시 납 상품의 경우 계약자 1인당 납입보험료 기준 총 1억 원까지만 비과세를 적용해준다. 하지만, 2013년 2월 14일 이전의 경우 보험계약 유지 기간 10년을 충족하기만 하면 제한 없이 보험차익에 대해 이자소득세를 부과하지 않았다. 2013년 보험차익에 대한 비과세 규정이 처음 한도가 설정되는 것으로 개정될 때 많은 자산가들이 고액의 즉시연금을 가입하였다. 이자소득세 비과세 충족을 위한 경우도 있었지만, 증여세 절세 목적으로 다음과 같이 활용한 경우가 많았다.

부모가 즉시연금 상품을 가입하며 보험료를 납입하고 곧이어 계약자 및 수익자를 자녀 등으로 변경한다. 가입 1개월 후 자녀가 상품의 조건에 의해 보험금(연금)을 수령한다. 이렇게 되면, 상속증여세법 '보험금의 증여' 규정에 따라 보험료를 납입하는 자(계약자)와 보험금을 수령하는 자(수익자)가 다른 경우에 해당한다. 이에 따라, 보험 사고 발생 시(연금 수령 시) 보험계약자가 수익자에게 증여한 것에 해당하는 것으로 증여세를 신고 납부한 것이다. 문제는 증여재산가액을 어떻게 평가하느냐에 대한 것이었다. 예를 들어, 부모가 10억 원의 보험료를 내주고 이후 자녀가 12억 원의 보험금을 일시에 수령했다면, 12억 원이 증여재산가액이 되어 논란의 여지가 없다.

그런데, 즉시연금의 경우 대부분 최소 10년 만기 이상의 기간 동안 연금(또는 연금과 만기일시금)으로 나누어 받게 되는 구조로 가입을 한 것이다. 현재의 1억 2천만 원과 10년 후 1억 2천만 원은 물가상승 등을 감안하면 실제 가치가 동일할 수 없다. 매년 1억 2천만 원씩 10년간 총 12억 원의 연금을 수령할 예정이라면 12억 원을 증여재산가액으로 해서 현재 시점에 증여세를 부과하는 것은 미래에 수령할 자산에 대해 과대평가하는 문제점이 있다. 이렇게 일정기간 동안 자산(연금 등)을 정기적으로 받을 권리에 대한 평가는 상속증여세법에서 '정기금을 받을 권리의 평가'라 하여 미래에 받을 자산을 현재 시점의 가치로 할인하여 평가하도록 하고 있다. 이때 적용하는 할인율이 높으면 높을수록 미래에 수령할 자산의 가치는 현재 시점에 낮게 평가되고 연금의 증여재산가액은 낮아지게 된다.

2013년 당시 상속증여세법에 의한 정기금 평가 시 연간 6.5%의 할인율을 적용하였다. 이는 현실적인 시장이자율이나 물가상승률 등을 감안하면 굉장히 높은 할인율이었다고 할 수 있다(미래 수령할 자산의 가치를 과소평가하는 결과). 이에 대한 예시를 살펴보자.

10년 만기, 즉시연금에 100억 원을 가입한다. 곧이어 자녀 명의로 계약자 및 수익자를 변경한다. 가입 1개월 후부터 자녀는 매년 2억 원을 연금으로 받고 10년 만기시점에 일시금으로 100억 원을 받는다(연금과 일시금으로 10년간 총 120억 원 수령).

이 경우, 연간 6.5%의 할인율을 적용하게 되면 현재 시점의 평가액은 약 72억 원이 된다. 실질적으로 당장 100억 원의 재산을 자녀에게 이전하는데 증여재산평가는 약 72억 원이 되니 증여세 절세효과가 상당했다. 또한, 납입보험료를 초과하는 20억 원에 대해서도 이자소득세가 부과되지 않게 되니, 보험차익에 대한 비과세소득 규정이 개정되기 직전에 상당수의 자산가들이 즉시연금을 가입하고 증여를 했던 것이다.

그런데, 국세청은 이에 대해 대대적으로 세무조사를 벌였고, 대부분 납세자들의 의도와는 전혀 다른 결과가 발생했다. 납세자들은 연금과 만기일시금 등은 미래에 수령할 자산이기 때문에 상속증여세법에 의한 정기금평가를 적용하여 증여재산가액을 산출하였다. 하지만, 과세관청은 증여재산가액은 납입보험료(원금) 자체가 되어야 한다고 보았다. 이에 대해 상당수가 조세 불복으로 이어져 대법원까지 소송이 이어진 최종 결과는 해지 환급금 상당액(통상 납입보험료 대비 96~98% 정도의 금액)을 증여재산가액으로 하라는 판단이었다. 이는 대부분의 즉시연금 상품들이 만기 이전에도 언제든지 계약자가 원할 경우 해지할 수 있기 때문이었다. 대법원 판단 근거는 다음과 같다.

첫째, 보험계약을 유지하며 연금을 받기 위해서는 피보험자가 매년 계약 해당 일에 생존해 있을 것이라는 불확실한 조건이 필요하며 연금수령액도 공시이율 변동에 따라 그 정확한 액수를 알 수 없는 점. 둘째, 증여일이 속하는 해에 받게 되는 연금액을 기준으로 정기금 평가방법에 따라 연금과 일시금을 추산하더라도 그 가액이 해당 보험계약을 해지하여 받을 수 있는 해지 환급금보다 적은 이상 해지 환급금 상당액이 수증자가 계약자 및 수익자로서 얻은 재산적 가치에 가장 부합하는 금액이다(대법원 2015두53046, 2016. 9. 28.).

위와 같은 사례에서 만약 상품구조가 만기시점까지 중도 해지가 불가능한 연금 상품이었거나 또는 계약자는 변경하지 않고 수익자만 변경하였다면(해지 시 해지 환급금은 계약자가 수령, 수익자는 연금 등 보험금만 수령할 권한을 가진다), 증여재산평가는 오로지 정기금 평가방법에 의할 수밖에 없었을 것으로 판단된다. 그럼에도 현재는 이러한 방법으로 보험계약을 증여하는 것은 실질적으로 장점이 거의 사라졌다고 볼 수 있는데 이유는 다음과 같다.

첫째, 보험차익 비과세 규정 변경에 따라 계약자 1인당 납입보험료 1억 원을 초과하면, 납입보험료를 초과하는 보험금 수령 시 이자소득세가 과세된다.

둘째, 정기금평가 시 적용하는 할인율이 과거 연간 6.5%에서 2017년 3월 10일 이후 현재 연간 3%로 낮아졌다. 이를 적용하여 앞선 100억 원의 즉시연금 예시와 같이 조건으로 평가하면 연금과 일시금의 평가액이 약 94억 원이 된다. 과거 약 72억 원의 평가와 비교하여 실익이 거의 없어졌다고 볼 수 있다.

참고로, 일정 요건을 갖춘 신탁의 경우에도 정기금평가에 따라 높은 할인율을 적용하여 증여재산가액을 낮추고 결과적으로 증여세 절세효과를 누릴 수 있어서 은행과 증권사를 중심으로 자산가의 증여상담에 많이 활용되었다. 신탁의 경우에는 정기금평가 적용 시 적용되는 할인율로 연 10%를 적용해서 증여세 절세효과가 훨씬 더 컸다. 하지만, 신탁의 경우에도 2017년 3월 10일 개정 이후 현재는 연 3%로 대폭 인하됨에 따라 실질적인 절세효과는 거의 없어졌다고 봐야 한다.

## 2) 연금의 상속

보험의 기본 구조상 피보험자가 생존하는 동안은 계약자가 사망하더라도 보험계약은 유지될 수 있다. 예를 들어, 피보험자는 자녀로 설정하되, 계약자인 아버지가 보험료를 납입하고 연금을 수령하다가 계약자 사망 시 자녀가 해당 보험계약을 상속받아 연금을 계속하여 수령할 수 있는 것이다. 이러한 경우 보험료 납입자(피상속인)와 보험금 수령자(상속인)가 다른 경우에 해당하여 보험금은 간주상속재산에 해당된다. 이 경우 상속재산평가 문제 역시 앞선 즉시연금의 증여와 마찬가지로 이해하면 된다. 만약, 해당 연금을 승계한 상속인이 계약을 언제든지 해지할 수 있다면 정기금 평가방법에 의해 상속재산을 평가할 수 없다. 해지 환급금 상당액을 상속재산으로 평가하여야 할 것이다. 반면, 피보험자(자녀) 사망 시까지 해당 연금계약을 중도에 해지할 수 없고, 연금으로만 수령할 수 있는 계약이라면 상속재산 평가는 정기금 평가에 의해 산출하게 된다. 이때 보험금 수령기간은 피보험자의 기대여명(나이별, 성별에 따라 통계청에 발표하는 잔존 기대수명) 또는 보증기간(피보험자 조기 사망 시에도 일정 기간까지는 상속인들이 계속 연금을 수령할 수 있도록 설정한 기간)에 의한다.

연금의 상속 역시 낮아진 할인율로 인하여 실질적인 절세효과는 거의 없어졌다. 그럼에도 정기금평가를 적용받기 위해서는 중도 해지가 불가능하고 연금으로만 수령한 상품으로 설계하여야 한다. 장기간에 걸쳐 분할로 받는 연금수령은 당장 상속세를 납부할 재원이 충분치 않은 경우 활용하기 어렵다. 또한, 연금수령 외에는 다른 재산권 행사도 사실상 불가능하기 때문에 상속인도 선호하지 않을 가능성이 높다고 봐야 한다.

살펴본 바와 같이 연금의 상속이나 증여의 절세효과는 미미해졌을 뿐만 아니라 그러한 적은 효과조차 재산권이 제한되는 방식(중도 해지가 불가능한 종신연금 등)으로만 가능한 점을 보면 실익이 거의 없다고 할 수 있다. 다만, 피상속인 사후 상속인의 재산관리가 걱정되는 경우 등 이라면 보험의 이전이 유용할 수 있다. 즉 상속인이 상속재산을 일시에 소진할 수 없도록 연금으로만 수령하는 방식으로 상속재산을 넘겨주도록 하면 강제적인 재산관리의 효과를 볼 수 있다.

**절세 포인트 1.** 연금의 증여나 상속은 연금의 계약 형태에 따라 재산 평가액이 달라질 수 있다.

**절세 포인트 2.** 연금의 증여나 상속에 따라 정기금 평가를 하는 경우 경우라도 적용하는 할인율이 낮아 절세효과를 기대하기 힘들다.

# 3. 보험이 유용한 경우

앞서 살펴본 바와 같이 연금의 상속이나 증여는 절세효과가 제한적이거나 많은 경우 실익이 없다고 봐야 한다. 반면 상속플랜과 관련하여 보험이 상당히 유용한 경우도 존재하는데 이는 주로 상속세 납세재원 확보 측면이 된다. 상속세를 납부할 재원이 부족하면 부동산을 담보로 대출을 받거나 매각 또는 부동산으로 세금을 납부하는 물납 등을 하게 된다. 이렇게 되면, 통상 시세보다 낮게 평가되는 기준시가를 적용하지 못한다. 매매가액이나 담보설정금액, 감정평가액 등 시가에 가까운 금액으로 상속재산을 평가하게 되어 상속세 부담이 더 커지게 된다. 상속세 재원 확보 자체가 결국 일정 부분의 상속세 절세효과를 수반한다고도 볼 수 있다.

상속세 납부재원 확보 목적에서 보험이 유용하게 활용하는 대표적인 경우를 개인계약과 법인계약으로 나누어 살펴본다.

## 1. 개인계약 & 종신보험 활용

### 1) 유동성 확보 관점 종신보험의 장점

상속세 납부재원 목적으로 다른 금융상품과 비교하여 종신보험이 가지는 장점은 가입 이후 언제든 피보험자의 사망사고가 발생하면 보장된 사망보험금이 지급된다는 것이다. 예컨대, 거액의 상속세가 예상된다고 하여 당장 일부 자산을 매각하여 바로 예금에 예치한다면 수익성 관점 등에서 자산 활용의 효율성이 떨어질 가능성이 높다. 만약, 적금 등을 통해 예상 상속세만큼 단계적으로 유동성을 준비한다면 언제 상속이 발생할지 모르는 불확실성과 조기 사망 시의 리스크는 담보할 수 없게 된다. 반면, 종신보험은 매월 상대적으로 적은 보험료를 납부하면서 가입 이후 언제든 상속할 때 보험금을 수령할 수 있다. 따라서, 납부재원 확보 과정에서의 자금부담 경감 및 필요할 때 자금이 확보되는 적시성 면에서 장점이 크다고 할 수 있다.

### 2) 보험금이 상속재산에 포함되는 경우

피상속인의 사망 시 사망보험금으로 상속세 납부재원을 확보하고자 계약자와 피보험자를 피상속인으로 하는 보험계약을 가입하는 경우, 간주상속재산 규정에 따라 상속인이 수령하는 사망보험금은 상속재산에 포함되게 한다. 예컨대, 예상 상속세가 50억 원일 경우 사망보험금을 50억 원으로 하는 종신보험에 피상속인이 보험료를 납부한 경우 실제 상속이 발생되면 50억 원의 사망보험금 역시 상속재산에 추가되어 실제 납부할 상속세는 50억 원이 아니라 75억 원(50억 원 + 사망보험금 50억 원 × 상속세 한계세율 50%)이 되는 것이다. 예를 들어, 부부 모두 상속재산이 많을 것으로 예상되는 경우에, 아버지와 어머니 모두 각각 종신보험을 다음과 같이 가입한다고 가정해보자. 아버지를 피보험자(수익자는 어머니 또는 상속인)로 하는 종신보험에 아버지가 보험료를 납입하고, 어머니를 피보험자(수익자는 아버지 또는 상속인)로 하는 종신보험에 어머니가 보험료를 납입하는 경우에는 누가 먼저 돌아가시든 사망보험금은 모두 간주상속재산에 포함되는 최악의 설계가 된다.

### 3) 보험금이 상속재산에 포함되지 않는 경우

다른 예로, 아버지를 피보험자(수익자는 어머니)로 하는 종신보험은 어머니가 보험료를 납입하고, 어머니를 피보험자(수익자는 아버지)로 하는 종신보험은 아버지가 보험료를 납입하게 된다고 가정해보자. 즉, 수익자는 계약자와 동일하게 하면서 계약자와 피보험자를 다르게 하게 되면 앞선 사례와 동일한 사망보험금이 발생하더라도 상속재산에는 포함되지 않는다. 다만, 계약자 및 수익자는 아버지, 피보험자는 어머니인 종신보험이 아버지 사망으로 상속되는 경우와 같이 계약자의 사망으로 보험사고(피보험자의 사망)가 발생하지 않은 종신보험은 그때까지의 납입보험료(원금) 또는 납입보험료에 이자상당액을 가산한 금액으로 평가하여 아버지의 상속재산에 포함되게 된다. 하지만, 이러한 경우에도 해당 종신보험을 자녀가 승계하여 유지하게 되면 어머니가 돌아가실 때 사망보험금이 어머니의 상속재산에 포함되지 않으므로 유리하다고 볼 수 있다.

### 4) 개인계약 & 종신보험 활용의 이상적인 형태

결국 동일한 사망보험금에 동일한 보험료를 내더라도 계약자-피보험자-수익자 관계를 어떻게 설정하느냐, 누가 보험료를 납부하느냐에 따라서 사망보험금의 상속재산 포함 여부가 달라질 수 있다는 것이다. 부부의 경우 어느 한 명의 상속이 발생하면 결국 배우자가 상속받은 재산은 배우자 상속 발생 시 다시 상속세가 과세되는 2차 상속이 예정되어 있다.

따라서, 개인계약으로 피상속인을 피보험자로 하는 종신보험을 준비한다면 일반적으로 자녀가 계약자가 되어 보험료를 납입하는 형태가 이상적이라고 할 수 있다. 하지만, 상속세 연대납세의무 활용(제11

장 11.2 참조)까지 감안하면 피상속인의 배우자가 종신보험의 보험료를 납입하는 형태도 2차 상속에 대한 큰 부담 없이 가능할 수도 있다.

피상속인에 대한 종신보험을 자녀가 준비하는 것이 유리한지, 배우자가 준비하는 것이 유리한지는 예상 상속재산 및 상속세의 규모, 배우자의 재산 및 소득, 자녀의 소득출처 등을 감안한 종합적인 판단이 필요하다.

### 5) 개인계약 & 종신보험 준비 방안

기본적으로 피상속인의 사망보험금을 상속재산에 포함되지 않도록 하기 위한 전제조건은 배우자 또는 자녀가 해당 보험료를 실제로 납입할 수 있는 능력이 있어야 한다는 것이다. 이를 위해, 임대소득이 발생되는 부동산을 증여하여 주거나, 피상속인이 비상장법인을 운영하는 경우라면 배우자 또는 자녀에게 주식을 증여한 후 자녀지분에 대해 차등배당 등을 하여 보험료 납부재원을 마련해주는 것도 좋은 방안이 된다.

임대부동산 사전증여나 비상장주식 지분이전을 통한 차등 배당 등은 그 자체로 피상속인의 상속재산이 상속인들에게 미리 이전되는 효과가 있다. 또한, 일반적으로 피상속인의 소득이 높은 만큼(소득세 한계세율이 높은 만큼) 소득을 발생시키는 자산의 이전은 소득세 절세효과까지 동반하는 경우가 많다.

결국 보험료 납부재원 확보, 상속세 및 소득세 절세까지 1석 3조의 효과를 기대할 수 있다.

> **절세 포인트 1.** 동일한 종신보험도 계약자-피보험자-수익자를 어떻게 하느냐에 따라 세금이 달라진다.
> **절세 포인트 2.** 피상속인을 피보험자로 하는 종신보험을 배우자 또는 자녀가 보험료를 납입하는 것이 좋다.
> **절세 포인트 3.** 배우자 또는 자녀에게 실제로 보험료를 납입할 수 있는 자금(소득) 출처를 같이 마련해주어야 한다.
> **절세 포인트 4.** 임대부동산이나 배당소득을 기대할 수 있는 주식 등의 사전 증여는 자금 출처 확보의 좋은 방안이 될 수 있다.

## 2. 법인계약 & 종신보험 활용

### 1) 개인계약 준비가 어려운 경우

상속세 납부재원 확보 목적에 따라 배우자 또는 자녀가 피상속인을 피보험자로 하는 종신보험을 준비하는 것이 장점이 많다고 하여도 실질적으로 배우자 또는 자녀가 보험료를 납부할 자금(소득) 출처 확보가 어려운 상황이 있을 수 있다.

예를 들어, 부동산, 기계설비 등 사업용 고정자산의 가액과 비중이 매우 큰 비상장 법인을 생각해보자. 이러한 법인은 일반적으로 매년 지속적으로 배당을 충분히 할 만큼 법인자금은 충분히 확보하기 어려운 경우가 많다. 또한, 해당 법인의 최대주주인 피상속인은 비상장주식 외에는 사전 증여할 만한 수익성 자산은 없다고 가정한다. 자연히 피상속인이 보유하는 주식가치는 매우 높은 데 반해, 상대적으로 배우자 또는 자녀 등에게 필요한 충분한 자금(소득) 확보는 어렵게 된다. 또는 상속세 과세표준을 낮추는 절세계획에 따라 법인이 일정수준 이상 금융자산 확보가 필요한 경우도 있을 수 있다.

이러한 경우 피상속인을 피보험자로 하는 종신보험의 계약자 및 수익자를 법인으로 하는 계약도 유용할 수 있다. 보험료는 계약자인 법인이 납부하고 피상속인 사망 시 사망보험금 역시 법인이 수령하게 된다. 문제는 법인과 주주 개인은 엄연히 분리된 주체로 법인이 수령하는 보험금을 상속인들이 쉽게 가져갈 수 없다는 것이다. 예를 들어, 상속인들이 주주로서 거액의 배당을 받게 되면 소득세 부담이 커지게 된다. 상속인이 법인의 대표이사 또는 임원으로 근무하더라도 급여, 상여 등의 명목으로는 소득세 부담은 차치하더라도 거액을 일시에 가져가기는 사실상 불가능하다. 이럴 때 사용할 수 있는 방법으로 유상감자가 있다.

## 2) 법인 종신보험과 유상감자 플랜

유상감자는 주주의 주식(회사의 자본금)을 줄이는 대신 적정한 대가를 유상으로 지급하는 것이다. 세법에서는 이렇게 주식을 없애는(소각하는) 대신 그 대가를 받게 되면 일종의 배당으로 보고 의제 배당으로 소득세를 계산하도록 되어 있다.

그런데 유상감자에 따른 의제배당은 보유하는 주식을 없애는 대신 대가를 받게 되는 것이므로 감자대가에서 주식의 취득가액은 뺀 차액에 대해서만 과세한다. 예를 들어, 회사의 설립 때부터 1주당 5,000원의 액면가로 취득하여 보유한 주식이라면 의제 배당 소득 계산 시 차감하여 주는 취득가액은 액면가 5,000원이 된다. 회사가 성장을 통해 고평가된 주식(1주당 10만 원)인 경우 의제 배당 소득(1주당 95,000원)이 커지고 소득세 부담도 그만큼 커지게 된다.

만약 감자대상이 되는 주식이 회사의 설립 때부터 보유한 주식이 아니라 피상속인의 사망으로 인해 상속받은 주식이라면 어떻게 될까? 상속받은 주식의 취득가액은 상속 시점의 평가액(1주당 10만 원)이 되고 유상감자 시점에 1주당 주식평가액 역시 1주당 10만 원이라면 의제 배당 소득은 0, 즉 소득세가 없게 된다.

일반적으로 설립 이후 성장한 회사라면 유상감자를 시행하면 감자대가에 비해 해당 주식의 취득가액이 낮기 때문에 소득세 부담이 큰 경우가 많다. 하지만, 상속으로 인해 취득한 주식을 유상감자하게 되면 상속 발생 시점의 주식평가액이 곧 상속인의 취득가액이 되어 유상감자 시 주식평가액에 따라서 소득세 부담이 아주 작거나 없게 되는 것이다. 따라서, 상속이 발생된 후 상속세 신고기한인 상속발생일이 속하는 말일로부터 6개월 이내 적정한 시점에 유상감자를 실시하면 상속세 납부재원을 소득세 부담 없이 법인으로부터 인출할 수 있게 되는 것이다. 쉬운 예로 비유하자면 30년 전에 아버지가 1억 원에 취득한 토지를 아버지가 20억 원에 양도한다면 양도차익 19억 원에 대해서 양도소득세가 부과된다. 그런데, 이 토지를 아버지가 팔지 않고 있다가 상속으로 인해 아들이 취득하게 되면 아들의 취득가액은 20억 원이 되고 아들이 20억 원에 팔게 되면 양도차익이 0이 되어 양도소득세는 부담하지 않게 되는 것과 동일한 원리이다.

결론적으로, 피상속인을 피보험자로 하는 종신보험을 법인이 계약자 및 수익자가 되어 매월 일정액의 보험료를 납입한다. 상속이 발생되면 사망보험금은 수익자인 법인이 수령하게 된다. 상속인은 이 사망보험금을 재원으로 하여 상속받은 주식을 소각하면서(유상감자) 감자대가를 받을 수 있게 된다. 이러한 과정을 통해 법인자금을 소득세 부담 없이 상속인으로 이전하여 상속세를 납부하도록 하는 것이다.

**절세 포인트 1.** 법인계약으로도 종신보험을 상속세 재원마련 목적으로 준비할 수 있다.

**절세 포인트 2.** 상속으로 인하여 이전되는 주식을 유상감자 할 경우 상속인은 소득세 부담이 없다.

# 4. 법인보험계약의 회계처리와
## 비상장주식 가치와의 관계

## 법인보험계약의 회계처리

기본적으로 세법에서는 법인 보험계약의 경우 납입한 보험료 중 만기환급금에 상당하는 금액은 자산으로 계상하고, 나머지 부분은 보험기간의 경과에 따라 비용으로 처리하도록 하고 있다. 그런데, 종신보험의 경우 만기라는 개념 자체가 없을 뿐 아니라 가입 초기에는 해지환급금이 매우 낮다가 보유기간이 길어지면 원금을 넘어 계속 증가하기도 한다. 세법에는 이와 같은 경우 명확한 처리 규정이 없어 판례 및 실무적인 관점에서 적절한 회계처리 방안을 살펴본다.

상장법인이나 외부감사를 받는 법인 등은 법인세법과 별도로 국제회계기준 등 정해진 회계기준에 따라 준용하여야 한다. 국제회계기준 등에 따른 회계처리 결과도 결국 법인세법에 따라 다시 세무조정을 거치는 것을 감안하여 여기에서는 법인세법의 관점에서의 회계처리 방법을 소개한다.

### 1) 종신보험의 회계처리

대표이사나 임원 등을 피보험자로 하는 종신보험을 법인이 계약자 및 수익자가 되어 가입하는 경우가 있다. 이 경우 납입하는 보험료는 대표이사 등이 회사의 중요한 인적자산으로서 보장되는 사망보험금, 납입하는 보험료 등을 감안하여 사회통념상 과도한 규모가 아니라면 업무 관련성이 인정되는 경비로 인정받을 수 있다. 다만, 종신보험의 보험료는 사망보장을 담보하기 위해 쓰이는 위험보험료, 사업비 외에도 적립보험료가 상당액 혼재되어 있기 때문에 납입하는 보험료 전액을 비용처리 할 수는 없다. 이에 따라, 대법원 판례(2009다57521, 2010. 1. 14.)에 따르면 매 기말 해지 환급금에 상당하는 금액은 자산으로 처리하고 나머지는 비용으로 처리하도록 하고 있다. 위 판례에 따라 사실상 매 기말 환급금을 기준으로 자산 및 비용으로 구분하면 기간 경과에 따라 처음에는 비용처리 되는 비중이 크다가 점점 급감하고 이후에는 오히려 환입(이익)이 발생하는 이상한 결과가 나타나게 된다. 종신보험의 해지 환급금은 통상 가입 후 일정 기간은 납입보험료 대비 해지 환급금 비율이 낮다가 기간이 경과하면서 체증식으로 증가하기 때문이다. 이 때문에 실무적으로는 임원 등을 피보험자로 하여 사망보장을 담보하는 종신보험의 경우에도 납입보험료 전액을 자산처리 하는 경우가 많다. 필자도 특수한 상황의 예외적인 경우를 제외하고는 대부분 종신보험의 회계처리는 100% 자산으로 계상토록 권장하고 있다.

### 2) 저축성보험의 회계처리

저축성 보험의 경우 만기환급금이 납입보험료를 초과하므로 납입하는 보험료 전액을 예외 없이 자산으로 계상하면 된다. 보장성 보험 뿐만 아니라 저축성 보험의 경우에도 통상 보험료 납입 시 사업비 등을 차감하고 부리되기 때문에 가입 초기에는 적립액이 납입보험료보다 적다. 이후 기간 경과에 따라 적립액이 원금을 넘어서겠지만, 보험사고 발생으로 보험금을 수령하게 되는 일 등이 없는 이상 법인의 재무상태표에는 납입한 보험료 원금이 자산으로만 계상될 뿐이다. 따라서 보험계약 유지 중에는 비용 또는 수익 등이 발생하지 않아 손익계산서에는 영향을 줄 일이 없다. 다만, 보험계약을 해지하게 되면 수령한 해지환급금과 그 때까지 납입한 보험료의 차이만큼은 비용 또는 수익으로 인식하게 된다(만기환급 포함). 보험사고가 발생하여 보험금을 수령하는 경우에도 납입한 보험료를 초과하는 부분은 수익으로 인식하게 된다. 중도에 해지하거나 보험사고가 발생하지 않는 한 보험료를 단순히 납입하고 유지하는 동안에는 손익계산서에 영향을 주지 않는다는 점에서 은행의 예·적금과는 차이점이 발생한다. 이를 통해 법인보험 계약의 추가적인 장점에 대하여 살펴본다.

### 3) 법인 보험계약과 비상장주식 가치

은행의 예·적금 등은 이자가 발생하면 그때그때 매 회계 기간 말 기준으로 이자수익이라는 형태로 손익계산서에 반영되게 된다. 반면, 보험은 원금(납입보험료)을 초과하는 이자상당액이 실제 적립액으로 부리되고 있더라도 해당 보험계약을 해지하거나 보험금을 수령하는 등 손익이 실현되기 전까지는 손익계산서에 반영되지 않는다. 이러한 예·적금과 보험에 대한 회계처리 차이점으로 인해 비상장주식 가치에도 다른 영향을 주게 된다.

상속증여세법상 비상장주식가치는 순자산가치만으로 평가해야 하는 예외적인 경우를 제외하고는 대부분의 경우 법인의 순손익가치와 순자산가치를 가중평균하여 구한다. 순손익 가치는 평가 시점 직전의 3개 사업연도에서 발생한 순손익액을 가중평균한 값의 10배가 된다. 좀 더 단순화하여 쉽게 표현하면, 매년 2억 원의 세후 순이익을 내는 법인이라면 순손익가치는 2억 원 × 10 = 20억 원이 된다. 순자산가치는 세법상 자산에서 부채를 차감한 순자산가치에 이익

창출 능력에 따라 계상되는 영업권가액을 합하여 계산되는데, 이렇게 구한 순자산가치와 순손익가치를 해당 법인의 자산규모 대비 부동산 비율에 따라 4 : 6 또는 6 : 4로 가중평균한 값이 비상장 주식가치가 된다. 이러한 계산구조에 따라 단순화하여 예를 들어 보자.

매년 1천만 원의 세후 이자를 발생하는 예금이 있다면 그 예금으로 인해 순손익가치는 1억 원(1천만 원 × 10)이 증가하고 비상장주식가치는 6천만 원(부동산 비율이 50% 미만인 법인인 경우) 또는 4천만 원(부동산 비율이 50% 이상인 법인의 경우)이 증가하게 된다. 즉, 예금으로 인한 세후 이자의 4배~6배만큼 주식가치 증가 효과가 있다는 것이다. 반면, 보험의 경우 실질적으로는 매년 약 1천만 원의 이자상당액만큼 적립액이 증가하는 경우라 해도 이를 세법에서는 미실현 이익으로 인식하지 않기 때문에 순손익가치에 영향을 미치지 않게 된다. 다만, 순자산가치는 장부상 계상된 가액(납입보험료 원금)이 아닌 시가(해지 환급금 상당액)로 보아야 하기 때문에 순자산가치에 미치는 영향은 은행의 예적금과 보험이 동일하다고 할 수 있다.

결론적으로 상속설계의 목적상 금융자산이 필요하다면 예·적금 등으로 준비하는 경우에 비해 보험으로 준비하게 되면 다음과 같이 장점이 있다. 비상장주식가치 평가 시 순손익가치에 영향을 주지 않고 이는 결국 주식가치를 증가시키지 않게 되어 불필요하게 상속재산을 증가시키지 않는다.

---

**절세 포인트 1.** 법인 종신보험은 납입보험료 전액 자산 처리하는 것이 일반적이다.
**절세 포인트 2.** 은행 예·적금과 달리 법인 보험계약은 유지 중에는 비상장주식(순손익)가치에 영향을 주지 않는다.

# 5. 퇴직금을 보험으로 준비하는 CEO플랜의 장점과 한계

## CEO플랜이란?

### 1) CEO플랜의 배경과 의의

　가족 등 특수관계인을 포함하여 발행주식 전부를 보유하고 있는 법인의 오너 대표이사 입장에서는 법인사업체를 통한 성과물(이익잉여금)을 어떻게 개인화할 수 있느냐에 대한 고민이 많다. 법인의 순이익에 대해서는 1차적으로 법인세를 납부하지만, 세후 순이익이 쌓이고 쌓여서 이익잉여금 규모가 커지더라도 법인자금을 개인이 마음대로 가져갈 수는 없다. 그렇다고 배당을 하든, 급여를 인상하든 소득세 부담이 크다고 느껴서 이러지도 저러지도 못하는 경우가 많은 것이다.

　그런데 퇴직금은 장기간의 근로에 대한 보상으로 상대적으로 일시에 큰 소득이 발생하기 마련이다. 이 때문에 소득세법에서도 퇴직금에 대해서는 다른 소득에 비해 세금부담이 적게 계산하도록 되어 있다. 특히, 대표이사 등 임원에 대해서는 세법에서 정하는 요건(정관 또는 정관에서 위임한 임원 퇴직금 지급규정에 근거한 퇴직금 지급)을 충족하면 일반 근로자에 비해 3배 정도 많이 퇴직소득으로 인정받을 수 있다. 이 때문에 법인 세무컨설팅에서 대부분 법인에 필수적으로 임원 퇴직금 지급규정과 함께 보험으로 퇴직금 재원을 준비하자는 제안을 하고 있는 실정이다. 이것이 이른바 CEO플랜, CEO퇴직플랜 등으로 불리고 있다.

법인자금을 개인화하는 여러 방법 중, 퇴직소득이 세 부담에 유리한 편이고, 그 규모도 상대적으로 크게 하면서 법인자금을 개인화하는 수단으로서 유리한 점이 많은 것은 사실이다. 그런데 대표이사 등 임원에 대한 퇴직금을 지급할 재원을 준비하는 수단으로 보험계약이 필수적으로 필요한 것은 아니다. 은행의 예금이나 적금으로 준비할 수 있다. 사외적립하는 방식의 퇴직연금제도로 준비할 수도 있으며, 이 경우 사외적립 시점에 바로 비용처리 되어 법인세를 줄이는 효과도 있다. 그럼에도 보험으로 준비하는 게 유리하다고 제안하는 근거는 크게 다음의 두 가지라 볼 수 있다.

### 2) CEO플랜의 장점

첫째, 보험차익 비과세 규정을 활용하는 것인데, 퇴직금의 전부 또는 일부를 현금 대신 보험계약으로 지급하는 것이다. 예컨대 연금보험 등으로 퇴직금을 수령하면 은퇴자금으로 활용하면서 비과세 연금으로 수령할 수 있다는 것이다. 퇴직금을 현금 대신 보험계약으로 지급한다는 것은 법인 명의의 계약자 및 수익자를 대표이사로 변경하는 방법을 말한다. 그런데 보험차익에 비과세 한도가 2013년 2월 15일을 기점으로 개정되어 2017년 4월 1일 이후 현재는 5년 납 이상의 월 적립식 보험계약이라 할지라도 계약자 1인당 비과세 한도가 월 150만 원으로 축소되었다. 월 150만 원씩 5년이면 원금 기준 9천만 원, 10년이면 1억 8천만 원으로 전체적인 규모가 법인 대표이사의 은퇴 후 비과세 자금 활용 목적으로는 실익이 많이 작아졌다고 할 수 있다.

둘째, 거액의 퇴직금 발생 시점을 이용해 법인의 비상장 주식가치를 낮추자는 것이다. 퇴직연금으로 퇴직금 지급재원을 준비하는 경우와 비교해 보자. 세법상 사외적립되는 방식의 퇴직연금은 불입 시점에 바로 법인의 비용처리가 되는 효과가 있다. 반면에 보험으로 준비하는 경우에는 법인의 자산으로만 계상되어 비용처리 되지 않다가 퇴직금 발생 시점에 일시에 비용처리 되는 효과가 있다. 거액의 퇴직금을 보험으로 준비하였다가 지급하게 되면 퇴직금 지급이 속하는 과세연도에는 퇴직금 규모만큼 일시에 비용으로 처리된다. 이는 결국 순손익가치를 극적으로 낮출 수 있고 법인자산이 유출되는 만큼 순자산가치도 동시에 낮추게 된다. 결국, 대표이사의 퇴직금 지급 다음연도에 낮아진 주식평가액을 토대로 자녀에게 주식을 증여하거나 또는 자녀가 자금(소득)출처가 있는 경우 자녀에게 주식을 양도하는 방식 등으로 비상장주식을 분산하자는 것이다.

### 3) CEO플랜의 한계

위와 같은 방법은 법인 규모에 비해 대표이사의 개인자산이나 은퇴자금이 충분치 않은 경우 등에는 좋은 방법이 될 수 있으나, 모든 법인에 일률적으로 좋은 방법이 된다고는 할 수 없다. 특히, 상속세 관점에서는 법인의 규모 및 피상속인의 예상 상속재산 규모 등에 따라 오히려 불리할 수도 있다. 예컨대, 피상속인이 보유한 주식가치도 크지만, 개인의 자산규모도 큰 경우를 생각해보자. 거액의 퇴직금 지급으로 법인의 주식가치는 낮아지더라도 해당 퇴직금은 결국 피상속인의 개인 자산으로 상속재산을 구성하게 된다. 이렇게 되면 실제 상속세 절세효과는 적거나 오히려 상속세 부담이 더 커지는 불리한 방법이 될 수도 있는 것이다.

비상장주식뿐 아니라 피상속인의 개인자산까지 포함하여 상속재산의 규모가 큰 경우 상속설계는 어느 하나의 방법을 일률적으로 적용하기는 어렵다고 봐야 한다.

피상속인의 상속재산 규모, 재산의 종류, 가족관계, 가족의 소득 규모 등에 따라 다양한 접근이 가능하다. 결국 실제 세 부담에 대한 다양하고 면밀한 시뮬레이션을 거쳐서 최적의 방안이 도출될 수 있으므로 단순히 CEO플랜을 통한 접근 방식과 같이 한 가지 방법을 적용하기 보다는 더 큰 관점에서 종합적인 검토가 필수적이라 봐야 한다.

---

**절세 포인트 1.** CEO플랜은 대표이사의 은퇴자금이 부족한 경우 유용할 수 있다.

**절세 포인트 2.** 피상속인에게 거액의 퇴직금을 발생시키면 주식가치는 낮아질 수 있으나, 그 거액의 퇴직금은 결국 상속재산을 구성한다.

**절세 포인트 3.** 상속세 관점에서는 법인의 규모에 따라 CEO플랜은 유용할 수도 불리할 수도 있다.

**절세 포인트 4.** 상속세 관점에서는 보다 큰 관점으로 종합적으로 검토하여야 한다.

# 6. 장애인 보험금 증여 비과세

자녀 등의 상속인 중 일상생활에 지장이 있거나 경제활동이 어려운 장애인이 있는 경우라면, 피상속인은 상속이나 증여 등 재산의 이전 과정에서 세금 문제 이전에 피상속인의 사후 자산관리에 대한 걱정이 많을 것이다. 이와 관련하여 세법에서는 장애인에게 증여하는 재산에 대해서는 증여세를 일정한도까지 과세하지 않는 규정이 2가지 있다.

첫째, 신탁 기간을 장애인의 사망 시까지로 하고, 신탁의 이익 전부를 장애인이 받는 수익자로 하는 등 일정 요건을 갖춘 장애인에 대한 신탁의 이익에 대해서는 5억 원을 한도로 증여재산에 포함하지 않는다(과세가액 불산입). 다만, 신탁을 중도에 해지하는 등 사후관리 요건을 충족지 않게 되면 즉시 증여세가 부과된다.

둘째, 장애인을 수익자로 하는 보험금에 대해서는 연간 4천만 원까지 증여세를 비과세한다. 신탁과의 차이점은 장애인을 수익자로만 하면 되고, 특별한 사후관리 요건이 없는 점 그리고 총 누적액을 말하는 것이 아니라 '연간' 4천만 원까지 비과세 한도가 적용된다는 것이다. 이를 이용하여 증여세 부담 없이 의미 있는 증여를 활용할 수 있는 형태로 연금보험을 활용할 수 있다. 예를 들면, 20년 만기 즉시 연금을 아버지가 계약자로 15억 원~20억 원 정도의 보험료를 납입하되, 장애인인 자녀를 연금의 수익자로 한다. 그리고, 만기일시금에 대한 수익자는 아버지로 하게 되면 20년 동안 이자상당액으로 매년 약 3천~4천만 원(보험사 해당상품에 적용되는 공시이율에 따라 매년 변동) 정도의 연금을 자녀가 수령하게 된다. 매년 4천만 원의 연금을 받는다고 가정하면 20년간 자녀가 수령한 총 8억 원에 대해서 증여세가 부과되지 않는 것이다. 원금은 만기일시금으로 아버지가 찾게 되는 구조이다.

참고로, 장애인이 증여받는 신탁의 이익에 대한 과세가액 불산입 및 장애인을 수익자로 하는 보험금의 증여세 비과세 규정에서 말하는 장애인의 범위는 다음과 같다.

1. 「장애인복지법」에 의한 장애인(장애등급에 따른 제한이 없음)
2. 「국가유공자 등 예우 및 지원에 관한 법률」에 의한 상이자 및 이와 유사한 자로서 근로능력이 없는 자
3. 위 제1호 내지 제2호 외에 항시 치료를 요하는 중증환자

이에 따라, 사실상 경제활동 및 일상생활에 큰 지장이 없는 경우라도 장애인복지법에 의해 장애인 등록증을 받았다면 이러한 규정에서 정의하는 장애인에 해당된다.

---

**절세 포인트 1.** 장애인을 수익자로 하는 보험금 증여세 비과세 한도는 누적 개념이 아니라 연간 4천만 원이다.

**절세 포인트 2.** 상속인 중에 장애인이 있다면 연금 상품 구조를 활용하여 '매년' 4천만 원까지 증여세 없이 재산을 이전할 수 있다.

# 제5장

# 신탁을 활용한
# 절세전략

# 1. 민사신탁(가족신탁), 블랙 스완인가?
## 새로운 세상이 열린다

특수한 목적으로 재산을 넘겨주며 세금 문제를 유연하게 처리하는 방식으로써 '민사신탁'은 세금 내는 시기와 기준을 미리 설계할 수 있다.

재산 소유자는 본인이 직접 사용·수익하거나 제3자로 하여금 비용을 지불하고 사용하도록 임대차 등 약정을 하기도 하고, 현금화하기 위해 매매 등 처분행위로 권리를 이전한다. 자산변동은 늘 세금 문제와 필수적으로 연결된다. 세금은 탈세와 절세의 경계에서 뜨거운 화두이다.

고령사회이며, 이혼과 재혼 가정이 늘고, 가족구조는 1~2인 가구로 변화하고 있으며, 글로벌화된 사회구조 속에서 전통적인 상속제도만으로 해결할 수 없는 다양한 자산관리 요구사항이 생겨나고 있다.

최근 변동 추이로 보건대, 우리나라는 인구 중 65세 이상 인구비율이 2017년 상반기에 14% 이상이 되어 고령사회에 진입할 것으로 보인다. 자산규모가 커지고 고령화된 자산가의 입장에서 자산을 원활하게 승계하고 이전하는 합리적 상속처리가 주요 관심사항이다.

통상적이고 단순한 소유권 변동 외에 새로운 수요에 맞는 재산관리 구조로서 가족 간 생계보호 및 증여 상속갈등 해결, 노령화 사회의 고령자 재산 보호, 미성년 등 피후견인의 재산 보호, 중소기업의 원활한 가업승계 등을 목적으로 하는 다양한 수요를 기존의 민사법 체계로 처리하기엔 한계가 있다.

투자 수익률을 추구하는 성장 위주의 시대에서 선진화된 상속기법에 의한 안전한 자산이전으로 유산 분쟁에 따른 사회적 기회비용을 최소화하고 자산 운용과 승계 전반에 걸친 권리와 세금 갈등을 합리적으로 해결하는 구조(Vehicle)로서 '민사신탁 - 가족신탁'은 아주 유용하다.

기존의 자산관리 체계 내의 고민 중 '다툼 없는 자산의 이전과 절세'와 관련하여 포기한 부분에 대해 속 시원한 해결책을 제시한다.


## 1. 무엇이 다른가?

민법에 근거한 사전증여와 상속, 유언공증을 보완하거나 대체할 수 있는 신탁의 유용성은 무엇인가? 신탁에서 재산을 믿고 맡기는 재산 소유자는 위탁자라 하고, 신뢰에 따라 재산을 이전받는 자는 수탁자라 한다.

재산 소유자 본인보다 다른 사람인 타인이 소유자를 위해 '재산을 관리·운용'해 주는 것이 사회적으로 바람직하거나 편리한 경우가 많다. 이 경우 그 재산의 관리·처분에 대해 어떠한 효과가 발생되는가는 원칙적으로 당사자들의 의사에 의해 결정된다.

이와 관련하여 민법이나 상법이 마련한 제도인 채권채무관계, 대리인 제도, 위탁매매제도를 신탁과 비교해 보면 신탁의 특징을 쉽게 알 수 있다.

단순한 채권채무에서 나아가 신탁설정으로 신탁 재산을 수탁자 명의로 관리하는 효과를 가져올 수 있고, 대리제도에서 대리인은 본인을 위해 행위하지만 재산 소유자의 지위에 있지 않으나 신탁에서는 수탁자가 단순 대리인이 아니라 소유자의 지위를 갖는다.

위탁매매는 내부적 관계와 외부적 관계를 구분하고 물건의 매매를 대신해 주는 관계이나 신탁은 다양한 재산(부동산, 주식, 채권 등)을 보관·관리·개발·처분하는 통합적 목적에 유연하다.

신탁과 민·상법상의 재산운용제도와의 차이는 타인을 위해 재산을 보유하는 자의 의무와 책임뿐만 아니라, 재산운용으로부터 수익하는 자의 권리를 결정하는 데 있어 매우 중요하다. 목적에 따라 형태를 달리하는 신탁이 가능한 것은 재산관리기능과 수탁자 파산사유가 발생해도 신탁 재산의 독립성으로 인해 파산재단에 포함되지 않는 기능으로 도산격리기능이 있기 때문이다. 수익자연속기능, 의사연결기능, 수탁자재량기능을 통해 재산관리에 있어서 수탁자의 고유재산과 독립성을 갖는 것을 은유적으로 표현하여 '신탁은 재산의 안전지대'라고 평가하기도 한다.

민법, 신탁법상 제도를 기반으로 하여 증여·상속 및 가업승계 문제를 처리하고 다양한 부동산 사업에 대한 권리구조설계와 세무적 검토를 통해 고객 맞춤형 자산관리 솔루션을 제공하는 것이 '민사신탁'이다.

기존의 민사법 체계 내에서 자산변동(증여, 상속 기타)을 위한 제도로 기능하는 유언공증방식, 사인증여 계약 등은 다양한 수요를 담아내기에는 지극히 경직되어 있다. 자산의 권리변동 과정에서 세금 문제, 법률적인 문제 등도 개인마다 특수성이 있어 맞춤형 설계가 필요하고, 장기간에 걸친 자산관리 문제를 시기별, 대상별, 이해관계인 별로 쟁점을 정리할 수 있는 방안에 목말라 있다.

부를 일구는 재테크 분야에 대한 사회적 관심과 전문가들의 노력도 중요하지만 형성된 재산을 안전하게 지키고 이전하는 선진화된 자산관리 기법에 대한 관심에 부응하는 것이 '민사신탁'이다.


## 2. 민사신탁 적용 사례 예시

1) 증여 상속분쟁 방지

2) 투자금 보호 방안 - 부동산 개발 임야 투자

3) 빌라 재건축 절차, 분쟁 방지

4) 부동산 이중분양방지 / 분양대금 관리

5) 재혼 배우자와 자녀 간의 갈등

6) 대물변제 처리

7) 미분양 상가 분양 대행(전속중개)

8) 부인에게 임대료 전부 증여(사업자 명의)

9) 낭비벽 있는 남편 재산관리권 통제

10) 복수 채권자의 채권관리 및 회수방안

11) 공동상속인 간의 재산관리 처분 등

12) 비거주자(시민권자)의 국내 부동산 관리 처분(세금, 대출 등)


위 예시 사례에 세부적인 쟁점이 추가되면 좀 더 다양한 민사신탁 사례를 예상할 수 있다.

# 2. 신탁의 목적

신탁의 목적으로 신탁 재산의 독립성이란 특성에 기초해 수익자의 이익 또는 특정의 목적을 위하여 재산의 관리, 처분, 운용, 개발, 그 밖에 신탁에 필요한 행위를 거쳐 이해관계인이 신탁을 통해 이루고자 하는 것이다.

수익자가 특정된 수익자신탁의 목적으로 위탁자나 수익자의 목적, 현재나 장래의 목적, 법률상 목적 또는 세무상 목적, 사익이나 공익 등으로 구분할 수 있다.

## 1. 목적신탁이란?

전형적 신탁인 '수익자신탁'과 달리 특정한 수익자가 존재하지 않은 채 신탁이 성립하는 목적신탁이 있다(신탁법 제3조 제1항 단서). 목적신탁은 특정의 사적 목적을 달성하기 위하여 설정되는 신탁이다.

목적신탁에는 신탁설정 시에 특정된 수익자가 존재하지 않고, 수탁자 또는 신탁관리인이 상당히 넓은 범위의 재량권을 갖는다. 수탁자에 대한 감독권 행사를 통해 장래 수익자의 이익을 보호하기 위해 신탁관리인 선임이 필요하다. 목적신탁에서 신탁관리인이 취임하지 아니한 상태가 1년간 계속된 경우에는 신탁이 종료된다(신탁법 제98조 제5호).

목적신탁과 수익자를 특정하는 수익자신탁 간의 상호 신탁 변경은 금지되므로 신탁설정 시 신중해야 한다(신탁법 제88조 제4항).

공익 목적이라 해도 공익신탁법에 의거 주무관청인 법무부의 인가를 받지 않고 신탁법에 의한 목적신탁의 형태로 운영하는 것도 가능하다. 신탁 당사자의 신탁 목적과 주무관청의 인가 여부에 따라 신탁법에 의한 목적신탁과 공익신탁법에 의한 공익신탁으로 운용할 수 있다. 다만, 공익신탁 인가에 따른 세제 혜택 및 관리 운용 감독권의 강화로 신탁 목적의 실효적 구현이 가능해진다는 점은 공익신탁의 유용성이다.


## 2. 공익신탁이란?(재단법인 대체 가능성)

환경문제, 장학사업 등 공익 목적을 위한 공익신탁도 목적신탁의 한 형태이다. '공익신탁'이란 공익사업을 목적으로 하는 신탁법에 따른 신탁으로서 법무부 장관의 인가를 받은 신탁을 말한다(공익신탁법 제2조 제2호). 수익자가 없이 특정한 목적을 위해 설정되는 목적신탁이다. 공익신탁은 수익자신탁이 아닌 일정한 목적을 달성하기 위한 신탁이라는 점에서 신탁법상의 목적신탁과 기초를 같이한다.

장학재단, 환경운동재단, 재산의 사회환원 사업, 교육과 사회공헌 등 다양한 분야가 공익신탁으로 운용될 수 있다. 인가 요건이 까다로운 재단법인 또는 사회적 협동조합 설립에 비해 비교적 간이한 절차로 빠른 기한 이내에 공인신탁 인가가 가능하다. 공익신탁의 공익사업 유형은 공익신탁법 제2조 제1호에서 확인할 수 있다.

**공익신탁법 제2조(정의)**

1. '공익사업'이란 다음 각 목의 사업을 말한다.

가. 학문·과학기술·문화·예술의 증진을 목적으로 하는 사업

나. 장애인·노인, 재정이나 건강 문제로 생활이 어려운 사람의 지원 또는 복지 증진을 목적으로 하는 사업

다. 아동·청소년의 건전한 육성을 목적으로 하는 사업

라. 근로자의 고용 촉진 및 생활 향상을 목적으로 하는 사업

마. 사고·재해 또는 범죄 예방을 목적으로 하거나 이로 인한 피해자 지원을 목적으로 하는 사업

바. 수용자 교육과 교화를 목적으로 하는 사업

사. 교육·스포츠 등을 통한 심신의 건전한 발달 및 풍부한 인성 함양을 목적으로 하는 사업

아. 인종·성별, 그 밖의 사유로 인한 부당한 차별 및 편견 예방과 평등사회의 증진을 목적으로 하는 사업

자. 사상·양심·종교·표현의 자유 증진 및 옹호를 목적으로 하는 사업

차. 남북통일, 평화구축, 국제 상호이해 증진 또는 개발도상국에 대한 경제협력을 목적으로 하는 사업

카. 환경 보호와 정비를 목적으로 하거나 공중위생 또는 안전의 증진을 목적으로 하는 사업

타. 지역사회의 건전한 발전을 목적으로 하는 사업

파. 공정하고 자유로운 경제활동이나 소비자의 이익 증진을 목적으로 하는 사업

하. 그 밖에 공익 증진을 목적으로 하는 사업으로서 대통령령(공익신탁법 시행령)으로 정하는 사업

# 3. 신탁 재산의 종류?

신탁설정이 가능한 재산의 유형을 알아본다. 부동산이 대표적이지만 그 외 주식, 채권, 보험금 청구권 등 다양한 재산이 신탁설정의 대상이다.

2011년 개정 전 신탁법은 신탁의 대상을 특정의 '재산권'으로 한정하였는데, 소극재산(부채)이 여기에 포함된다고 볼 수 있는지 여부에 관하여 견해가 대립되었다. 본래 재산권이라 함은 경제적 가치가 있는 사법상의 권리로써 민법이나 특별법에서 인정하고 있는 물권·채권, 특허권과 같은 무체재산권, 광업권·어업권, 특별법상 각종 재단 등을 모두 포함한 개념으로서, 신탁법이 신탁 재산이 될 수 있는 대상을 '특정의 재산권'으로 정의하고 있어 적극재산으로 한정하여야 한다는 입장이 다수설이었다. 즉 소극재산은 제외된다고 보았다.

개정 신탁법은 신탁의 대상을 특정의 '재산'이라 규정하고 있다. 여기에서의 재산은 적극재산, 소극재산을 모두 포함한 개념이다. 즉 적극재산과 소극재산이 결합된 영업의 신탁과 상속재산 중 일정 비율에 대한 유언신탁 등이 모두 가능하다. 부채를 수탁자가 인수하여 신탁이익에서 변제충당처리한 후 수익자의 수익을 확정하는 것을 생각할 수 있다. 담보대출이 있는 부동산의 신탁 시, 자산과 부채 전부를 일괄 신탁할 수 있게 된 것이다.

신탁법상 신탁이 가능한 재산에 대해 신탁법은 '특정의 재산'이라 정의하고 있을 뿐 구체적인 유형을 규정하고 있지는 않다. 부동산,

주식, 채권이 주요 재산권의 유형이다. 그 외 다양한 민사신탁 재산 유형의 추가에 대해 개방적이다. 상사신탁의 근거법인 자본시장과 금융투자업에 관한 법률 제103조는 신탁이 가능한 신탁 재산을 열거하고 있는데, 금전, 증권, 금전채권, 동산, 부동산, 지상권, 전세권, 부동산임차권, 부동산소유권 이전등기청구권, 그 밖의 부동산 관련 권리, 무체재산권(지식재산권을 포함)이다.

# 4. 신탁은 재산의 안전지대
## (신탁 재산의 독립성)

신탁 재산에 대한 법률효과를 논하는 출발은 '신탁 재산의 독립성'
이다.

신탁을 설정하는 위탁자(재산 소유자)와 신탁을 인수하는 수탁자 간
의 신임관계에 기하여 위탁자가 수탁자에게 특정의 재산을 이전하거
나 담보권의 설정 또는 그 밖의 처분을 한 경우 그 신탁 재산은 대·
내외적으로 수탁자에게 이전되지만, 신탁 목적의 구속을 받는다.

당초부터 수탁자의 재산이었던 고유재산과 위탁자로부터 이전받
은 신탁 재산의 경우 권리자 명의는 동일인이지만 재산은 분별하여
관리하여야 하므로(신탁법 제32조), 신탁 재산은 원래 수탁자의 재산인
고유재산과 별개의 독립된 재산으로 취급된다.

신탁 재산의 독립성은 신탁제도를 활용하는 가장 중요한 이유이
다. 종전의 소유자인 위탁자로부터의 독립은 물론이고 수탁자로부
터 독립되어 관리되는 신탁 재산은 위탁자나 수탁자 개인의 일반 채
권자에 대한 책임재산에서 배제되기 때문에 신탁 재산에 대한 강제
집행 등이 원칙적으로 금지된다(신탁법 제22조 강제집행 등의 금지).

수탁자가 사망해도 신탁 재산은 수탁자의 상속재산에서 제외되
며, 수탁자가 이혼하는 경우 재산분할의 대상이 되지 않는다(신탁법
제23조). 수탁자가 파산 결정을 받는다 해도 신탁 재산은 파산재단
에 편입되지 않는바 이를 '도산격리'효과라 한다. 신탁 재산에 관련
되어 일정한 범위 안에서 상계를 금지해 신탁 재산을 보호한다(신탁
법 제25조).

위탁자 갑이 수탁자 을에게 재산을 신탁하면 갑의 일반 채권자도 을의 일반 채권자도 강제집행이 금지되어 신탁 재산을 신탁 목적에 따라 온전히 보전할 수 있다.


## 1. 강제집행 등의 금지 – 신탁 재산 보호

재산을 맡기는 위탁자로부터 신임관계에 따라 재산을 맡게 되는 수탁자에게 이전되면 이 재산은 신탁 재산으로서의 고유한 특성을 갖게 된다.

### 1) 신탁 재산에 대한 강제집행 등의 금지(원칙)

신탁 재산에 대하여는 강제집행, 담보권 실행 등을 위한 경매, 보전처분 또는 국세 등 체납처분을 할 수 없다. 수탁자의 일반 채권자는 물론이고 위탁자의 일반 채권자도 신탁 재산에 대하여 강제집행을 할 수 없는 것이 원칙이다.

### 2) 신탁 재산에 대한 강제집행 등이 허용되는 경우(예외)

신탁 전의 원인으로 발생한 권리 또는 신탁사무의 처리상 발생한 권리에 기한 경우에는 강제집행 등이 가능하다. '신탁 전의 원인으로 발생한 권리'라 함은 신탁 전에 이미 신탁 부동산에 저당권이 설정되거나, 대항력 있는 임차권이 설정되는 경우 등 신탁 재산 그 자체를 목적으로 하는 채권이 발생된 경우를 말하는 것이고, 신탁 전에 위탁자에 관하여 생긴 모든 채권이 이에 포함되는 것은 아니다. 따라서 위탁자의 채권자가 일반채권을 가지고 있는 경우에는 여기에 해당하지 않고, 위탁자에 대한 채권자가 신탁법상의 신탁이 이루어지기 전에 가압류 또는 압류를 하지 아니한 이상, 신탁법 제21조 제1항 소정의 '신탁 전의 원인으로 발생한 권리'에 해당된다고 볼 수 없다는 것이 대법원 판례의 입장이다(대법원 1996.10.15. 선고 96다17424 판결 등).

신탁법상 예외적인 강제집행이 가능한 경우로 '신탁사무처리상 발생한 권리'라 함은 수탁자가 신탁사무, 즉 신탁 재산의 관리 또는 처분 등을 함에 있어서 발생한 권리를 말한다. 수탁자가 신탁사무를 처리하는 과정에서 제3자가 취득한 신탁채권에 의한 강제집행은 허용된다. 예컨대, 신탁 재산에 부과된 각종 조세, 신탁 재산의 하자로 발생한 채권, 신탁 이후 설정된 근저당권에 의한 경매 신청, 수탁자가 부담하는 각종 계약상의 채무에 따라 발생하는 채권, 수탁자의 통상적인 사업 활동상의 행위로 인하여 손해를 입은 제3자가 가지는 손해배상채권 등이 있다.

신탁 재산에 대하여 강제집행을 할 수 있는 채권자는 신탁 재산뿐만 아니라 수탁자의 다른 고유재산에 대하여도 강제집행이 가능하다. 그러나 유한 책임신탁등기로 수탁자의 책임 범위를 신탁 재산 한도 내로 제한할 수는 있다.


## 2. 수탁자의 사망 등과 신탁 재산

신탁 재산은 그 명의가 수탁자이어도 수탁자의 고유재산과는 독립된 재산이므로 수탁자가 사망하는 경우 수탁자의 고유재산만이 상속재산이므로 신탁 재산은 수탁자의 상속인에게 상속되지 않는다.

수탁자가 이혼하면서 배우자와 재산분할을 하는 경우에도 수탁자의 고유재산만이 재산분할의 대상이 되므로 신탁 재산은 이혼하는 수탁자의 배우자에게 재산분할 분쟁의 대상이 아니다(신탁법 제23조).

## 3. 수탁자의 파산 등과 신탁 재산

수탁자가 파산하면 수탁자의 고유재산은 파산재단을 구성하지만, 수탁자 명의의 신탁 재산은 독립성에 의거 별도로 구분되므로 수탁자의 파산재단에 포함되지 않는다. 수탁자에 대하여 「채무자 회생 및 파산에 관한 법률」의 회생절차 또는 개인회생절차가 개시된 경우에도 마찬가지이다(신탁법 제24조).

신탁 재산의 독립성은 신탁제도의 실효성을 담보하고 신탁을 둘러싼 이해관계인의 갈등을 방지하여, 신탁 재산에 대한 정당한 권리자를 보호하는 기능이 있다.

# 5. 민사신탁 설정 주요사항은?

　신탁법 제2조(신탁의 정의) 규정을 통해 신탁설정 주요사항을 추론해 본다.

　'신탁'이란 위탁자와 수탁자 간의 신임관계에 기하여 위탁자가 수탁자에게 특정의 재산을 이전하거나 담보권의 설정 또는 그 밖의 처분을 하고 수탁자로 하여금 수익자의 이익 또는 특정의 목적을 위하여 그 재산의 관리, 처분, 운용, 개발, 그 밖에 신탁목적의 달성을 위하여 필요한 행위를 하게 하는 법률관계이다.

　민사신탁을 하는 이유는 신탁목적으로 드러나야 한다. 신탁재산의 범위를 특정하거나 특정 기준을 정하고 그 재산의 관리, 처분, 운용, 개발, 그 밖에 신탁목적에 따라 세부 사항을 정한다. 신탁 당사자, 이해관계인의 지위와 권한의 성립과 양도 승계 조건, 소멸에 대해 고민해야 한다.

　다양한 쟁점을 예시해 본다. 신탁 기간과 해지 및 종료 사유, 신탁사무 필요자금 차입 및 담보제공 여부, 신탁 재산 중 소극재산인 채무의 승계, 신탁 재산의 담보제공 및 신규대출, 수익자 및 우선 수익자 지정권 등 행사 방법, 우선 수익자의 경매 신청권 확보방안, 신탁부동산의 유지 관리(임대차 등), 수익 부분 사업자등록 명의인 및 부가세 처리, 부동산 개발(건축 등) 인허가 및 보존등기 명의인, 신탁 재산(원본 수익권)의 지분 증여 및 상속설계, 토지와 건물의 소유권 분리, 신탁부동산의 처분 시 위탁자 또는 수익자의 동의 여부, 위탁자의 신탁 해지권 행사 여부, 재신탁 절차, 수탁자 해임 및 신수탁자 선임권자 지정 및 절차, 신탁변경권 행사자, 수익권(원본/수익의 분리 승계) 설계 등이 주요사항이다. 이는 예시에 불과하다. 각 사례에서 이해관계인의 다양한 의사를 신탁 법리에 따라 신탁설정 사항에 적정하게 반영하면 현재와 장래의 재산 갈등을 회피할 수 있다.

# 6. 신탁 유형 - 민사신탁 / 상사신탁

신탁법상 신탁을 수탁자의 지위에 따라 구분해 보면 상사신탁과 민사신탁으로 분류된다.

통상 신탁이라고 하면 부동산 신탁을 취급하는 신탁사를 떠올린다. 이는 상행위로서 신탁의 인수를 영업으로 하면 상사신탁인 반면 이 장에서 다루는 민사신탁은 영업이 아닌 비영업 신탁이다. 신탁에 관한 일반법이 신탁법이고, 특별법으로써 상사신탁에 관련된 법은 자본시장과 금융투자업에 관한 법률(이하 '자본시장법'이라 한다)이다. 상사신탁에 관한 법적 기준을 명확히 하기 위해 자본시장법을 보면, 동법 제6조(금융투자업) 제1항에서 '금융투자업'이란 이익을 얻을 목적으로 계속적이거나 반복적인 방법으로 행하는 행위로서 다음 각 호의 어느 하나에 해당하는 업(6. 신탁업)을 말하고, 제8항에서 '신탁업'이란 신탁을 영업으로 하는 것을 말한다고 법정하고 있다.

수탁자가 이익을 얻을 목적으로 계속적이거나 반복적인 방법으로 신탁을 인수하는 행위는 영업으로 하는 신탁업에 해당되고, 이는 상사신탁이 되는 것이다. 반대해석하면 계속적이거나 반복적인 방법이 아닌 특정 목적의 비영업신탁의 인수는 민사신탁이다. 신탁에 관한 사법적 법률관계를 규정함을 목적으로 하는 신탁법 제11조(수탁능력)에 의하여 행위능력이 제한되는 개인이나 신탁업 인가를 받지 않은 법인이 아닌 수탁자는 민사신탁의 수탁자가 될 수 있다.

민사신탁의 적용 유형을 신탁 재산별로 보면 부동산 신탁, 주식신탁, 채권신탁 등이 있다. 관련 주체별로 보면 가족신탁, 고령자 재산

보호신탁, 낭비자 보호신탁, 성년후견신탁, 종중 등 단체재산신탁 등이 있으며, 신탁목적으로 구별해 보면 보관관리신탁, 처분신탁, 담보신탁, 개발신탁 및 이 중 2~3가지 목적이 혼합된 혼합신탁 설정이 가능하다. 신탁수익권 특성에 따라 신탁법에서 유언대용신탁(신탁법 제59조), 수익자 연속신탁(신탁법 제60조)을 규정하고 있다.

민사신탁과 상사신탁의 구분은 신탁을 인수하는 수탁자를 기준으로 하는 것이 일반적이다. 그러나 민사신탁 법리는 위탁자와 수익자에게 영리성이 없는 상사신탁 중 사익신탁에도 적용되어야 하는바, 신탁 목적에 상사성이 없는 경우는 수탁자가 영업으로 신탁을 인수한 경우에도 민사신탁 법리가 적용된다.

# 7. 수탁자가 될 수 있는
## 주체의 유형(개인, 법인, 단체의 수탁능력)

민사신탁에서 소유권을 이전받는 수탁자는 누가 될 수 있나?

신탁에 관한 사법적 법률관계를 규정한 신탁법 제11조(수탁능력)에 의하여 행위능력이 제한되는 개인이 아니면 민사신탁의 수탁자가 될 수 있다. 예컨대, 가족 중 아들이나 채권자 개인 및 단체가 소유권 이전을 받을 수 있는 수탁능력이 있다고 가정하면 위탁자인 아버지의 재산을 아들에게, 채무자의 부동산을 채권자에게 민사신탁방식으로 소유권 이전이 가능하다. 담보권에 관심이 있는 채권자는 근저당권 설정 및 신탁(담보권 신탁)방식으로 권리를 확보할 수도 있다. 상사신탁의 수탁자가 신탁업 영업인가를 받아야 하는 데 반해 민사신탁의 수탁자는 위탁자와의 신임관계에 따라 단체 또는 행위능력 제한이 없는 성년이면 누구나 가능하다. 비영리 법인, 비법인 사단인 종중이나 단체도 수탁능력이 있다.

## 1. 신탁법상 수탁자 유형

신탁은 위탁자의 수탁자에 대한 신임을 전제로 설정되고, 수탁자가 완전한 소유자의 지위에서 재산을 관리·처분하는 지위에 있으므로 행위능력이 제한되는 경우 수탁자가 될 수 없다.

신탁법 제11조(수탁능력)는 "미성년자, 금치산자, 한정치산자 및 파산선고를 받은 자는 수탁자가 될 수 없다."라고 수탁자가 제한되는 경우를 열거하고 있다. 그러나 2011. 3. 7. 법률 제10429호 개정 민법은 금치산자, 한정치산자 등 '무능력자'제도를 성년후견, 한정후견, 특정후견제도로 확대하여 '제한능력자'제도로 변경하였다.

그러므로 신탁법 제11조(수탁능력)는 "미성년자, 성년후견·한정후견 개시 결정을 받은 자 및 파산선고를 받은 자는 수탁자가 될 수 없다."라고 전환해서 해석하여야 한다. 권리능력이 있어도 행위능력이 없는 미성년자나 행위능력이 제한되는 피후견인, 경제적 능력이 부족해 신용상 문제가 있는 파산자는 수탁자가 될 수 없다. 그러나 특정 후견 유형 및 제한 사항에 따라 피후견인에게 수탁능력이 인정될 여지는 있다.

단체나 법인의 경우 수탁능력에 대해 신탁법은 명시적 규정이 없다. 그렇다고 수탁능력 제한자로 규정된 이외의 모든 단체나 법인(영리, 비영리, 특수법인 등)에 수탁능력이 있는 것은 아니다.


## 2. 법인 등의 수탁능력

법인은 원칙적으로 수탁능력이 있다. 외국회사도 수탁능력이 있다고 본다. 그러나 영리법인의 수탁능력에 대해 관련 법에서 일정한 요건을 규정하고 있어 실질적으로 제한된다.

### 1) 상사신탁의 수탁능력(주식회사 등)

주식회사 및 다른 영리회사의 수탁능력을 검토해 본다. 신탁에 관한 일반법이 신탁법이고 특별법으로서 상사신탁에 관련된 법은 자본시장법이다. 상사신탁에 관한 법적 기준을 명확히 하기 위해 자본시장법을 보면, 동법 제6조(금융투자업) 제1항에서 '금융투자업'이란 이익을 얻을 목적으로 계속적이거나 반복적인 방법으로 행하는 행위로서 다음 각 호의 어느 하나에 해당하는 업(6. 신탁업)을 말하고, 제8항에서 '신탁업'이란 신탁을 영업으로 하는 것을 말한다고 법정하고 있다.

이익을 얻을 목적으로 계속적이거나 반복적인 방법으로 신탁을 인수하는 행위는 영업으로 하는 신탁업에 해당된다. 자본시장법은 "누구든지 금융투자업인가(변경인가를 포함)를 받지 아니하고는 금융투자업(신탁업)을 영위하여서는 아니 된다."라고 무인가 영업행위를 금지하고 있다(자본시장법 제11조).

영리회사인 주식회사가 금융위원회로부터 금융투자업(신탁업)인가를 받은 경우에 수탁능력이 있다. 유한회사 등 다른 형태의 영리회사는 신탁업 인가 요건에 해당되지 않는바, 이익을 얻을 목적으로 계속적이거나 반복적인 방법으로 신탁을 인수하는 행위, 즉 영업으로 하는 신탁업자가 될 수 없다.

### 2) 민사신탁의 수탁능력(비영리 법인, 단체, 비법인 사단 등)

신탁에 관한 사법적 법률관계를 규정함을 목적으로 하는 신탁법 제11조(수탁능력)에 의하면 행위능력자가 수탁능력이 있고, 자본시장법 제6조 및 제12조에 의하여 신탁업 인가를 받은 영리법인이 수탁능력이 있다. 사단법인이나 재단법인 등 비영리 법인인 등은 원칙적으로 민사신탁의 수탁자가 될 수 있다.

법인격이 없는 단체(비법인 사단 등)라도 정관이나 규약의 목적사업에 반하지 않는 한 원칙적으로 수탁능력이 있고 등기능력이 있다. 2인 이상의 인적 요건을 충족하는 비법인 사단의 유형으로 종중, 종중 유사단체나 채권단협의회, 공동투자자협의회 등이 있다.


## 3. 수탁자 변경(해임·선임)이 가능하다 — 가족신탁의 쟁점

신탁목적의 달성을 위하여 위탁자가 수탁자에게 소유권 이전 및 신탁등기를 한 이후에 위탁자와 수익자는 수탁자를 해임하거나 새로 선임할 수 있다.

수탁자가 다시 신탁하여 수탁자 명의가 바뀌는 재신탁(신탁법 제3조 제5항)은 수탁자 변경과 구별된다. 재신탁에서는 위탁자 및 수익자와의 관계에서 종전 수탁자가 그 법적 지위를 그대로 유지할 수도 있으나, 수탁자가 경질되면 종전 구 수탁자는 신 수탁자에게 신탁사무를 인계하고 신탁관계에서 이탈한다.

증여로 수증자에게 소유권이전 등기가 된 경우에는 증여 취소를 통해 수증자로부터 증여자로 재산을 회복하는 절차가 쉽지 않다. 수증자가 동의하거나 소송 등을 거쳐야 하기 때문이다. 그러나 민사신탁에서 소유권을 이전받은 수탁자에게서 종전 소유자인 위탁자로 소유권을 회복시키거나 다른 수탁자로 교체하는 절차에서 수탁자의 필수적인 동의나 소송절차를 거치지 않고도 간이하게 정리할 수 있는 방법이 있다.

신임하던 수탁자가 신탁업무 처리를 계속하는 것이 부당하다고 생각하여 수탁자 경질(변경)이 필요한 경우, 신탁행위로 수탁자 해임 및 선임권자와 그 절차가 정해져 있으면 언제든지 이에 따라 처리가 가능하다. 신탁행위로 달리 정하지 않은 경우에는 위탁자와 수익자의 합의로 수탁자를 경질해야 한다(신탁법 제16조 제1항). 위탁자가 없는 경우에는 수익자가 단독으로 신수탁자를 선임할 수도 있다. 공동수익자의 의사결정 방식에 대해 신탁행위로 달리 정하지 않으면 수익자 전원의 동의로 정한다(신탁법 제71조 제1항).

수탁자가 임무를 종료하거나 기타 사유로 사임하면 신 수탁자 선임의 문제만 남게 되나, 구 수탁자의 의사에 반하여 해임을 하고 신 수탁자를 선임하여야 하는 경우 신탁행위로 그 지위 행사자 및 절차에 대해 신탁계약에서 정해두지 않으면 법원의 비송사건 절차를 거쳐야 하는 번거로움이 생긴다.

위와 같이 검토한 바에 비추어 보면, 신탁계약 등 신탁설정 절차에서 신탁 재산의 관리 방법이나 승계 수익자 지정 이외에 수탁자 변경에 대비한 신탁설정사항에 각별히 신중해야 장래의 권리 갈등을 방지할 수 있다.

# 9. 민사신탁 수익권(신탁이익)

부동산 신탁을 하는 경우 신탁설정의 대상이 되는 부동산 및 그 파생 수익(이익) 전부가 신탁 재산이다. 예컨대, 시가 30억 원의 부동산에 월세 수익이 1천만 원인 경우 그 전부가 신탁 재산이다. 신탁이익이란 표현을 쓰는 경우도 있는데, 월세 수익 1천만 원만을 대상으로 하는 의미로 오해의 여지가 있다. 그러나 신탁이익은 신탁 재산에 근거하는 이익 전부이므로 시가 30억 원의 부동산과 계속되는 월세 수익 1천만 원을 합한 전부가 신탁이익이 된다. 이를 달리하여 신탁수익권이라 표현하기도 하나 법률에서 개념을 정의하고 있지는 않다. 신탁수익권은 원본 수익권과 수익 수익권(수입 또는 이익 수익권이라 하기도 함)을 구분할 수 있고, 상속세 및 증여세법 제33조에서 신탁 원본과 수익을 구분하여 증여재산가액을 정하도록 규정하고 있다.

신탁 재산의 이전 및 승계에 관한 세법의 각 조항(지방세법 제7조 제7항, 제15항, 제9조 / 상증법 제9조, 제33조 / 상증법 시행령 제25조)을 보면, 지방세법은 '신탁 재산의 이전 또는 상속' 등으로 규정하고 있고 상속세 및 증여세법은 '신탁 재산, 신탁이익'이란 표현을 쓰고 있다. 신탁이익이 상속되면 이는 곧 상속재산이 되는 것이다. 지방세법 제7조 제7항은 신탁 재산의 상속에 대해 상속인이 취득세 납세의무자임을 규정하고 있으며, 같은 조 제15항에 의하면 신탁 재산의 실질적인 소유권 변동이 수반되는 위탁자 지위의 이전이 있는 경우에는 새로운 위탁자가 해당 신탁 재산을 취득한 것이므로 취득세 신고의무가 있다.

상속세 및 증여세법 제9조에 의하면, 피상속인이 위탁자로서 신탁한 재산은 상속재산으로 보고, 타인이 신탁의 이익을 받을 권리를 소유하고 있는 경우는 제외하고 있다. 즉, 피상속인 위탁자 본인이 신탁의 이익을 받을 권리를 가지고 있는 경우가 상속재산에 해당된다. 또한 피상속인이 신탁계약 당사자인 위탁자가 아니라 타인 간에 설정된 신탁의 수익자인 경우 그 수익권이 상속재산에 포함된다.

상속세 및 증여세법 제33조에 의하면, 신탁이익의 전부 또는 일부가 수익자에게 귀속되는 경우 해당 신탁의 이익을 받을 권리의 가액을 수익자의 증여재산가액으로 한다. 신탁법상 신탁 재산은 수익권의 형태로 이전·양도·승계된다. 특히 부동산의 경우 신탁원본 이익의 이전을 위한 수익자 변경은 사실상의 소유권 이전으로 보는 것이다.

신탁법 또는 신탁업법에 의하여 위탁자가 수탁자에게 소유권 이전 및 신탁등기하는 것은 소득세법 제88조에서 규정하는 양도에 해당하지 않는 것이나, 신탁 재산인 사실을 등기한 부동산을 사실상 유상으로 이전하고 신탁원부의 수익자 명의를 변경하는 것은 양도에 해당하여 양도소득세가 과세된다. 또한 신탁부동산의 사실상 유상이전 없이 신탁이익을 타인에게 수익하게 하는 것은 상속세 및 증여세법 제33조의 규정에 의하여 신탁이익을 받을 권리를 증여한 것으로 보아 증여세가 과세된다.


## 민사신탁 수익자의 유형


수익자는 신탁 재산으로부터 이익, 즉 수익권을 갖는 자이다. 수익자의 지위에 따르는 각종 권리와 의무의 총체가 수익권이다. 수익자는 신탁원본 수익자, 신탁수익 수익자로 구분할 수 있다. 신탁이익을 갖는 수익자는 특별히 제한하거나 분리하여 특정하지 않은 경우 신탁원본 및 수익 전부의 귀속권리자이므로 신탁설정 시 수익권의 유형을 구분하고 특정하여 수익자 간 갈등이나 세무상 불이익이 없도록 주의를 요한다.

신탁 재산에 대한 담보권자의 지위에 있는 수익자는 우선 수익자라 한다. 이는 수익자보다 선 순위로 신탁 재산 원본 및 수익에 대해 담보권자로서 우선권을 보장받는다. 신탁설정사항 중 수익자 지정 변경 시 우선 수익자는 동의권 행사를 통해 신탁변경을 통제할 수 있다. 신탁설정 이후 담보설정한 근저당권자와 우선 수익자 간에는 경매 신청 또는 공매 신청 이후 배당 및 배분절차에서 권리가 충돌하지 않도록 담보권 순위 등을 신탁설정 사항으로 특정하여야 한다.

# 10. 민사신탁 - 위탁자 사망 시 법률관계

[사례]

시가 10억 5천만 원의 상가(월세 수익 5백만 원)를 소유한 아버지가 배우자 및 직계비속 성인 자녀 2인(아들과 시집간 딸)이 있는 경우를 가정한다. 민사신탁설정사항은 재산 소유자인 아버지가 위탁자로서 성인 자녀 아들을 수탁자로 하여 이 부동산을 이전등기해 주고, 신탁기간은 위탁자의 배우자 사망 시까지로 하며, 그 부동산에서 나오는 월세 수익은 아버지 본인 생전에는 본인이 수익하고, 아버지가 사망하면 그다음에는 배우자(부인)로 지정하며, 위탁자인 아버지 사망 시 신탁원본 이익(부동산)의 귀속권리자 즉 상속인은 아들로 지정한다. 수탁자의 처분권 행사는 수익자의 동의를 조건으로 한다.

부동산 등기부상 피상속인(사망자) 명의가 아닌 부동산(수탁자 명의)을 상속(유증)받을 수 있을까?

→ 일반적으로 사망자 명의로 되어 있는 부동산을 상속재산으로 한다. 그러나 재산 소유자가 생전에 신탁방식으로 일정한 조건하에 소유권을 이전해 두어 등기부상 명의는 수탁자로 되어 있더라도 신탁부동산은 상속재산(부동산)의 범위에 포함된다. 그 판단 기준은 상속세 및 증여세법 제9조(상속재산으로 보는 신탁 재산)이다. 위 사례에서 신탁으로 소유권이 수탁자에게 이전된 후, 위탁자가 사망하는 경우 부동산 등기부 정리 방법 및 세금 신고 납부를 살펴본다. 단, 다양한 예외가 있으므로 일반화의 오류를 주의해야 한다. 위탁자의 사

망으로 상속 개시가 되므로, 상속등기의 실행 여부와 무관하게 사망 후 6개월 이내에(해외 9개월) 부동산 상속 취득세를 신고 납부하여야 한다. 신탁 기간이 위탁자의 배우자 사망 시까지, 즉 장래 불확정 시기로 되어 있으므로 신탁이 종료되지 않고 신탁이 유효한 상태에서 별도의 상속등기는 요구되지 않는다. 상속등기하고 다시 수탁자에게 신탁한 것과 같은 결과의 신탁등기가 유지되는 것이다. 위탁자 사망 시 귀속 권리자로 지정된 아들이 유증받은 것과 유사하게 신탁 수익권을 승계한 효과가 있다. 그러므로 아들 명의로 취득세 신고 납부를 하여야 한다. 등기를 하지 않는다고 해도 취득세 신고 납부 기한인 사망 후 6개월을 경과하면 가산세가 부과되는 점에 주의해야 한다. 신탁등기 상태가 유지되는 한 지방세인 재산세 등은 수탁자 명의로 고지된다. 신탁설정 시 부동산 자체(신탁원본)가 아니라 신탁 수익만을 받는 수익자(위 사례 배우자)는 위탁자의 사망 시 취득세 신고 납부 의무가 없다. 취득세 대상은 신탁이익 중 원본인 부동산 자체와 관련된 원본 수익권이기 때문이다.

# 11. 민사신탁의 활용 분야

　신탁제도의 기원이 되는 영·미에서도 가족 간의 증여·상속분쟁 방지를 목적으로 하여 신탁이 활성화되어 있다. 이를 특별히 가족신탁(family trust)이라 구분하기도 한다. 미성년자, 피후견인, 고령자 등의 재산 보호는 사회보장적 기능도 있다.

　이외 다양한 경제활동, 즉 재산권이 변동되는 과정에서 권리와 세금을 키워드로 하는 갈등을 정리하는 방식으로 신탁은 유용한다. 예컨대, 부실채권회수 절차에서 목적부동산의 처분권 행사를 통해 매매대금으로 채권회수에 충당하기 위해 신탁원인으로 채권자가 수탁자의 지위를 갖는 경우, 소규모 개발목적 토지의 소유자와 지분권자 간의 합의로 개발협의회를 구성하여 개발 과정의 법률 리스크 및 소유자 간 분쟁 가능성 관리를 위한 목적신탁설정을 하는 경우, 이혼 시 재산분할 목적부동산의 처분 등을 통한 현금화 과정에서의 재산분할 청구권자를 수탁자로 하는 신탁설정 등 다양한 분야로 적용할 수 있다.

## 신탁설정 예시

　1. 증여 상속분쟁 방지
　2. 투자금 보호 방안
　3. 재혼 배우자와 자녀 간의 갈등

4. 대물변제 처리

5. 부인에게 임대료 전부 증여(사업자 명의)

6. 재산 관리 위험이 있는 남편의 재산관리권 통제

7. 복수 채권자의 채권관리 및 회수방안

8. 낭비벽 있는 가족의 재산보호

9. 공동상속인 간의 재산관리 처분 등

10. 비거주자의 국내 부동산 관리 처분(세금, 대출 등)

# 12. 유언대용신탁과 유언신탁의 구별

## 1. 신탁설정방식의 차이

신탁은 위탁자와 수탁자 간의 계약, 위탁자의 유언, 신탁사항을 특정하고 위탁자 자신을 수탁자로 정한 위탁자의 신탁선언 방식이 있다(신탁법 제3조 제1항).

유언신탁은 위탁자의 유언으로 신탁설정하고, 유언대용신탁은 주로 위탁자와 수탁자의 계약방식으로 신탁 설정하는 것이다. 신탁 재산, 수익자 지정, 재산관리방식 등 신탁내용은 차이가 없다.

## 2. 유언신탁(신탁법 제3조 제1항 제2호)

유언신탁은 위탁자가 민법 제1065조(유언의 보통방식)에서 인정하는 유언 방식에 의하여 신탁을 설정하는 것이다. 유언의 해석에 의하여 수탁자, 신탁 재산(원본 및 수익 수익권), 신탁 목적 등 중요한 신탁요소를 확정할 수 있어야 한다. 유언의 철회가 가능한 것과 같이 유언신탁도 위탁자의 사망 시까지 철회 또는 변경이 가능하다. 다만, 신탁설정행위로 이를 제한할 수 있는지는 별개의 문제이다.

유언신탁의 효력 발생 시기가 유언대용신탁과 구별되는 쟁점이다. 유언은 민법 제1073조 제1항에 의하여 유언자가 사망한 때에 효력이 발생하므로, 유언신탁도 위탁자가 사망한 때, 다른 조건(대학 합격 등)

이 있으면 그 조건이 성취되는 때에, 기한(사망 후 3년 경과)을 정한 경우는 그 시기에 효력이 발생한다.


## 3. 유언대용신탁(신탁법 제59조)

유언대용신탁은 문자 그대로 유언을 대신할 수 있는 신탁의 내용과 목적을 기준으로 한 신탁유형이다. 위탁자가 자신이 사망한 때에 수익자의 지위와 수익권을 귀속시키거나, 수익자가 위탁자의 사망한 때부터 신탁이익을 취득할 수 있는 수익권을 부여하는 형태의 신탁을 유언대용신탁이라 하며, 위탁자(유언자)가 생전의 의사표시로 사망 후 상속재산의 귀속을 정한다는 점에서 민법상 유증과 동일한 효과를 낼 수 있다.

위탁자 생전에 효력이 발생하며 그 내용을 탄력적으로 정할 수 있는 제도로서 유언대용신탁은 위탁자(피상속인)의 의사와 상속인의 구체적인 사정을 반영하여 갈등과 분쟁 없는 재산승계를 설계할 수 있다.

예를 들어 위탁자가 생존 중에는 자신을 수익자로 하고 자신이 사망한 후에는 자신의 자녀, 배우자 또는 제3자를 수익자로 하는 유언대용신탁을 설정하면, 신탁을 통하여 위탁자 사망 후의 재산분배를 처리할 수 있으므로 유증과 유사한 기능을 수행하게 된다. 유증은 사망 이후에 효과가 발생하므로 미리 등기부에 표시할 방법이 없지만, 유언대용신탁은 계약 성립 시 장래 상속 또는 유증 계획을 정하여 부동산 등기부에 표시할 수 있다는 점이 여러모로 유용하다.

# 13. 유언공증의 보완 대체 수단인 '민사신탁'과 비교

## 1. 성립 방식

유언공증은 민법상 유언의 방식 중 하나로 2인 이상의 증인이 참여하여 장래 상속재산의 처리기준 및 유언 집행 기준 등을 공정증서 방식으로 정하는 것이다.

신탁은 재산 소유자 생전에 신탁계약이나 자기신탁 방식으로 신탁설정을 하거나 유언 방식으로 신탁사항을 정할 수 있다(신탁법 제3조).

## 2. 성립 후 등기부 공시방법

유언공증이 성립되어도 장래 재산 소유자의 사망으로 상속원인이 발생하기 전에 부동산 등기부에 장래 상속예정 사항을 등기하는 방법은 없다.

그러나 생전 신탁 설정 사항에 장래 상속 사항이 포함되어 있으면 이를 신탁원부의 형태로 부동산 등기부에 공시함으로써 다른 상속인 또는 제3자와의 갈등을 방지할 수 있게 된다. 등기 또는 등록할 수 있는 재산권에 관하여는 신탁의 등기 또는 등록을 함으로써 그 재산이 신탁 재산에 속한 것임을 공시하여 제3자에게 대항할 수 있다(신탁법 제4조).

### 3. 재산의 연속적 승계자 지정이 가능한가?

유언공증으로 재산 소유자(피상속인)가 상속인이나 제3자를 지정하여 재산을 이전할 수 있다. 그러나 그 지정된 사람이 사망하거나 다른 조건이 발생한 경우 그 후 순위 승계자를 지정하는 것이 민법상 허용되는지 논란이 있다. 예컨대 A가 아들 중 B에게 부동산을 물려주기로 유언공증하며, B가 사망하면 사회단체에 기부하도록 하여 B의 상속인 권리를 제한하는 것이 민법상 유효하지 않다는 것이다. 반면, 신탁설정으로 위 예시와 같이 정하는 것은 허용되고 이는 이른바 '수익자 연속신탁'이라 한다(신탁법 제60조).

### 4. 상속재산의 분할이나 처분을 금지하고 유지하도록 정할 수 있나?

유언공증으로 상속재산의 분할방법을 정하거나 상속개시의 날로부터 5년을 초과하지 아니하는 기한 이내에는 분할을 금지할 수 있다. 그러하다 해도 분할 금지 사항을 등기부에 등기할 방법은 없다. 나아가 피상속인이 상속재산을 유지하여 보존하고자 기한을 정하여 상속재산의 처분행위 자체를 금지하는 것은 법적 근거가 없다.

그러나 신탁설정으로 재산의 관리, 처분, 운용, 개발, 그 밖에 신탁목적의 달성을 위하여 재산관리 방법이나 처분 시기, 조건 등 다양한 사항을 기한제한 없이 정할 수 있고 이를 '신탁원부' 형식으로 부동산 등기부에 공시할 수 있다(신탁법 제2조).

## 5. 유언공증 효력 발생 이전에 수증자가 사망한 경우의 차이

유언공증으로 지정된 수증자가 유언자보다 먼저 사망하면 유언공증 효력이 생기지 아니한다. 조건이 있는 경우 그 조건 성취 전에 수증자가 사망한 때에도 마찬가지이다(민법 제1089조).

유언자가 다시 먼저 사망한 수증자의 배우자나 직계비속을 수증자로 하여 유언공증을 하여야 먼저 사망한 수증자의 상속인에게 그 효력이 미친다. 신탁설정으로 수익자인 수증자를 정하면서 수증자의 사망 시 승계 수익자를 특정하거나 수익자 지정권자를 정하는 방식으로 민법상 효과와 다른 결과를 보여줄 수 있다. 차이점은 신탁이 갖고 있는 구조의 유연성(Flexibility in Design)에서 기인한다.

# 14. 유언대용신탁(신탁법 제59조)

## 1. 의의

### 1) 개념

위탁자 사망 시 신탁 재산 수익권을 갖는 자를 정하거나, 지정된 수익자가 위탁자의 사망한 때부터 신탁이익을 취득할 수 있는 수익권을 갖는 형태의 신탁을 유언대용신탁이라 한다.

예를 들어 위탁자가 생존 중에는 자신을 수익자로 하고 자신이 사망한 후에는 자신의 자녀, 배우자 또는 제3자를 수익자로 하는 유언대용신탁을 설정하면, 신탁을 통하여 위탁자 사망 후의 재산분배를 처리할 수 있으므로 유증과 유사한 기능을 수여하게 된다.

### 2) 필요성

민법상 재산승계 수단인 유증이나 사인증여는 법정 방식에 의하지 아니하면 무효가 되는 등 경직되고 단편적이어서 피상속인의 상속재산에 대한 다양한 관리 처분 의사나 상속인의 행위능력 등 개별적인 사정을 반영할 여지가 없다.

그러나 신탁설정을 통해 위탁자 생전에 효력이 발생하며 그 내용을 탄력적으로 정할 수 있는 제도인 유언대용신탁으로 위탁자(피상속인)의 의사와 상속인의 구체적인 사정을 보다 적극적으로 반영하여 재산승계를 설계할 수 있다. 그리고 고령자의 재산관리나 승계가 중요한 문제로 대두되고 있는 고령화 사회에서 민사신탁을 이용하여 유언제도를 통합시킬 수 있다. 또한 상속절차와 상속관리의 투명성이 확보되고 상속재산에 대해 전문적인 관리인이 개입하여 재산관리의 효율성을 높이는 장점이 있다.

## 2. 종류

### 1) 유언대용의 생전 신탁(신탁법 제59조 제1항 제1호)

수익자가 될 자로 지정된 자가 위탁자의 사망 시에 수익권을 취득하는 신탁이다. 이 신탁은 위탁자의 사망 시점에 사후 수익자가 수익권을 취득하는 신탁으로, 위탁자의 생전에는 위탁자가 수익자(자익신탁)이거나 별도로 현재 및 장래의 수익자(타익신탁)가 지정된다.

이 신탁과 유언신탁(신탁법 제3조 제1항 2호)은 수익자가 될 자로 지정된 자가 위탁자의 사망 시에 수익자가 되고 수익권을 취득하는 점에 있어서는 같으나 유언신탁의 경우에는 신탁 자체가 위탁자의 사망 시에 효력을 발생하는 것인데 반하여, 이 신탁의 경우에는 신탁이 위탁자의 생전에 이미 효력이 발생하여 존재하는 생전 신탁이라는 점에서 구별된다.

### 2) 위탁자 사망 후 수익채권이 발생하는 생전 신탁(신탁법 제59조 제1항 제2호)

수익자가 위탁자의 사망 이후에 신탁 재산에 기한 급부를 받는 신탁이다. 이 신탁은 생전 신탁으로써 위탁자의 생전부터 위탁자 이외에 달리 수익자가 있는 것은 아니고 사후 수익자가 유일한 수익자이지만 신탁 재산에 관한 급부청구권은 위탁자의 사망 이후에만 행사할 수 있는 점에서 신탁법 제59조 제1항 제1호의 신탁과 다르다. 수익자의 지위는 있지만, 급부청구권은 행사하지 못하고 있다가 급부청구권의 행사가 가능한 시점은 위탁자의 사망 시점이나 그 이후의 일정 시점으로 정할 수가 있다. 그러나 이에 대한 정함이 없을 때에는 위탁자의 사망 시점으로 해석해야 할 것이다.

## 3. 수익자의 변경

유언대용의 신탁의 경우 위탁자는 사망하기 전까지 언제든지 수익자로 지정된 자(사후 수익자)를 변경할 권리를 가진다(신탁법 제59조 제1항 본문).

이 변경권을 배제하려면 신탁행위로 특별히 정하여야 한다. 신탁행위로 특별히 정한 경우에 수익자 변경권이 인정되는 일반원칙(신탁법 제58조 제1항)과 달리 유언대용신탁의 위탁자는 신탁행위로 달리 정하지 않는 한 수익자 변경권자의 지위를 당연히 갖는다.

## 4. 수익자의 권리행사의 제한

### 1) 위탁자 생존 중 수익자 권리행사 제한

유언대용신탁 중 위탁자 사망 후 수익채권이 발생하는 유형의 신탁(신탁법 제59조 제1항 제2호)에서 수익자는 위탁자가 사망할 때까지는 수익자로서의 권리를 행사하지 못한다(신탁법 제59조 제2항 본문). 따라서 수익자이지만 위탁자의 생존 중에는 신탁으로부터 급부를 받을 권리는 물론 신탁에 대한 감시·감독권도 없다.

위탁자는 언제든지 수익자를 변경할 수 있고, 수익자의 동의 없이 수탁자의 동의만 있으면 신탁을 종료시키거나 신탁계약을 변경할 수 있다. 다만 신탁행위로 달리 정할 수 있기 때문에(신탁법 제59조 제2항 단서) 위탁자의 사망 이전이라도 수익자에게 신탁에 대한 각종 감시·감독권한을 부여하는 것으로 정할 수는 있다.

### 2) 신탁에 대한 감독

유언대용신탁에서 신탁에 대한 감독은 위탁자나 수익자 또는 신탁관리인을 선임(신탁법 제67조 제1항, 제2항)하는 방법을 이용할 수도 있을 것이다.

## 5. 철회가능신탁(Revocable trust)과의 관계

철회가능신탁은 영미에서 이용되고 있는 상속수단인데, 위탁자가 생전 신탁을 설정하면서 철회권(해지권) 또는 변경권을 유보하고 자신의 생애 동안 수익권을 가지며 위탁자 사망 시에는 신탁행위로 정함에 따라서 수익권을 귀속시킨다. 그리고 위탁자에게 철회권(해지권)이 유보되어 있어 어느 경우에든지 위탁자가 임의로 신탁계약을 철회할 수 있다(미국통일신탁법 제602조).

개정 「신탁법」은 유언대용신탁의 유형을 도입하면서 신탁행위로 특별히 정한 경우에만 위탁자에게 수익자 변경권이 인정되는 일반원칙(신탁법 제58조 제1항)에 대한 예외를 인정한 것이 신탁법 제59조 제1항이다. 물론 신탁행위로 달리 정할 수는 있다.

위 조항이 신탁법 제98조, 제99조와 연결되어 신탁의 변경 및 종료를 통해 결국 철회가능신탁과 같은 효과를 갖게 된다. 위탁자의 철회권(해지권)을 인정하게 되면 수탁자 및 수익자에 대한 위탁자의 통제권을 강화하는 것이고, 이를 제한하면 수탁자 및 수익자의 권리를 강화하는 방식으로 신탁설정 및 운용이 가능해진다.

# 15. 민사신탁(가족신탁) 사례

시가 30억 원 정도의 상가주택(월세 1천만 원)에 거주 중인 60대 중반의 임대사업자 A씨의 가족은 부인 B와 성인 자녀 3명(C, D, E)이 있다.

재산 정리가 되지 않으면 본인의 사망 이후 상속인 형제간 분쟁 가능성이 있어 증여처리를 고민 중인데, 증여로 정리하는 경우 증여세 등 세금 문제와 명의를 넘겨준 후의 심리적 박탈감 때문에 주저하고 있다.

상속재산의 지분, 부동산 관리, 처분제한 등을 내용으로 하여 유언공증으로 한다 해도 증인 2명을 구하는 것도 부담스럽고, 유언공증 내용이 부동산 등기부에 공시되어 대항력이 생기는 것도 아니라는 점이 문제이다. 상속재산 갈등을 어떻게 처리하는 것이 좋은지 다각도로 알아보고자 한다.


## 1. 통상적인 대응방안

자녀들에게 증여등기하려면 취득세, 증여세 등 세무적 부담이 크다는 점이 한계이다. 30억 원을 기준으로 약 10억 원 이상의 세금이 발생한다. 장래 상속분쟁을 방지하기 위한 권리 변동방식으로 현재 시점의 증여등기는 현실적 대안이 될 수 없다. 자녀가 배은망덕한 경우 증여를 취소하는 법적 절차도 문제이지만 2차 증여세 부담은 더 큰 문제이다.

소위 효도계약서 작성이나 부담부증여계약을 통해 부담(의무) 불이행 시 증여를 취소하는 것은 가능하다. 그러나 수증자가 동의하지 않으면 소송절차를 거쳐야 하는 것이 문제이다.


## 2. 새로운 해결방안

### 1) '민사신탁'의 한 분야인 가족신탁의 세 가지 방식
- 신탁계약방식(신탁법 제3조 제1항 제1호)
- 유언신탁방식(신탁법 제3조 제1항 제2호)
- 자기신탁방식(신탁법 제3조 제1항 제3호)

### 2) 신탁계약방식(유언대용신탁계약) - 신탁법 제59조
위탁자인 아버지 A가 자녀 C를 수탁자로 하여 신탁계약을 하고, 소유권 이전 및 신탁등기를 하는 민사신탁 절차를 실행한다. 지금 당장 취득세, 증여세 부담 없이 상속인 중 자녀 명의로 소유권이전등기를 하여 부동산을 관리하는 것이다.

민사신탁설정의 주요 내용은,
- 상가의 월세 수익은 아버지 A가 수취하여 노후 생활에 위험이 없도록 하고, 사망 시 월세 수익 수익권은 부인 B가 승계하도록 설정한다(수익자 연속신탁 - 신탁법 제60조).
- 신탁 재산 원본인 상가 지분은 10년 주기로 자녀들에게 일부 지분씩 수익권이 귀속되도록 수익자 연속신탁을 설정한다. 원본 수익권 일부 이전에 따른 위탁자 지위 일부 이전도 신탁원부에

공시한다. 단, 수익권 지분 귀속 시 취득세 신고 및 증여세 신고 납부를 하여야 한다.

- 상가 담보 대출금 채무는 수탁자가 채무 인수하여 관리하고 임대사업자 명의는 아버지로 유지하면서 대출 이자는 월세 수익에서 부담한다.

- 위탁자 A 사망 시 잔존 신탁 재산 원본 지분은 정해진 상속인 지분별로 수익권을 귀속시킨다. 그리고 신탁 기간은 부인 B의 사망 시까지로 하여 수익 수익권(월세 받는 권리)을 보전하고 재산 일실을 방지한다. 어머니 B가 월세 중 일부를 수탁자 보수로 지급할 수도 있다.

- 위탁자는 일방적인 신탁 해지권, 수익자 지정 변경권, 수탁자 변경권을 갖고, 그 지위는 부인이 승계한다.

### 3) 유언신탁방식(신탁법 제3조 제1항 제2호)

유언신탁방식(신탁법 제3조 제1항 제2호)은 신탁계약과 신탁 성립 방식에서 차이가 있다. 수탁자로 될 자를 지정하고 신탁설정 내용을 민법상 유언 요건에 따라 정하는 것이다. 엄격한 형식적 요건에 흠결이 있으면 신탁 자체가 성립하지 않는다.

사인증여(死因贈與) 계약이 증여자 생전에 '가등기'로 등기부에 권리를 공시할 수 있는 점과 달리, 위탁자의 사망을 불확정 기한으로 하여 신탁을 성립시키는 것으로 하는 유언신탁 방식은 위탁자 생전에 등기부상 공시가 되지 않는다는 단점이 있다.

신탁계약으로 수탁자를 지정하는 방식의 한계는 아버지 A가 등기부상 명의인이 아니라는 점이다. 신탁을 통제하는 실질적 권리임에도 불구하고 등기부상 명의가 아들 C로 나오는 점에 대한 위탁자 A

의 심리적 거부감이 크다. 다양한 장점에도 불구하고 실권을 뺏긴다는 생각에서 업무처리를 망설이는 경우가 왕왕 있다. 이때 자기신탁 방식이 그 대안이 될 수 있다.

### 4) 자기신탁선언방식(신탁법 제3조 제1항 제3호)

- 가족신탁에 있어서 자기신탁이란? 위탁자와 수탁자가 동일한 신탁이다. 즉 재산 소유자인 위탁자 스스로가 수탁자가 되어 신탁 재산을 관리, 처분, 운용, 개발, 그 밖에 신탁목적의 달성을 위하여 필요한 행위를 하게 하는 법률관계를 말한다. 위탁자가 신탁하는 의사표시를 '신탁선언'이라고 법정하고 있다.
- 가족신탁에 있어서 자기신탁의 유용성: 신탁설정 내용은 신탁계약 방식과 같이하면서 위탁자 본인이 수탁자가 되어 신탁 재산을 관리하는 방식이어서 위탁자의 실질 관리와 지배통제가 강화된다는 점이 부각된다. 우리나라의 경우 등기부상 명의인이 상징하는 재산권자로서의 의미가 유별나기 때문에 더욱 의미 있어 보인다. 위탁자의 파산 등 도산 위험이나 위탁자에 대한 강제집행으로부터 가족의 안정된 생활을 위해 재산을 분리할 수 있다는 점은 다른 신탁설정방식과 마찬가지이다. 자기신탁방식은 위탁자 자신이 수탁자로서 자산관리가 가능하므로 상사신탁이나 제3자를 수탁자로 하는 경우의 비용 등 문제점을 회피하고 가족생활의 필수적인 재산을 분리하는 목적이 있다. 단, 신탁설정 사항을 공정증서로 작성해야 하는 번거로움이 있고 신탁해지가 제한된다는 점은 위탁자의 재산관리권 약화로 보일 수 있다. 그러나 공정증서 작성 비용 대비 절세 및 갈등관리 효용이 더 큰 경우가 많고, 신탁해지가 제한되지만 신탁 종료 사유 특정, 재신탁

및 신 수탁자 선임 방식, 수익자 지정·변경권 행사를 통해 위탁자 겸 수탁자의 실질적인 재산관리권은 충분히 확보될 수 있다.

- 자기신탁설정 내용: 아버지 A가 위탁자로서 본인 A를 수탁자로 하여 자기신탁계약(신탁선언)을 하고, 소유자를 수탁자로 변경하는 민사신탁등기 절차를 실행한다. 지금 당장 취득세, 증여세는 없이 상속인을 장래 수익자로 지정하고 부동산을 관리하는 것이다. 민사신탁 설정의 주요 내용 신탁계약과 같은 내용으로 정하여 가족 간의 재산 갈등과 분쟁을 사전에 방지할 수 있다.

# 16. 장래 재산분쟁(재혼 갈등관리) 민사신탁

[사례]

시가 30억 원 정도의 상가주택에 거주 중인 60대 중반의 아버지 A씨는 5년 전 배우자가 사망하여 홀로 지내오다 최근에 50대 초반의 여성 B를 만나 재혼을 준비 중이다. 혼인이 성립하면 새어머니도 상속인 지위를 갖고 되는바, 아버지와 자녀들의 입장에서, 그리고 재혼하는 배우자의 입장에서 분명히 예상되는 상속재산 갈등을 어떻게 처리하는 것이 좋은지 다각도로 알아보고자 한다.

40대 자녀들(C, D)이 아버지의 재혼을 막연히 반대하는 것은 불효라고 생각하지만 아무런 조치 없이 그냥 있으면 안 되겠다는 점에 대해서는 아버지와 자녀 모두가 동의한 상태이다.

## 1. 통상적인 대응방안

### 1) 재혼에 따른 혼인신고를 하지 않는다.

혼인신고를 하지 않으면 A씨가 사망 시 새로운 배우자가 상속인이 아니므로 상속분쟁은 발생하지 않는다. 그러나 B씨의 입장에서 받아들일 수 없는, 사실혼 배우자라는 불쾌한 상황이다. 이런 경우 B씨는 A씨 생전에 최대한 증여를 받기 위해 새로운 갈등을 야기할 여지도 많아 자녀들 입장에서도 좋은 방안이라고 단언할 수 없다.

## 2) 혼인신고는 하고 일부 재산을 B에게 증여해주되, 상속권리포기서를 받는다.

혼인신고를 하면, A씨가 사망 시 배우자 B도 상속인이므로 상속에 대한 권리가 발생한다. 사망 이후 상속포기는 가능하나, 사망 전미리 한 상속권리 포기는 법적 효력이 없다.

B가 이를 번복하고 상속권리를 주장하는 경우 이에 방어할 방법이 없다. 다른 조건을 부가하여 미리 상속재산 분할 약정을 한다는것도 한국인의 정서상 받아들이기가 쉽지 않다.

## 3) 자녀 C, D로 부동산 등 재산을 증여하고 혼인신고한다.

재혼 이전에 자녀에게 증여처리를 하여 재혼 부부 A, B가 혼인을유지할 정도의 잔여 재산을 남겨두면 외형상 합리적 방안으로 보인다. A씨가 사망 시 상속재산분할협의할 재산가액이 소액이라면 상속갈등이 상당 부분 사라지기 때문이다.

그러나 자녀들에게 증여등기하려면 취득세, 증여세 등 세무적 부담이 크다는 점이 한계이다. 30억 원 기준으로 약 12억 원의 세금이발생하고, 약 10억 원 정도의 상가를 성인 자녀 1인에게 증여하려면약 2억 8천만 원 정도의 세금이 발생한다. 장래 상속분쟁을 방지하기 위한 권리 변동방식인 현재 시점의 증여등기는 현실적 대안이 될수 없다.

## 2. 새로운 해결방안 '민사신탁'

아버지 A가 위탁자로서 자녀 C를 수탁자로 하여 소유권을 이전하는 민사신탁 절차를 실행한다. 지금 당장 취득세, 증여세는 없이 부동산 권리 양수인이 되는 상속인 중 자녀 명의로 소유권이전 등기하여 관리하는 것이다.

상가의 월세 수익은 아버지 A가 수취하여 노후 생활에 위험이 없도록 하고, 신탁 재산 원본인 상가 지분은 자녀들에게 일부 지분씩 수익권이 귀속되도록 수익자 연속신탁을 설정한다. 원본 수익권 일부 이전에 따른 위탁자 지위 일부 이전도 신탁원부에 공시한다.

예컨대, 재혼 혼인신고 이전에 신탁 재산 원본 수익권 지분(4분의 1)을 상속인인 자녀(수탁자 포함)에게 귀속시킨다. 위탁자 A의 사망 시 원본 지분 수익권(4분의 3)의 귀속자를 상속인 중 일부(자녀 C, D)를 특정하여 지정하면 이는 유언대용신탁 법리에 따라 상속재산이 된다. 물론 다른 상속인인 재혼 배우자 또는 원본 수익권 귀속자가 아닌 자녀가 있다면 유류분청구 쟁점이 남는다.

자녀들 입장에서 보면, 아버지 A가 생전에 재혼 배우자 B에게 증여한 현금 등이 유류분 산정 시 반영되기 때문에 금융거래 등 증빙 자료를 염두에 두고 챙기는 것이 좋다.

# 17. 증여등기 없이도 신탁 활용 증여세 신고
## - 증여신탁(가족신탁)

[사례]

시가 5억 5천만 원 정도의 상가 임대사업자 A씨(C의 부인)가 성인 자녀 B에게 증여하고자 한다. 그러나 아버지 C가 사망할 때까지 부동산 등기명의인은 부모인 어머니 A 또는 아버지 C로 유지하고 싶다. 아들이 벤처사업을 한다고 보증하거나 담보 제공하는 과정에서 재산이 위험할 수도 있기 때문이다. 가능할까?

→ 증여를 통해 상속과표를 줄이는 절세가 예상되는 경우 증여를 통해 세대 간 자산이 이전된다. 증여등기 이후 증여세 신고절차를 거쳐 세금을 납부한다. 그러나 수증자의 재산관리 능력이나 위험에 대한 통제 방식에서 고민이 깊어진다. 통상적인 부동산 거래 상식에 의하면 증여계약서에 따라 증여원인의 소유권 이전등기를 하면 등기부상 명의인은 수증자인 자녀로 변경되므로 증여자인 어머니나 아버지를 등기명의인으로 하여 재산을 관리할 수 없다고 판단한다.

## 1. 갈등과 위험 관리 방안 1 - 증여등기 후 신탁등기

민사신탁의 일종인 가족신탁을 통해 수증자인 아들을 위탁자로 하여 수탁자인 아버지에게 소유권 이전 및 신탁을 하면서 신탁종료

시기를 수탁자의 사망 시로 특정하면 등기명의인을 아버지로 하여 재산관리가 가능하다.

단, 어머니 A로부터 성인 자녀 B로의 증여등기와 동시에 성인 자녀 B로부터 아버지 C로 소유권 이전 및 신탁등기를 해야 한다. 증여등기에 따른 취득세 및 증여세 신고절차의 외형인 증여등기가 부동산 등기부에 명시적으로 공시된다.

## 2. 갈등과 위험 관리 방안 2 - 등기부에 권리를 표시하는 다른 방식으로서 신탁등기하여 증여 효과

민사신탁의 일종인 가족신탁을 활용해 증여의 문제점을 해결한다. 위탁자인 어머니 A가 수탁자를 아버지 C로 하여 소유권 이전 및 신탁을 하면서 수증받고자 하는 아들을 신탁원본 수익자 겸 위탁자 지위 승계인으로 하고 신탁종료시기를 수탁자의 사망 시로 특정하면 등기명의인을 아버지 C로 하여 재산관리가 가능하다.

형식적인 증여등기의 외관은 없으나 지방세법상 부동산 취득세와 상속세 및 증여세법상의 증여세 신고는 거쳐야 한다(처리 근거: 지방세법 제7조, 상증법 제33조, 시행령 제25조).

신탁원본 이익의 수익권이 신탁계약상 수익자 B에게 이전되며, 재산의 지배 통제권이 귀속되는 주체의 변경이 있고 대가 지급이 없다면 이로써 증여 효과가 발생한다. 증여등기와 증여세 신고라는 통상적인 사례와 다른 방식으로서 '민사신탁', '가족신탁'이라는 유연한 구조를 통해 갈등이 해결되는 것이다.

# 18. 성년후견의 대체 또는 보완 기능 '민사신탁'

성년후견제도란 정신적 제약으로 법률행위 등 업무처리 능력이 부족한 성년자에게 법률 지원을 돕는 제도로, 기존의 금치산·한정치산자제도를 폐지하고 2013년 7월 1일부터 시행되었다. 본인 혹은 친족, 검사 등의 청구에 따라 법원은 의사의 감정을 통해 성년후견 당사자의 정신상태를 확인하고 당사자에게 진술을 받는 절차를 거쳐 후견인을 선임한다.

선정된 후견인은 피후견인의 재산을 관리하거나 법률행위의 대리권·동의권 등을 통해 피후견인 스스로 결정이 어려운 경우 의료, 재활, 교육 등의 신상 전반에 관련된 부분에서도 법원으로부터 부여받은 권한으로 결정을 할 수 있다.

후견제도는 법정후견과 임의후견이 있으며 법정후견에는 미성년후견과 성년후견이 있고, 이외 임의후견이 있다. 법정후견은 성년을 대상으로 하여 성년후견, 한정후견, 특정후견으로 나뉜다. 성년후견은 사무처리능력이 지속적으로 결여되는 경우에 거의 대부분의 분야(신분행위 등 제외)에서 조력을 필요로 하고, 한정후견은 사무처리능력이 부족한 경우로 일부분에 대해 조력을 받을 수 있다. 특정후견은 일시적 후원이나 특정 사무에 대한 조력이 필요한 경우를 말한다. 그리고 임의후견은 각자의 설정된 목적을 위해 스스로 후견인을 정하는 것을 말한다.

법정후견절차는 법원의 결정 및 후견인 선임 등 엄격한 절차가 요구되나, 임의후견은 당사자 간의 후견계약으로 그 대상과 범위 등을 정한다는 점에서 훨씬 유연하다.

그러나 후견계약을 통해서는 신상보호 외에 재산관리에 관한 사항도 정할 수 있으나, 소유권이 피후견인에게 남아 있는 상태의 제한적 관리에 그친다.

피후견인의 재산권(소유권)은 신탁계약을 통해 수탁자에게 이전하여 재산 일실 위험을 관리하고, 수익자인 피후견인을 위해 재산을 유지 관리하는 '민사신탁'은 임의후견의 대체·보완적 기능을 갖는다. 신탁계약에서 후견계약과 같은 신상보호에 관한 사무 수행자를 수탁자 또는 제3자(신탁관리인 등)로 정한다면 후견과 신탁은 다른 제도이지만 사회현실의 문제 해결을 위한 융합적 구조로 유용해진다.

고령자인 두 부부가 10억 원의 부동산(남편 명의 월세 300만 원)을 갖고 생활하는데, 남편이 치매 증상을 보이는 사례를 통해 후견과 신탁 문제를 검토해 본다(아들 1, 2, 3이 있다고 가정).

성년후견심판 절차를 거쳐 피후견인 남편의 후견인으로 부인을 선임하는 것은 임시방편에 불과하다. 조만간 후견인 지정 받는 부인 본인의 신상보호 문제가 대두될 것이고, 재산관리의 위험에 노출될 수 있으므로 다음 쟁점 사항을 내용으로 하는 재산관리 신탁이 대안이다.


[후견과 민사신탁의 연결 설계 쟁점 정리 예시]
- 위탁자(남편) 아버지가 수탁자로 지정한 아들 1에게 '소유권 이전 및 신탁'으로 소유권 이전
- 신탁 재산의 원본(10억 원 상당)과 수익(월세 300만 원)의 수익자는 위탁자인 아버지로 지정
- 수익(월세 300만 원)의 수익자는 위탁자인 아버지 사망 시 어머니가

승계

- 신탁 재산의 원본(10억 원 상당) 수익은 위탁자인 아버지 사망 시 법정상속 / 수증자 지정(아들 1, 2, 3의 지분 지정 또는 제3자나 단체에 기부하는 것으로 지정)

- 신탁 재산의 처분권(매매 및 담보제공 등) 행사는 현재 및 장래의 수익자(신탁관리인 포함) 전부의 동의 하에 가능하게 하여 재산보호

- 신탁관리인으로 노부부의 신임이 두터운 제3자(개인 또는 법인) 지정하여 수탁자 감독권 행사(임의후견 감독인 유사 지위)

- 신탁관리인의 사무 범위에 신상보호 사항 예시

- 예외적 법원허가 사항 예시(중병의 수술비 처리 등)

- 재산세 등 보유세 문제

- 수탁자 및 신탁관리인의 보수 기준 특정

- 부동산의 유지 관리 개발에 대한 계획 반영

- 금융기관의 대출 및 이자 부담

- 임대차 관계와 세무처리(부가세 신고 및 종합소득세 신고 등)

# 19. 증여 상속신탁 사례

[사례]

시가 10억 5천만 원 상가(월세 수익 5백만 원)를 소유한 아버지가 배우자 및 직계비속 성인 자녀 1인이 있는 경우를 기준으로 한다.

- 지금 약 2억 8천만 원(취득세 및 증여세)의 세금을 부담하고 증여하여 등기를 하면 등기명의인 아들이 임의로 처분할 수도 있고, 보증이나 사업상 채무문제로 경매되는 등 위험에 노출될 수도 있으며, 재산이 모두 이전되면 자식들이 부모를 잘 모시지 않는다는 주변의 얘기도 마음에 걸리는 상황, 세금 문제와 자산의 세대 간 이전의 종합적인 문제를 검토한다.

- 증여하거나 상속하는 것을 비교해 보고, 다양한 재산관리 방안에 대해 체계화시키는 신탁설정을 전제로 재산 소유자의 신탁설정의사를 정리해본다.

- 이하에서 증여·상속 효과를 통합하기 위해 관행적인 재산 정리 방식을 검토하고 신탁설정으로 처리하는 구조를 살펴보고, 신탁제도와 대항력을 위한 공시방법으로 신탁원부에 등기하는 부동산 등기제도를 검토한다.

## 1. 증여·상속처리 비교

현행 민법체계에서 재산 소유자는 사인증여, 법정상속, 유언공증 등 유언에 의한 재산의 처분 정리를 하거나, 현재 특정된 수증자에게 증여하는 양자택일을 하게 된다.

배우자 또는 자녀에게 매매 또는 증여로 소유권이전 등기를 할지는 현시점에서의 비교문제이고, 현재 시점에서 증여나 매매 중 선택된 하나와 장래 상속사유 발생 시 상속문제는 현재와 미래의 효과에 대한 비교분석이 된다. 증여하기로 결정한 경우에 법무사가 증여계약에 의거 증여등기를 경료한 후, 세무사가 증여세 신고납부 절차를 거치는 것이 일반적 절차이다. 또 상속사유 발생 시 상속등기 후 상속세 신고를 할 것이다.

증여란 당사자 일방이 무상으로 재산을 상대방에 수여하는 의사를 표시하고 상대방이 이를 승낙함으로써 그 효력이 생기는 계약의 한 유형이다(민법 제554조). 부모가 자녀에게 무상으로 재산을 이전하는 형태가 전형적인 증여의 모습이다. 재산 소유자의 사망으로 인하여 재산상의 권리·의무가 포괄적으로 승계되어 이전되는 것에는 상속과 유증이 있다. 상속인은 상속 개시된 때로부터 피상속인의 재산에 관한 포괄적 권리·의무를 승계한다(민법 제1005조). 유증의 당사자인 수유자 또는 사인증여 당사자인 수유자는 유언집행자와 공동신청으로 등기 절차를 마쳐야 소유권을 취득한다.

다양한 사례에서 증여와 상속 중 무엇이 더 유리한 것인지 단언할 수는 없다. 다만 부모의 건강상태(증여 후 10년 이상 건강하게 사실 경우), 상속인 간의 이해관계 등을 고려해야 하지만 가장 큰 쟁점은 역시 세금부담의 정도에 대한 비교이다.

세금부담 정도만을 본다면 같은 재산가액에 대한 상속세율과 증여세율이 재산가액에 따라 10%~50%로 동일해 다양한 상속공제액이 적용되어 과세표준이 작아지는 상속으로 재산을 정리하는 것이 유리하다. 그러나 상속분쟁에 따른 기회비용을 회피하고, 미리 재산 정리를 해주고 싶은 부모 등 증여자의 심리적 요구에 부합하는 현시점의 증여처리는 상당한 관심사이다. 단, 추정 세액은 편의상 가액 기준으로 산출하나 지방세 신고 과표나 국세 과표가 변동되면 산출 세액이 변동될 수 있다.

증여로 재산을 관리하는 경우 증여재산공제는 직계비속 5,000만 원(미성년자인 경우 3,000만 원)에 불과하지만, 사망 후 상속받게 되면 자녀 일괄공제 5억 원과 상속인으로 배우자가 있는 경우 추가로 배우자상속공제 5억 원을 기본적으로 적용받을 수 있다. 물론 증여 시 배우자 증여재산공제한도는 6억 원이라 배우자 간 증여처리가 직계비속에 대한 증여보다 증여세에서 상당히 유연하지만 연로하신 부모님 간 증여는 결국 상속으로 정리될 것이므로 중간 경유 등기의 의미밖에 없어서 논외로 한다.

10년 이내 다른 증여가 없다는 전제하에 자녀 1인에게 증여하면 부담할 증여세는 약 2억 4천만 원이다. 지방세인 취득세는 재산가액의 4.0%이므로 증여계약서에 대해 주무관청에서 검인 후 취득세 신고절차를 거쳐 약 4천만 원을 납부해야 한다. 증여 처리를 위해 부담해야 할 세금이 약 2억 8천만 원이 된다. 즉, 재산가액 10억 5천만 원의 27%를 세금으로 내야 하는 결론에 이른다.

상속으로 재산 관리하는 경우 자녀일괄공제 5억 원, 배우자 상속공제 5억 원을 각각 공제받을 수 있다. 상속재산가액 10억 5천만 원에서 상속공제액 10억 원을 공제하면 상속과세표준은 5천만 원이 된다. 병원비, 공과금, 장례비용 등을 공제받으면 상속세 과표는 거의 없게 된다. 상속세 과표가 2천만 원이라면 상속세율 10% 구간이므로 상속세는 2백만 원이 된다. 지방세인 취득세는 재산가액의

3.16%이므로 약 3천 3백만 원을 납부해야 한다. 상속 처리를 위해 부담해야 할 총 세금은 약 3천 5백만 원이 된다. 재산가액 10억 5천의 약 3.3%에 불과하다.

위 사례에서 단순비교하면 세금에서 유리한 상속으로 재산 정리하는 것이 좋다. 그러나 고액자산가는 10년 주기로 자녀 등에게 재산을 이전하여 증여세를 미리 내면, 최종 상속 시 상속세 과표가 줄어들고 조정되어 증여 없이 재산 전부를 상속하는 것보다 생애 기간 조세는 절세된다.

## 2. 민사신탁설정 및 신탁등기(아래 사항은 신탁행위로 달리 정하거나 변경할 수도 있다)

시가 10억 5천만 원의 상가를 소유한 아버지가 배우자 및 직계비속 성인 자녀 아들이 있는 사례에서 민사신탁구조를 적용해 본다. 성인 자녀 아들을 수탁자로 하여 이 부동산을 이전등기해주고(시집 간 딸들과 상속분쟁 방지), 그 부동산에서 나오는 월세 수익은 아버지 본인 생전에는 본인이 수익하고(소유권은 아들에게 넘겨주더라도 임대사업자는 아버지로 유지), 아버지가 사망하면 그 월세 수익의 수익자는 배우자(부인)로 지정하며, 배우자 사망 시는 수탁자가 수익자를 지정할 수 있게 하고자 한다. 위탁자인 아버지 사망 시 귀속권리자, 즉 상속인은 아들로 지정하는 특약을 한다. 수탁자인 아들은 등기부상 명의인으로서 건물의 임대차 약정 및 기타 일반 관리, 아버지의 동의권 행사 등 의사에 따른 처분권(법률행위), 금융기관 담보제공(근저당권 설정)행사 등을 하게 한다. 아버지가 사망해도(상속부동산 취득세 신고 및 상속세 신고는 별도 처리) 신탁은 종료하지 않고 부동산 자체의 변동(처분, 명의변경)은 일정한 목적(배우자의 월세 수익권 등 처분제한 - 예컨대 배우자 사망 시까지)에 제한됨을 대외적으로 명백히 공시하고자 하는 것이 위탁자인 아버지의 민사신탁설정의사이다. 이 사례는 유언대용신탁과 수익자 연속신탁, 장래 수익자 지정권 특약, 유언에 의한 상속자 지정 효과, 수탁자의 권리·의무 범위 제한 등 다양한 사항이 포함돼있는 전형적인 가족신탁 예이다.

장래 상속원인 발생 시 아들에게 물려주고 싶은 부동산을 현재 시점에서 민사신탁으로 아들에게 소유권 이전등기해주고 관리하게 하되, 월세 등 수익은 아버지가 그대로 유지하며 아들의 처분권을 통제하여 가족의 원만한 생활을 보장하는 기능을 수행한다.

수탁자의 의무 위반 시 위탁자나 지정된 권리자가 수탁자를 해임하고, 새로운 수탁자를 선임하는 통제권 행사도 가능하다. 이 부분이 증여 처리 후 증여자인 아버지가 재산을 회복시키려면 수증자 아들의 동의를 받거나 소송절차를 거쳐야 하는 것과 특별히 다른 점이다.

신탁을 원인으로 신탁 및 소유권이전 등기를 하기 위해 위탁자인 아버지의 민사신탁설정의사를 반영한 부동산 신탁 계약서를 작성하고 소관 시·군·구청에서 소유권 이전 원인 증서인 신탁계약서에 대해 검인절차를 거쳐야 한다. 이후 법원 등기소에 소유권 이전 및 신탁등기신청을 하면 수탁자로 소유권이 이전되고, 민사신탁설정의사가 포함된 신탁원부가 공시되어 대항력을 갖게 된다.

결과적으로 과다한 증여세 문제에서 자유롭게 장래 권리구조(상속분쟁 방지)와 수익권 귀속을 정리하는 신탁의 유용성을 알 수 있다. 수익권이 귀속되기 이전이라면 소유권 이전으로 등기명의인이 된 수탁자가 취득세 및 증여세 등의 납세의무를 부담하지 않는다. 위 사례와 반대로 자녀의 재산을 부모가 신탁받아 관리하는 경우를 생각해 볼 수 있다. 즉, 증여세를 내고 10년 주기로 자녀 등에게 재산을 이전한 경우에는 수증자의 자산관리 능력 미흡, 증여자의 자산관리 통제권 미흡 등을 보완하기 위해서도 민사신탁 방식으로 자산관리 위험을 방지할 수 있다.

# 20. 민사신탁과 조세

신탁설정 이후 신탁등기까지의 조세, 신탁 기간 중 수익권에 대한 조세, 신탁 종료 후 신탁 말소 또는 신탁 재산을 제3자에게 처분 시 조세 문제가 검토 대상이다. 위탁자가 수익자의 지위를 갖는 경우 수익권은 소득세 외에 별도의 조세 문제는 생기지 않는다. 수탁자는 신탁 재산을 보유하는 법률적 지위에서 보유 관련 세금납부 의무자이다. 신탁과 조세에서 가장 쟁점이 되는 부분은 위탁자가 수익자인 자익신탁과 달리 타익신탁의 수익자는 소득세, 증여세 등 조세 문제가 중요하므로 신탁설정 시 중요한 체크포인트이다.

## 1. 신탁설정과 조세

신탁계약으로 신탁 재산을 취득하는 경우, 즉 수탁자의 소유권 취득에 대한 취득세와 기타 등록세 등에 대해 살펴본다.

### 1) 취득세

재산의 취득에 따른 지방세가 취득세이다. 지방세법 제6조(정의)에서 '취득'이란 매매, 교환, 상속, 증여, 기부, 법인에 대한 현물출자, 건축, 개수, 공유수면의 매립, 간척에 의한 토지의 조성 등과 그 밖에 이와 유사한 취득으로서 원시취득, 승계취득 또는 유상·무상의 모든 취득을 말한다. 부동산 등의 취득은 관계 법령에 따른 등기·등록 등을 하지 아니한 경우라도 사실상 취득하면 각각 취득한 것으로 보고 해당 취득물건의 소유자 또는 양수인을 각각 취득자로 한다. 사인 간의 거래와 소유권 변동에 대해 과세됨이 원칙이나 예외가 있다.

신탁(신탁법에 따른 신탁으로서 신탁등기가 병행되는 것만 해당한다)으로 인한 신탁재산의 취득으로써 일정한 경우 취득세가 비과세 된다. 신탁설정의사를 표시한 신탁계약서 작성 및 사후 절차에서의 업무행태 및 다양한 외부적 정황이 지방세 등 세금에서 자유로운지 아니면 추징 사유가 있는지 판단 기준이 된다.

## 2) 신탁등록면허세

등록세는 재산권 기타 권리의 취득·이전·변경·소멸에 관한 사항을 공부에 등기·등록하는 행위에 대하여 과세하는 지방세이다. 등록세의 납세의무자는 등기·등록을 받은 자, 즉 외형상의 권리자인 수탁자에게 등록세가 부과된다.


## 2. 신탁 기간 중 조세

신탁 기간 중 소유자의 지위에 있는 수탁자가 납세의무를 지는 지방세, 재산상 거래행위와 관련된 부가가치세, 신탁 재산 등이 사실상 귀속되는 자인 신탁 수익자에게 관련되는 상속 및 증여세 등을 검토한다.

## 1) 지방세(취득세, 재산세)

재산세 과세기준일 현재 재산을 사실상 소유하고 있는 자는 재산세를 납부할 의무가 있다. 개정 전 지방세법상 신탁 기간 중 신탁 재산인 부동산에 대해 재산세는 위탁자가 부담하였다. 그러나 현행 지방세법 제107조 제1항 제3호에서 수탁자가 납세의무자임을 명시하고 있다. 지방세에 관련된 종합부동산세의 의무자도 수탁자이다. 위탁자와의 약정에 의거 신탁수익에서 비용처리 하는 것은 가능하다.

신탁 기간 중 수탁자가 사임하거나 해임되고, 신수탁자가 선임되는 등 수탁자 경질에 의한 소유권이전 등기의 경우에도 취득세는 비과세이다(지방세법 제9조 제3항 제3호).

신탁 기간 중 수익자 지정권 행사자가 신탁 재산 중 원본 수익권자를 지정하는 경우(수익권 귀속의 효력 발생 시기가 장래 특정 시기 또는 불확정 시기나 조건을 정한 경우 제외)에는 지방세법 제7조에 의거 귀속된 수익권 지분을 목적물로 하여 취득세 신고 및 납부를 하여야 한다. 수익권 및 수익자 변경을 공시하기 위한 신탁원부변경등기를 함에도 불구하고 실질적 소유권 변동과 같은 신탁원본 수익권 취득에 해당하므로 취득세 신고대상이기 때문이다. 수익권 취득이 증여인지 별도의 반대급부가 있는지에 따라 취득세율은 달라질 것이다.

신탁법 또는 신탁업법에 의하여 위탁자가 수탁자에게 소유권 이전 및 신탁등기하는 것은 소득세법 제88조에서 규정하는 양도에 해당하지 않는 것이나, 신탁 재산인 사실을 등기한 부동산을 사실상 유상으로 이전하고 신탁원부의 수익자 명의를 변경하는 것은 매매에 의한 소유권 이전등기절차가 없더라도 '양도'에 해당하여 양도소득세가 과세된다. 또한, 신탁부동산의 사실상 유상이전 없이 신탁이익을 타인에게 수익하게 하고 이에 따라 신탁원부의 수익자 명의를 변경하는 경우는 증여에 의한 소유권 이전등기절차가 없더라도 상속세 및 증여세법 제33조의 규정에 의하여 신탁이익을 받을 권리를 증여한 것으로 보아 증여세가 과세된다.

위탁자의 지위는 신탁행위로 정한 방법에 따라 제3자에게 이전할 수 있다. 이전 방법이 정하여지지 아니한 경우 위탁자의 지위는 수탁자와 수익자의 동의를 받아 제3자에게 이전할 수 있다. 단, 유언신탁의 경우 위탁자의 상속인은 위탁자의 지위를 승계하지 아니한다. 다만, 신탁행위로 달리 정한 경우에는 그에 따른다. 위탁자 지위 이전에 관련된 지방세법 제7조 제15항의 취득세 과세 규정은 위탁자와 수익자의 지위 특성과 관련하여 실무처리 시 주의를 요한다.

또한 위탁자의 사망으로 원본 수익권을 귀속 받은 상속인은 상속취득세를, 상속인이 아닌 자는 유증에 준해 취득세를 신고 납부하여야 합니다.

## 2) 부가가치세

신탁재산의 공급에 따른 부가가치세의 납세의무자는 그 처분 등으로 발생한 이익과 비용이 최종적으로 귀속되는 신탁계약의 위탁자 또는 수익자가 되어야 한다는 취지로 판시했던 대법원 2008. 12. 24. 선고 2006두8372 판결 등 종전의 대법원 판례가 변경되었다. 종전 판례에 의하면 신탁부동산의 임대차 관리 과정에서 임대차 계약 등 법률행위 당사자는 수탁자임에도 불구하고 차임 등 수익이 귀속되는 위탁자가 부가가치세의 납세 의무자로서 세금계산서를 발급·교부하게 하였다.

그러나 2017. 5. 18. 판결 선고한 대법원 전원합의체 2012두22485 부가가치세부과처분취소 사건에서 "위탁자로부터 이전받은 신탁재산을 관리·처분하면서 재화를 공급하는 수탁자가 부가가치세 납세의무자이다."라고 종전 판례를 변경하여 실무계의 업무처리 기준이 명확해졌다.

우리나라의 부가가치세는 실질적인 소득이 아닌 거래의 외형에 대하여 부과하는 거래세의 형태를 띠고 있으므로, 부가가치세법상 납세의무자에 해당하는지 여부 역시 원칙적으로 그 거래에서 발생한 이익이나 비용의 귀속이 아니라 재화 또는 용역의 공급이라는 거래행위를 기준으로 판단하여야 한다.

신탁법상의 신탁은 위탁자가 수탁자에게 특정한 재산권을 이전하거나 기타의 처분을 하여 수탁자로 하여금 신탁 목적을 위하여 그 재산권을 관리·처분하게 하는 것이다. 수탁자가 위탁자로부터 이전받은 신탁재산을 관리·처분하면서 재화를 공급하는 경우 수탁자 자신이 신탁재산에 대한 권리와 의무의 귀속주체로서 계약당사자가 되어 신탁업무를 처리한 것이므로, 이때의 부가가치세 납세의무자는 재화의 공급이라는 거래행위를 통하여 그 재화를 사용·소비할 수 있는 권한을 거래상대방에게 이전한 수탁자로 보아야 하고, 그 신탁재산의 관리·처분 등으로 발생한 이익과 비용이 거래상대방과 직접적인 법률관계를 형성한 바 없는 위탁자나 수익자에게 최종적으로 신탁이익이 귀속된다는 사정만으로 달리 보아 위탁자나 수익자를 부가가치세의 납세 의무자로 볼 것은 아니다. 그리고 세금계산서 발급·교부 등을 필수적으로 수반하는 거래세인 부가가치세의 특성을 고려할 때, 위와 같이 신탁재산 처분에 따른 공급의 주체 및 납세의무자를 수탁자로 보아야 신탁과 관련한 부가가치세법상 거래당사자를 쉽게 인식할 수 있게 된다.

### 3) 상속세 및 증여세

상속세는 사람이 사망한 경우에 상속되는 재산을 과세물건으로 하여 그 취득자에게 부과하는 조세이며, 증여세는 수증자가 증여로 인하여 취득하는 재산에 대하여 부과하는 조세이다.

상속세는 상속[유증, 증여자의 사망으로 인하여 효력이 발생하는 증여 포함(사인 증여)]으로 인하여 상속개시일 현재 상속재산에 대하여 상속세를 부과한다. 증여세는 타인의 증여(증여자의 사망으로 인하여 효력이 발생하는 증여는 제외)로 인하여 증여일 현재 증여재산에 대하여 증여세를 부과한다. '증여'란 그 행위 또는 거래의 명칭·형식·목적 등과 관계없이 경제적 가치를 계산할 수 있는 유형·무형의 재산을 직접 또는 간접적인 방법으로 타인에게 무상으로 이전(현저히 저렴한 대가를 받고 이전하는 경우를 포함한다)하는 것 또는 기여에 의하여 타인의 재산가치를 증가시키는 것을 말한다. 이는 증여포괄주의 원칙을 선언한 것으로 볼 수 있다.

상속재산으로 보는 신탁 재산은 피상속인이 위탁자와 수익자를 겸하는 자익신탁의 경우에는 신탁한 재산가액이고, 제3자인 타인이 수익자인 타익신탁의 경우에는 그 이익에 상당하는 가액이 수익자가 부담하는 증여세 과세대상이 된다. 별도의 신탁에서 피상속인이 신탁이익의 수익자인 경우 그 신탁이익을 받을 권리의 가액이 상속재산으로 과세대상이 된다. 신탁이익을 받을 권리의 귀속 시기에 대한 판단 기준은 원본 또는 수익이 수익자에게 실제 지급되는 때를 기준으로 하고 몇 가지 예외기준을 정하고 있다.

신탁 재산은 부동산이 대부분이지만 주식을 대상으로 한 신탁계약에서 증여세가 쟁점이 된 국세청 질의 회신 사례가 있다. 상장법인 주식의 신탁계약에 따라 위탁자가 그 자녀를 수익자로 지정하고 해당 상장법인으로부터의 배당금을 분할하여 수익자가 지급받는 경우 해당 신탁계약을 체결한 날에 수익이 확정되지 아니한 경우에는 상속세 및 증여세법 시행령 제25조 제1항 제3호에 따라 그 신탁이익의 증여 시기는 배당금의 실제 분할지급일이며, 증여재산가액은 수익자에게 실제 지급한 가액이 되는 것이라고 판단하고 있다.

## 3. 신탁 종료 및 해지 등 조세

### 1) 지방세

신탁과 관련하여 신탁 재산을 취득하는 경우로는 신탁 재산 처분에 의한 취득 및 신탁 재산 복구로 인한 취득에 의한 취득, 신탁 종료에 의한 취득의 경우가 있다. 신탁해지나 종료로 위탁자에게 소유권이 이전되는 경우 취득세는 비과세된다. 신탁 재산 처분에 의해 취득하는 제3자는 일반 취득원인(매매, 증여 등)에 따라 취득세를 납부하여야 한다.

### 2) 양도소득세

수탁자가 신탁 재산 처분에 의해 위탁자가 아닌 제3자에게 소유권을 이전한 경우 양도소득세가 발행한다. 위탁자가 법인인 경우 자산처분이익이 발생해 법인세에 영향을 미친다.

수탁자가 신탁 재산을 관리·처분하고 있는 신탁 기간 중에 신탁의 목적 범위 내에서 신탁 재산의 처분이 있는 경우에는 양도소득에 대하여 과세한다. 특히 자익신탁형 토지신탁의 경우에는 위탁자가 그 토지를 취득한 시점부터 수탁자가 처분한 시점 사이의 가격상승분이 양도소득이 될 것이다.

신탁계약에서 위탁자 이외의 우선 수익자가 지정되어 신탁의 수익이 우선적으로 수익자에게 귀속하게 되어 있는 일부 타익신탁에서 우선 수익자가 신탁 재산을 실질적으로 지배·통제하는 방식으로 처분 환가한 경우에는 양도소득세 납세의무자는 위탁자가 아닌 수익자로 볼 수도 있다.

# 제6장

# 재산 규모에 맞는
# 세금계획이 필요하다

# 1. 세금계획은 재산 규모에 따라 다르게 설계하자

상속세·증여세의 세금계획은 상속재산 규모에 따라 세금계획을 다르게 세워야 한다. 그리고 상속세·증여세의 세금계획에 정답이 있는 것은 아니다. 왜냐하면 사람들마다 처한 상황과 가치관이 서로 다르기 때문이다. 그래서 개인들이 처한 상황과 가치관에 맞추어 계획해야 하는 맞춤식 세금계획이 필요하다. 물론 개인들이 오해하고 있거나 잘 모르는 부분은 지속적인 설득을 통해 인식을 달리해야 할 필요가 있다.

## 1. 상속재산보다 상속부채가 많은 경우

상속재산보다 상속부채가 많은 경우에는 상속포기를 할지 아니면 한정승인을 할지를 결정하는 것이 가장 중요하다. 왜냐하면 상속포기의 법률효과와 한정승인의 법률효과는 서로 다르기 때문이다. 따라서 각자가 처한 상황을 제대로 인식하여 상속포기 여부 또는 한정승인 여부를 결정해야 할 것이다.

## 2. 상속재산가액이 5억 원 이하인 경우

상속재산가액이 5억 원 이하인 경우 가장 핵심 사항은 상속을 통해 받은 재산을 향후 양도할 때 양도소득세 절세방안을 상속개시 시점에 미리 준비해 놓는 것이다. 그리고 상속재산가액이 5억 원 이하인 경우에는 상속세가 과세되지 않기 때문에 특별한 사정이 없는 한 사전에 미리 증여해서 증여세를 부담할 필요는 없다.

## 3. 상속재산가액이 5억 원~10억 원 이하인 경우

상속재산가액이 5억 원에서 10억 원 이하인 경우 배우자가 없는 경우에는 사전증여 등을 통해서 상속세 과세에서 벗어나는 것이 첫 번째 목표이며, 상속을 통해 받은 재산을 향후 양도할 때 양도소득세 절세방안을 상속개시 시점에 미리 준비해 놓는 것이 두 번째 목표가 될 것이다. 배우자가 있는 경우에는 상속세는 과세되지 않기 때문에 특별한 사정이 없는 한 사전에 미리 증여해서 증여세를 부담할 필요는 없다.

## 4. 상속재산가액이 10억 원~50억 원 이하인 경우

상속재산가액이 10억 원에서 50억 원 이하인 경우 절세사항은 다음과 같다.

첫째, 상속세·증여세 세금계획의 5단계 전략 중 제1단계 전략인 사전증여를 통해 상속개시 당시 상속재산을 최대한 줄여 상속세 한계세율이 가능하면 낮은 세율로 적용될 수 있도록 해야 한다. 상속세·증여세율은 아래와 같이 5단계 초과누진세율이 적용되므로 상속세 과세표준이 30억 원을 초과하게 되면 그 초과하는 부분에 대해서는 50%의 세율이 적용되어 상속재산의 절반이 상속세로 나가게 되기 때문이다.

| 과세표준 | 세율 | 누진공제 |
|---|---|---|
| 1억 원 이하 | 10% | - |
| 5억 원 이하 | 20% | 1,000만 원 |
| 10억 원 이하 | 30% | 6,000만 원 |
| 30억 원 이하 | 40% | 16,000만 원 |
| 30억 원 초과 | 50% | 46,000만 원 |

[참고] 상속·증여세율

둘째, 피상속인의 현재 상속세뿐만 아니라 상속인 중 배우자가 사망할 경우 부담해야 할 미래 상속세 합계액이 최소가 되도록 해서 배우자가 상속받도록 해야 한다. 왜냐하면 배우자공제를 많이 받을 경우 당장의 상속세는 줄어들지만 나중에 상속인인 배우자가 사망할 경우 상속받은 재산이 다시 상속될 때 상속공제액이 줄어들기 때문에 상속세가 크게 늘어날 수 있기 때문이다.

## 5. 상속재산가액이 50억 원 초과하는 경우

상속재산가액이 50억 원을 초과하는 경우 세금계획의 중요한 사항은 다음과 같이 다양한 세금계획과 함께 상속세 재원을 준비해야 하는 것이다.

첫째, 상속세·증여세 세금계획의 5단계 전략 중 제1단계 전략인 증여, 제2단계 전략인 법인설립 및 제3단계 전략인 사업승계를 통해 상속개시 당시 상속재산을 최대한 낮추어 상속세 최고세율 50%가 적용되는 상속재산의 범위를 최대한 줄이는 것이다.

둘째, 상속세 재원마련을 미리 준비해야 한다. 앞에서도 언급했듯이 상속세 재원을 미리 준비하지 못하면 '상속세 악순환 구조'에 봉착하게 되어 상속세 부담이 이중으로 늘어날 수밖에 없기 때문이다. 특히 상속재산가액이 50억 원을 초과하는 경우에는 실제 금융자산비율보다 상속세 실제 부담률이 더 높기 때문에 상속세를 납부할 재원이 부족한 실정이다.

〈상속 재산 규모에 따른 세금설계 핵심 정리〉

| 상속 재산 규모 | 증여 (1단계) | 법인 설립 (2단계) | 사업 승계 (3단계) | 가업 승계 (4단계) | 상속 (5단계) | 상속 재원 | 미래 양도세 |
|---|---|---|---|---|---|---|---|
| 5억 이하 | × | × | × | × | × | × | ○ |
| 5억 ~ 10억 | △ | × | × | △ | × | × | ○ |
| 10억 ~ 50억 | ○ | △ | ○ | ○ | ○ | △ | △ |
| 50억 초과 | ○ | ○ | ○ | ○ | ○ | ○ | △ |

## 2. 상속포기할까, 한정승인할까?

상속재산보다 상속부채가 많은 경우에는 상속재산에 대하여 상속포기를 해야 할지 아니면 한정승인을 해야 할지를 결정하는 것이 가장 핵심이다.

### 1. 상속포기

상속포기란 피상속인으로부터 상속받을 수 있는 재산상의 모든 권리와 의무를 포기하는 것을 말한다. 상속을 포기한 경우 그 효력은 소급하기 때문에 처음부터 상속인이 아니었던 것으로 한다. 하지만 상속세 및 증여세법은 상속을 포기한 사람도 상속인에 포함시켜 상속세 납세의무자로 규정하고 있다. 따라서 상속개시 전 10년(또는 5년) 이내에 사전증여를 받은 자가 상속을 포기하더라도 상속세 납세의무는 있는 것이다.

'단독상속인' 또는 '동 순위의 공동상속인 전원'이 포기를 한 경우에는 포기한 자의 직계비속이 차순위의 본위상속인으로서 피상속인의 권리와 의무를 승계하게 된다.

예를 들어, 선 순위 상속인(아들)이 상속포기를 한 경우 차순위 상속인(손자)이 상속인이 되는 것이다. 이 경우 상속세 및 증여세법은 차순위 상속인이 재산을 상속받게 되는 경우에는 그 상속인이 받았거나 받을 상속재산의 점유비율에 따라 상속세를 납부할 의무를 지며, 증여세는 과세하지 않도록 하고 있다. 만약 아들이 상속을 포기하여 손자에게 상속된 경우에는 상속세를 할증 과세 된다.


## 2. 한정승인

한정승인은 상속인이 상속으로 인하여 취득할 재산의 한도 내에서 피상속인의 채무와 유증을 변제할 것을 조건으로 상속을 승인하는 것을 말한다.

한정승인을 한 상속인은 상속으로 인하여 취득할 재산의 한도 내에서만 피상속인의 채무와 유증을 변제하면 된다.


## 3. 절세포인트

상속재산보다 상속부채가 많으면 상속을 포기하는 것이 유리하다.

상속재산보다 상속부채가 많으면 상속개시가 있음을 안 날로부터 3개월 이내에 관할 가정법원에 상속포기를 하여 피상속인의 부채를 승계하지 않는 것이 좋다.

상속포기의 효력은 상속재산에만 미친다.

상속에 의하여 취득한 것이 아닌 재산은 피상속인의 상속재산이 아니라 상속인의 고유재산이다. 따라서 상속인이 유족 자격으로 받는 보험금, 손해배상금, 유족연금 등은 상속재산이 아니다. 그렇기 때문에 보험금 등을 수령한 후에도 상속포기를 할 수 있는 것이다.

하지만 상속세 및 증여세법에서는 보험금을 간주상속재산으로 보아 상속세를 과세하도록 하고 있기 때문에 상속세 부담이 어느 정도가 되는지 미리 고려해야 한다.

한정승인할 경우 양도소득세를 고려해야 한다.

한정승인할 경우 상속재산 중 양도소득세가 과세되는 부동산 등 재산이 있는 경우에는 사전에 반드시 양도소득세를 고려해야 한다. 상속인들이 상속받은 부동산이 임의경매절차에 따라 강제 매각된 후 매각대금이 상속채권자들에게 배당되어 상속인들에게 전혀 배당되지 않았다 하더라도 양도로 보아 양도소득세를 부과하기 때문이다.

---

**한정승인과 상속포기의 선택 시 고려사항**

상속포기의 경우 선 순위 상속인이 상속포기를 하면 차순위 상속인이 상속인이 되어 상속채무가 승계됨으로써 문제가 생길 수 있다. 따라서 상속을 포기하고 하는 경우 1순위 상속인부터 4순위 상속인까지 순차적으로 상속을 포기해야 하는 번거로움이 있다.

그러나 한정승인의 경우 선 순위 상속인이 한정승인하게 되면 차순위 상속인에게 상속채무가 승계되지 않기 때문에 상속포기로 인한 번거로움을 피할 수 있다.

---

**절세 포인트 1.** 상속재산보다 상속부채가 많으면 상속을 포기하라.
**절세 포인트 2.** 보험금 수령 후에도 상속포기가 가능하다.
**절세 포인트 3.** 한정승인할 경우 양도소득세를 고려하라.
**절세 포인트 4.** 상속을 포기할 경우 차순위 상속인에게 상속채무가 승계되지만, 한정승인은 그렇지 않다.

---

# 3. 상속재산가액이
# 5억 원 이하인 경우

상속재산가액이 5억 원 이하인 경우 첫째, 상속세는 과세되지 않기 때문에 사전에 미리 증여해서 증여세를 부담할 필요는 없다. 둘째, 상속을 통해 받은 재산을 향후 양도할 때 양도소득세 절세방안을 상속개시 시점에 미리 준비해 놓는 것이 가장 핵심이다.

## 1. 상속세 없으니 특별한 이유가 없다면 미리 증여하지 마라

상속재산가액이 5억 원 이하인 경우 배우자 유·무에 관계없이 상속세가 과세되지 않는다. 왜냐하면 배우자가 있는 경우에는 최소 10억 원(배우자 공제 5억 원+일괄공제 5억 원)이 공제되고 배우자가 없는 경우에도 최소 5억 원(일괄공제)이 공제되기 때문이다. 따라서 상속세가 과세되지 않기 때문에 증여해야 할 특별한 이유가 없으면 사전에 미리 증여하여 증여세를 부담할 필요가 없다.

## 2. 상속받은 재산을 양도할 경우를 대비해 미리 준비하자

상속세 신고 시 취득가액을 시가로 신고하여 양도소득세를 절세하라.

소득세법에 따르면 상속으로 재산을 취득한 경우 실지거래가액은 상속세·증여세법상 평가액과 소득세법상 규정에 의한 평가한 가액 중 많은 금액으로 하도록 하고 있다.

따라서 상속세가 없다고 하여 상속세를 신고하지 않은 경우 과세 관청은 유사재산에 대한 매매사례가액 등 명백한 시가가 있는 경우를 제외하고 적극적으로 시가를 확인하여 결정하지 않기 때문에 보충적 평가방법에 의한 가액으로 상속재산가액이 결정된다.

따라서 비록 납부할 상속세가 없다고 하더라도 상속세·증여세법에서 인정하는 시가가 있는 경우에는 이를 입증할 수 있는 서류를 첨부하여 신고하여야 상속재산이 시가로 결정되기 때문에 양도소득세가 절세된다.

특히 매매사례가액이 없는 토지 또는 단독주택 등의 경우에는 둘 이상의 감정평가법인으로부터 감정을 받아 취득가액을 감정평가액으로 상향해서 신고하는 경우 취득가액이 보충적 평가방법에 의한 가액보다 높기 때문에 양도차익이 낮아져 양도소득세를 절세할 수 있다. 물론 상속재산에 대한 감정평가 수수료와 향후 양도소득세가 절세되는 금액의 차이를 꼼꼼히 따져서 감정평가 여부를 결정해야 할 것이다.

반면 아파트의 경우에는 일반적으로 상속세·증여세법상 매매사례가액으로 평가하기 때문에 감정평가 수수료를 지불하면서 감정평가를 받을 필요 없이 매매사례가액을 입증할 수 있는 서류를 첨부하는 것이 좋을 것으로 생각된다.

상속으로 취득한 재산을 양도할 경우 보유 기간은 각각 다르게 본다.

상속으로 재산을 취득한 경우 그 양도차익 및 장기보육특별공제를 적용할 때의 취득 시기는 상속개시일부터이다. 하지만 양도소득세 세율을 적용할 때는 피상속인이 취득할 날부터 기산한다.

예를 들어 피상속인이 2000년 1월 1일 취득한 토지를 2013년 1월 1일 상속이 개시되어 상속인이 취득한 후 2014년 6월 30일에 토지를 양도하였다. 이 경우 양도소득세 세율은 피상속인이 취득한 날부터 기산하기 때문에 비록 상속개시일부터 2년 미만 보유하였더라도 40%(2년 미만 보유의 경우 적용세율)의 중과세율이 적용되는 것이 아니라 일반세율이 적용된다. 하지만 보유 기간의 경우 상속개시일부터 2년 미만을 보유하였기 때문에 3년 이상 보유한 경우에만 적용되는 장기보유특별공제는 적용되지 않는다.

## 3. 상속세 신고 반드시 하라

상속세가 없다고 해서 상속세를 신고하지 않은 경우 과세관청에서는 상속재산에 대해서 시가를 확인할 수 없는 경우에는 상속세 및 증여세법상 보충적 평가방법으로 평가한 가액을 상속재산가액으로 한다. 따라서 감정평가가액을 상속재산 취득가액으로 하기 위해서는 반드시 상속세 신고를 해야 한다.

만일 상속세 신고기한(상속개시일이 속하는 달의 말일부터 6월까지)에 신고를 하지 못한 경우에는 과세관청이 상속세를 결정하기 전까지 '기한 후 신고'를 할 수 있기 때문에 '기한 후 신고'를 할 때 시가를 입증할 수 있는 서류를 첨부할 수 있다.

**절세 포인트 1.** 상속재산가액이 5억 원 이하인 경우에는 상속세 없으니 미리 증여하지 마라.

**절세 포인트 2.** 상속받은 재산을 양도할 경우 앞으로 양도소득세가 절세될 수 있도록 미리 대비하자.

**절세 포인트 3.** 시가를 입증할 수 있는 서류를 첨부하여 상속세 신고는 반드시 해라.

# 4. 상속재산가액이
## 5억 원~10억 원 이하인 경우

상속재산가액이 5억 원 이상 10억 원 이하인 경우에는 상속세·증여세 세금계획의 첫 번째 목표가 사전증여 등을 통해 상속세를 부담하지 않는 것이 된다. 그리고 두 번째 목표는 상속재산을 향후 양도할 때 양도소득세 절세방안을 상속개시 시점에 미리 준비해 놓는 것이다.

### 1. 사전증여 등을 이용해 상속세를 절세하라

#### 1) 배우자와 자녀가 있는 경우

배우자와 자녀가 있는 경우에는 최소 10억 원(배우자 공제 5억 원+일괄공제 5억 원)이 공제된다. 따라서 상속재산가액이 10억 원 이하인 경우에는 상속세 과세가 되지 않는다.

#### 2) 자녀는 있으나 배우자가 없는 경우

배우자가 없는 경우에는 최소 5억 원(일괄공제)이 공제되기 때문에 나머지 재산에 대해서는 상속세가 과세된다.

만약 상속인이 자금출처를 입증할 만큼 소득 또는 재산이 충분히 있는 경우에는 상속개시 전에 여러 명의 상속인에게 증여세가 과세되지 않는 범위 내(시가의 30%와 3억 원 중 적은 금액)에서 저가로 재산을 양도하는 방법이 있다.

상속인이 자금출처를 입증할 만큼 소득이 없는 경우에는 상속개시 10년 또는 5년 전에 상속인 또는 상속인 외의 자에게 사전증여를 해야 한다.

## 2. 상속받은 재산을 양도할 경우를 미리 준비하라

'상속재산가액이 5억 원 이하인 경우'와 마찬가지로 상속 후 상속받은 재산을 양도할 때 양도소득세가 절세될 수 있도록 동일하게 미리 대비해야 할 것이다.

---

**절세 포인트 1.** 상속·증여세 세금설계의 세 번째 단계를 잘 활용하라.

**절세 포인트 2.** 배우자가 있으면 상속세 없으니 걱정하지 마라.

**절세 포인트 3.** 배우자가 없으면 상속인이 상속재산을 저가양수 또는 상속개시 10년(5년) 전에 상속인 또는 상속인 외의 자에게 증여하라.

**절세 포인트 4.** 상속받은 재산 양도할 경우 양도소득세가 절세될 수 있도록 미리 대비하자.

---

# 5. 상속재산가액이
# 10억 원~50억 원 이하인 경우

상속재산가액이 10억 원 이상 50억 원 이하인 경우의 절세 포인트
는 다음과 같다.

첫째, 상속세·증여세 세금계획의 5단계 전략 중 증여(1단계), 법인설
립(2단계), 사업승계(3단계) 전략과 상속(4단계) 전략을 잘 이용하여 상속
재산을 최대한 줄여 상속세 한계세율이 가능하면 낮은 세율로 적용
될 수 있도록 해야 한다. 둘째, 상속재산 사전 매각 또는 생명보험
등을 통해 상속세 재원을 미리 준비해야 한다.


## 1. 상속재산을 줄여 상속세 한계세율을 낮추어라

### 1) 사전에 미리 증여하라

상속개시 10년 또는 5년 이전에 상속세·증여세 세금계획의 5단계
전략 중 제1단계 전략인 증여전략을 활용하여 상속개시 당시 상속
재산을 최대한 줄여야 한다.

### 2) 법인전환을 통해 상속재산의 종류를 변경할지 결정하라

상속세·증여세 세금계획 5단계 전략 중 제2단계인 법인전환을 통
해 부동산 등 개인재산을 주식으로 변경할 경우 세금부담 측면에서
유리한지를 면밀히 검토해서 법인전환 여부를 결정해야 한다.

### 3) 상속재산을 미리 싸게 사라

상속세·증여세 세금계획의 5단계 전략 중 제3단계 전략인 사업승계전략을 통해 상속재산 중 일부를 상속인이 저가에 양수할 경우 상속세를 절세할 수 있다.

## 2. 현재와 미래의 상속세가 최소화되도록 상속재산을 분할해야 한다

피상속인의 현재 상속세뿐만 아니라 그 배우자가 사망할 경우 부담해야 할 미래 상속세 합계액이 최소가 되도록 배우자가 상속받아야 한다. 왜냐하면 배우자 상속공제를 많이 받을 경우 현재 부담해야 할 상속세는 줄어들지만, 나중에 상속인인 배우자가 사망할 경우 상속공제액이 줄어들기 때문에 상속세가 크게 늘어날 수 있기 때문이다. 따라서 배우자에게 재산을 얼마나 상속할지, 어떤 종류의 재산을 상속할지 잘 판단해야 한다.

---

**절세 포인트 1.** 사전에 반드시 증여하라.
**절세 포인트 2.** 법인전환을 통해 재산종류를 변경할지 결정하라.
**절세 포인트 3.** 상속재산을 미리 싸게 매수하라.
**절세 포인트 4.** 현재 및 미래의 상속세가 최소화되도록 재산을 분할하라.

---

# 6. 상속재산가액이
# 50억 원을 초과하는 경우


상속재산이 50억 원을 초과하는 경우의 절세 포인트는 다음과 같다.

첫째, 상속세·증여세 세금계획의 5단계 전략 중 증여(제1단계), 법인설립(제2단계), 사업승계(제3단계), 가업승계(제4단계), 상속(제5단계)의 모든 전략을 총동원하여 상속개시 당시 상속재산을 최대한 낮추어 상속세 최고세율 50%가 적용되는 상속재산의 범위를 최대한 줄인다.

둘째, 상속재산가액이 50억 원을 초과하는 경우에는 상속세 재원이 절대적으로 부족하기 때문에 상속재산 사전 매각, 생명보험 등을 통해 상속세 재원을 미리 준비하는 것도 상당히 중요하다.


## 1. 상속세 최고세율이 적용되는 재산의 범위를 최대한 줄이자

### 1) 사전에 미리 증여하라

상속개시 10년 또는 5년 이전에 상속세·증여세 세금계획의 5단계 전략 중 제1단계 전략인 증여전략을 활용하여 상속개시 당시 상속재산을 최대한 줄여야 한다.

### 2) 법인전환 통해 상속재산의 종류를 변경할지 결정하라

상속세·증여세 세금계획의 5단계 전략 중 제2단계 전략인 법인전환을 통해 부동산 등 개인재산을 주식으로 종류를 변경할 경우 세금부담 측면에서 유리한지를 면밀히 검토해서 법인전환 여부를 결정해야 한다.

### 3) 지주회사 설립전략을 이용하라

상속세·증여세 세금계획의 5단계 전략 중 제3단계 전략인 사업승계전략에서 지주회사 설립전략을 활용해서 상속세를 줄일 수 있는지 여부를 적극적으로 검토해야 한다.

### 4) 가업상속은 마지막에 이용하라

상속세·증여세 세금계획의 5단계 전략 중 제4단계인 전략인 가업상속전략은 마지막에 이용하는 것이 바람직하다. 왜냐하면 가업상속공제의 경우 공제금액이 최대 500억 원으로 혜택이 큰 반면, 사후관리 규정이 매우 엄격해서 규정을 위반할 경우 상속세 추징을 당할 위험이 있기 때문이다.

## 2. 상속세 재원을 준비하라

상속재산가액이 50억 원을 초과하는 경우 상속세 재원마련이 상당히 중요하다. 생명보험을 통해 상속세 재원을 미리 준비해야 한다. 특히, 생명보험을 통해 상속세 재원을 준비할 수 없는 경우에는 상속재산 사전 매각을 통해 상속세 재원을 반드시 마련해야 한다.

---

**절세 포인트 1.** 상속세·증여세 세금계획 5단계 전략을 총동원하여 상속재산을 최대한 줄여라.
**절세 포인트 2.** 상속세 재원을 미리 준비하라.

---

# 제7장

# 절세를 위한
# 증여의 기술

# 1. 절세를 위한 첫 번째 기회,
   증여가 왜 중요한가?

## 1. 상속세를 줄이기 위해서 사전증여는 반드시 필요하다

상식적으로 사망할 때 물려준 재산이 적으면 당연히 상속세는 적을 수밖에 없다. 따라서 상속재산을 줄이기 위해서는 사망하기 전에 상속재산을 모두 소비하거나 사전증여를 통해 상속재산을 줄여야 할 것이다. 하지만 현실적으로 많은 상속재산을 모두 소비하는 것은 사실상 불가능할 뿐만 아니라 바람직하지 않기 때문에 사전증여를 통해 상속재산을 줄일 수밖에 없다. 그래서 결국 물려줄 재산이 많은 사람일수록 상속세 줄이기 위해서는 상속이 개시되기 전에 미리 증여하는 것이 꼭 필요하다.

최근 증여세 결정현황을 분석하면 2011년 12만 6,409명으로 가장 많았으며 증여세 전체 세수 역시 2011년이 3조 566억 원으로 가장 많았다.

### 〈증여세 결정현황〉

(단위: 명, 억 원)

| 구분 | 2011 | 2012 | 2013 | 2014 | 2015 |
|------|------|------|------|------|------|
| 인원 | 126,409 | 91,331 | 109,644 | 105,533 | 101,136 |
| 과세표준 | 18,869 | 15,953 | 20,391 | 25,205 | 25,206 |
| 총결정 세액 | 3,566 | 3,234 | 4,129 | 3,487 | 3,313 |

출처: 국세청,《2015 국세통계연보》참조

## 2. 사전증여는 상속세 절세를 위한 출발점이다

사전증여는 상속재산을 줄여주기 때문에 상속세 절세할 수 있을 뿐만 아니라 다음과 같은 장점도 있다.

첫째, 자금출처조사를 사전에 대비할 수 있다. 사전증여로 단순히 재산만 증여하는 것이 아니라 임대소득 등이 발생하는 재산을 증여하여 소득까지 자녀에게 귀속시킴으로서 장래에 있을지 모를 자금출처조사에 준비할 수 있다.

둘째, 다양한 방법을 이용한 원활한 재산 이전이 가능하다. 사전증여로 자녀가 재산뿐만 아니라 소득도 함께 가지게 되면 장래에 부모의 재산을 매수하거나 부담부증여 등 다양한 방법을 통한 재산 이전이 되기 때문에 절세할 수 있다.

셋째, 소득분산·이전을 통해 소득세도 절세할 수 있다. 일반적으로 상속재산은 부모 중에서 주로 아버지에게 집중되어 있기 때문에 소득 귀속도 아버지에게 집중되어 있어 소득세 부담이 상대적으로 큰 편이다. 사전증여를 통해 재산과 소득의 귀속을 아버지로부터 자녀에게 이전함으로써 상속세뿐만 아니라 소득세까지 절세할 수 있다.

## 3. 사전증여가 꼭 유리한 것은 아니다

상속세의 경우 증여세보다 거액의 공제제도를 두고 있다. 상속세의 경우 피상속인의 배우자가 생존해 있고 자녀도 있다면 최소한 10억 원의 재산에 대해서는 상속세가 과세되지 않는다. 그리고 배우자가 사망하고 자녀만 있는 경우에는 최소한 5억 원의 재산에 대해서는 상속세가 없다.

그런데 증여세의 경우 배우자에게 증여할 경우에는 6억 원, 자녀에게 증여할 경우에는 5천만 원(미성년자 자녀는 2천만 원), 직계존속에게 증여할 경우에는 5천만 원, 기타친족에게 증여할 경우에는 1천만 원을 공제하여 상속공제에 비해서 공제액이 매우 적은 편이다.

따라서 상속세 절세를 위해 사전증여가 유리한 경우는 상속세가 과세되는 수준 이상의 재산, 즉 10억 원 또는 5억 원 이상의 재산을 보유했을 때이다. 상속세가 과세되지 않는 수준의 재산을 보유했는데도 증여를 할 경우 부담할 필요가 없는 증여세만 부담하는 꼴이된다.

## 4. 증여는 빨리 할수록, 여러 번 할수록, 분산해서 할수록 좋다

이제 '증여를 해야 할까? 하지 말아야 할까?' 하는 선택 문제가 아니라 '어떤 재산을 증여할까? 어떻게 증여할까? 언제 증여할까?' 하는 실행 문제를 고민해야 한다. 자세한 내용은 계속 설명하겠지만, 결론부터 말하자면 '사전증여는 빨리할수록, 자주 할수록, 분산해서 할수록 좋다'는 것이다. 절세를 위한 증여의 기술을 배워보자.

---

**절세 포인트 1.** 상속재산이 많을 경우 증여는 선택이 아니라 필수이다.
**절세 포인트 2.** 사전증여가 꼭 유리한 것은 아니니 미리 세무전문가와 상의하라.
**절세 포인트 3.** 증여는 빨리할수록, 자주 할수록, 분산해서 할수록 좋다.

---

# 2. 증여세 계산구조를 알면
# 절세할 수 있는 길이 보인다

먼저 증여세를 절세하기 위해서는 증여세 어떻게 계산하는지 그 계산구조부터 알아야 한다.

## 〈증여세 계산구조〉

| | |
|---|---|
| 증여재산가액 | 수증자에게 귀속되는 경제적, 재산적 가치가 있는 물건과 권리의 증여 당시 시가 |
| (+) 10년 내 증여재산 | 10년 내 동일인으로부터 증여받은 재산가액 |
| | 증여자가 직계존속의 경우에는 그 배우자 포함 |
| (-) 비과세증여재산가액 | 국가 등으로부터 증여재산, 생활비, 교육비 등 |
| (-) 과세가액 불산입액 | 공익법인이 출연받은 재산, 장애인이 증여받은 재산 등 |
| (-) 부담부증여시채무인수액 | 증여재산에 담보된 채무로서 수증자가 인수한 채무 |
| = 증여세 과세가액 | |
| (-) 증여재산공제 | 배우자: 6억 원 |
| | 직계비속: 5천만 원(미성년자 경우 2,000만 원) |
| | 직계존속: 5천만 원 |
| | 기타친족: 1천만 원 |
| (-) 재해손실공제 | 증여재산이 신고기한 이내에 멸실, 훼손된 경우 |
| (-) 감정평가수수료공제 | 감정평가기관, 국세청평가심의위원회에 부담 수수료 |
| = 증여세과세표준 | |
| (×) 세율 | 10%~50% 5단계 초과누진세율 |
| = 증여세 산출세액 | |
| (+) 세대생략 할증 과세 | 자녀 아닌 직계비속에게 증여하는 경우 30%(40%) 할증 |

| | 기납부세액공제, 신고세액공제 |
|---|---|
| (-) 세액공제 | 외국납부세액공제, 영농자녀 증여세 면제 등 |
| | 문화재 자료 등 징수유예 |
| = 신고납부세액 | |
| (+) 가산세 | 신고불성실가산세 10%~40% |
| | 납부불성실가산세 1일 0.03% |
| = 납부할 세액 | |

## 1. 증여재산가액

증여세가 얼마인지 알아보기 위해 제일 먼저 해야 할 일은 증여재산이 얼마인지 '평가'하는 것이다. 증여재산이 현금인 경우에는 '평가'가 필요 없지만, 현금이 아닐 경우에는 '평가'라는 과정이 반드시 필요하다. 상속세 및 증여세법은 '재산평가'에 대해서 동일하게 규정하고 있는데, '재산의 평가'는 상속세와 증여세가 얼마인지 결정하는 출발점이자 가장 중요한 사항이다. '재산의 평가'에 대한 자세한 내용은 뒤에서 다루기로 하겠다.

## 2. 비과세

증여세 비과세는 증여 사실이 있다고 할지라도 국가가 세금을 부과할 수 있는 권리를 포기하여 처음부터 증여세 납세의무가 발생하지 않는 것을 말한다. 따라서 증여세 비과세대상으로 열거된 사항에는 증여세를 과세하지 않는다. 증여세 비과세대상 중 특별히 문제가 되는 사항은 뒤에서 자세히 다루겠다.

## 3. 증여세 과세가액 불산입

공익법인 등이 출연받은 재산과 증여재산 중 증여자가 공익신탁을 통하여 공익법인 등에 출연하는 재산의 가액은 증여세 과세가액에 산입하지 않도록 하고 있다. 그리고 장애인 신탁 재산에 대해서도 5억 원을 한도로 증여세 과세가액에 산입하지 않도록 하고 있다.

## 4. 채무부담액

민법상 수증자가 증여를 받으면서 동시에 채무를 부담하는 것을 '부담부증여'라 한다. 부담부증여에 대해 상속세 및 증여세법에서는 증여세 과세가액을 계산할 때 증여재산가액의 합계액에서 증여재산에 담보된 채무로서 수증자가 인수한 금액을 차감한다. 따라서 부담부증여의 경우 증여재산가액에서 인수한 채무를 차감하므로 그만큼 증여세 부담이 줄어들기 때문에 일반적인 증여보다 부담부증여가 실제 많이 이루어지고 있다. 그러나 부담부증여의 경우 절세측면에서는 유리하지만 유의할 사항이 있다. 자세한 내용은 뒤에서 살펴보겠다.

## 5. 10년 이내 증여재산가액 합산과세

증여일 전 10년 이내에 동일인으로부터 받은 증여재산가액을 합친 금액이 1,000만 원 이상인 경우에는 그 가액을 증여세 과세가액에 가산한다. 따라서 합산과세되는 경우에는 고율의 세율이 적용되어 증여세 부담이 과중될 수 있기 때문에 합산과세 되지 않도록 주의해야 한다.

## 6. 증여재산공제

배우자 또는 친족으로부터 증여받은 경우 일정한 금액(증여재산공제액)을 증여세 과세가액에서 차감하여 증여세 과세표준을 계산한다. 따라서 증여한 재산가액이 증여재산공제액 이하가 되면 증여세는 없게 된다.

## 7. 세대생략할증세액

수증자가 증여자의 자녀가 아닌 직계비속인 경우에는 증여세 산출세액에 30%(40%)를 가산하도록 하고 있다. 예를 들어 할아버지가 아들이 아닌 손자 또는 손녀에게 토지를 증여한 경우 '세대생략할증세액'이 적용되는 것이다. 보통 세대생략증여의 경우 30%(40%) 할증 과세하기 때문에 불리할 것 같지만 절세에 도움이 되는 경우도 상당히 많다.

## 8. 기납부세액공제

기납부세액공제는 10년 이내 증여재산가액 합산과세로 인한 이중

과세를 조정하기 위한 것으로 증여세 과세가액에 가산한 증여재산가액에 대하여 납부하였거나 납부할 증여세액을 증여세 산출세액에서 공제하도록 하고 있다.


## 9. 신고세액공제

증여세는 증여일이 속하는 달의 말일부터 3개월이 되는 날까지 신고하도록 되어 있으며, 신고기한까지 신고한 경우에는 증여세 산출세액의 7%를 세액공제 하도록 하고 있다. 이 신고세액공제는 증여세를 납부하지 않더라도 적용되기 때문에 증여세를 납부하지 못하는 경우라 하더라도 신고는 반드시 해야 한다.

그리고 매매사례가액 적용을 피하기 위해서는 가급적 빨리 증여세를 신고하는 것이 좋다. 왜냐하면 법정신고기한 이내에 증여세를 신고한 경우에는 신고일까지의 매매사례가액을 시가로 적용하고 신고일 후의 매매사례가액은 시가로 적용하지 않기 때문이다. 따라서 증여세 신고를 소유권 이전등기와 동시에 가급적 빨리 신고하는 것이 매매사례가액의 시가 적용을 피할 수 있는 길이다.

---

**절세 포인트 1.** 증여세 비과세 중 교육비, 축하금, 혼수용품 등에 대해서는 과세되지 않도록 주의해야 한다.

**절세 포인트 2.** 증여세 납부는 못 하더라도 신고는 반드시 하자.

**절세 포인트 3.** 증여세 신고는 가급적 빨리하는 것이 좋다.

---

# 3. 증여세 비과세대상 중 주의할 사항

사회통념상 인정되는 학자금, 부의금, 혼수용품으로 통상 필요하다고 인정되는 금품에 대해서는 증여세를 비과세한다.

## 1. 교육비, 생활비 명목으로 받은 돈을 다른 용도로 사용하면 증여세 과세된다

요즘 외국에서 유학 중인 자녀에게 학비 및 생활비 명목으로 송금할 경우에 증여세가 과세되는지가 문제 될 수 있다. 국세청은 민법상 부양의무자 상호 간의 생활비 또는 교육비로서 통상 필요하다고 인정되는 현금을 필요할 때마다 지급하는 경우 증여세가 과세되지 않는다. 하지만 생활비 또는 교육비의 명목으로 취득한 현금을 예·적금하거나 토지·주택 등의 매입자금 등으로 사용하는 경우에는 증여세가 과세된다.

따라서 교육비, 생활비 명목으로 받은 돈을 교육비, 생활비에 사용하지 않고 예·적금하거나 주식·부동산 취득에 사용하는 경우에는 증여세가 과세되기 때문에 주의해야 한다. 그리고 비과세 여부 판단 시 수증자와의 관계, 수증자가 민법상 피부양자에 해당하는지 여부, 수증자의 직업·연령·소득·재산상태 등 구체적인 사실을 확인하여 판단하도록 하고 있다.

## 2. 비과세대상은 평소에 증빙서류를 꼼꼼히 챙겨라

상속세 및 증여세법은 기념품·축하금·부의금 기타 이와 유사한 금품으로서 통상 필요하다고 인정되는 금품에 대해서는 증여세를 비과세하고 있다. 그리고 기념품, 축하금, 부의금은 그 물품 또는 금액을 지급한 자별로 사회통념상 인정되는 물품 또는 금액을 기준으로 하도록 하고 있어 각 상황별로 구체적인 사실을 확인해서 판단해야 한다.

예를 들어 아들(현재 만 27세) 출생 후 돌잔치, 명절 때 친인척으로부터 받은 용돈, 부모가 매월 제공한 용돈, 아르바이트 수익 등의 금전을 부모가 현재까지 5천만 원가량 모아 부모의 통장으로 관리해 오다가 아들 통장으로 5천만 원을 입금한 경우 증여세 과세대상인지 여부에 대하여 부모가 아들의 예금계좌에 입금한 5천만 원의 원천이 비과세대상 증여재산 또는 아들 본인의 소득으로 형성한 것을 객관적인 증빙에 의해 확인되지 않는 경우에는 증여세가 과세되는 것으로 국세청은 판단하고 있다.

## 3. 호화 혼수용품은 증여세 과세대상이 되니 주의해야 한다

혼수용품으로 통상 필요하다고 인정되는 금품에 대해서는 증여세를 비과세하고 있다. 그리고 통상 필요하다고 인정하는 혼수용품은 일상생활에 필요한 가사용품에 한하며, 호화·사치용품이나 주택·차량 등은 포함하지 않도록 하여 증여세를 과세하도록 하고 있다. 예를 들어 아버지(57세)가 미혼인 아들(29세)과 미혼인 딸(27세)과 같이 거주하고 있는데, 아들이 직장생활을 하여 모은 자금에 1억 원을 보태

주어 20평형 아파트 전세를 얻어주려고 할 경우 전세금 1억 원에 대하여 증여세가 과세되는 여부에 대하여 국세청은 자녀가 부모로부터 현금을 증여받아 전세금으로 사용한 경우 자녀는 그 증여받은 1억 원에 대하여 증여세 납세의무가 있다고 밝히고 있다. 부모가 출가하는 자녀의 집 마련을 위해 전세자금을 보태 주는 경우가 흔히들 있는데 국세청은 이 경우 증여세 조사를 강화할 것이라고 밝힌 바 있어 앞으로 주의해야 할 것이다.

---

**절세 포인트 1.** 교육비·생활비 명목으로 받은 돈을 다른 곳에 사용할 경우 증여세가 과세되니 주의하자.

**절세 포인트 2.** 축하금 등이 비과세되기 위해서는 평소에 증빙을 잘 챙겨놓자.

**절세 포인트 3.** 호화 혼수용품은 증여세 과세대상이며, 집 장만을 하기 전에 자금출처에 대하여 대비하자.

# 4. 언제 증여하느냐에 따라 세금이 달라진다

　상속의 경우에는 상속개시일을 기준으로 평가한 가액을 기준으로 상속세를 과세하기 때문에 상속개시일을 조절하는 것은 불가능하다. 하지만 증여의 경우에는 증여를 언제 하느냐에 따라 증여세가 달라지기 때문에 언제 증여하는지가 중요하다.


## 1. 부동산의 경우

### 1) 기준가격 고시 전·후에 따라 증여세는 달라진다

　상속세 및 증여세법의 평가원칙은 시가이다. 그러나 시가를 산정하기 어려운 경우에는 보충적 평가방법을 통해 평가한다. 토지의 경우에는 개별공시지가, 주택은 개별(공동)주택가격, 주택 이외의 건물은 국세청 기준시가로 평가하도록 하고 있다.

　개별공시지가, 개별(공동)주택가격 및 국세청 기준시가(이하 '기준가격'이라 함)는 증여일 현재 고시되어 있는 기준가격을 적용한다. 따라서 증여일 현재 당해 연도의 기준가격이 고시되어 있으면 당해 연도의 기준가격을 적용하지만, 당해 연도의 기준가격이 고시되어 있지 않으면 전년도의 기준가격을 적용한다.

　예를 들어 개별공시지가가 고시되는 토지를 2016년 3월 1일에 증여한 경우 2016년 개별공시지가는 2016년 5월 31일에 고시되기 때문에 2016년 개별공시지가를 적용하여 증여세를 계산하는 것이 아니라 2015년 개별공시지가를 적용하여 증여세를 계산한다. 그러므로 같은 연도에 같은 부동산을 증여하더라도 새로운 기준가격이 고시되기 전에 증여하느냐 고시된 후에 증여하느냐에 따라 세금이 달라진다.

### 〈부동산 기준시가〉

| 부동산 종류 | 기준시가 | | 고시기관 | 고시일 |
|---|---|---|---|---|
| 토지 | 개별공시지가 | 표준지 | 국토해양부 | 매년 2월 말 |
| | | 개별지 | 시·군·구 | 매년 5.31.까지 |
| 주택 | 개별주택가격 | 표준주택 | 국토해양부 | 매년 1월 말 |
| | | 개별주택 | 시·군·구 | 매년 4.30.까지 |
| | 공동주택가격 | | 국토해양부 | 매년 4.30.까지 |
| 상업용 건물·오피스텔 | 상업용 건물·오피스텔 기준시가 | | 국세청장 | 매년 12.31.까지 |
| 일반건물 | 건물기준시가 | | 국세청장 | 매년 12.31.까지 |

## 2) 열람제도 통해 기준가격을 확인하고 증여 여부를 결정하라

토지의 경우 개별공시지가를 결정·고시하기 전인 5월 초에 토지소재지 관할 시·군·구 또는 읍·면·동사무소에서 토지소유자에게 공람을 거친 후 5월 31일경에 확정 고시한다. 그러므로 사전에 개별공시지가에 대한 열람을 통하여 토지의 공시지가를 예측할 수 있다. 상업용 건물 등의 국세청 기준시가는 매년 실지거래가액을 조사한 후 시세변동 및 가격 편차를 감안하여 시가의 80% 수준에서 결정하고 있다. 그러므로 건물 가격이 전년도에 비하여 상승하였다면 금년도 기준시가도 상승할 것으로 보면 된다. 특히 2005년부터는 국세청 상업용 건물·오피스텔의 기준시가도 소유자가 열람할 수 있으므로 사전에 고시될 기준시가를 확인할 수 있다.

### 3) 취득계약일로부터 2년이 지난 후에 증여를 해라

취득계약일로부터 3월 이내 증여가 이루어지는 경우에는 그 매매가액은 증여재산의 시가로 보기 때문이다. 취득계약일로부터 3월을 경과하고, 2년 이내 증여가 이루어지는 경우에는 그 취득가액은 계약일부터 평가기준일까지 가격변동이 없는 경우에는 시가에 포함될 수 있다. 따라서 취득계약일부터 2년이 경과한 경우로 상속세 및 증여세법상 시가를 확인할 수 없을 때는 증여받은 재산을 취득가액으로 평가하는 것이 아니라 상속세 및 증여세법상 보충적 평가방법으로 평가하기 때문에 취득가액보다 상속세 및 증여세법상 보충적 평가방법으로 평가한 가액이 낮은 경우 증여세를 절세할 수 있다.

## 2. 상장 및 코스닥 주식의 경우

### 1) 4개월간의 종가평균액으로 평가한다

평가기준일 이전·이후 각 2월간(총 4개월)에 공표된 매일의 한국거래소 최종시세가액의 단순평균액으로 평가한다. 그리고 총 4개월간의 종가평균액을 시가로 보기 때문에 상장 및 코스닥 주식의 경우에는 보충적 평가액으로 평가하는 경우는 없다. 만약 주식가격의 하락이 일시적이고 회복 가능하여 장기간 계속 상승할 것으로 예상하는 경우에는 주식가격이 낮은 시점에 증여함으로써 증여세를 절세할 수 있다.

### 2) 주식가격이 상승하거나 급락하는 경우에는 증여재산을 반환받아라

그러나 증여 후 증여세 과세표준 신고기한 이내에 주가가 급등한다든지 아니면 더 하락하는 경우 주식을 반환하여 증여를 취소할 수 있다. 증여를 받은 후 당사자 간의 합의에 의하여 그 증여받은 재산(금전은 제외)을 증여세 신고기한(증여를 받은 날의 말일로부터 3개월) 이내에 반환하는 경우에는 처음부터 증여가 없었던 것으로 본다. 따라서 당초 증여한 것이나 반환받은 것 둘 다 증여세를 과세하지 않는다(단, 금전은 제외). 그러나 재산을 반환하기 전에 과세관청에서 증여세 과세를 결정하면 증여세를 내야 한다.

한편 수증자가 증여받은 재산(금전은 제외)을 증여세 신고기한이 지난 후 3개월(당초 증여가 있는 날의 말일로부터 6개월) 이내에 증여자에게 반환하거나 다시 증여하는 경우에는 당초 증여에 대하여는 과세하되, 반환하거나 재증여하는 것에 대해서는 과세하지 않는다. 그러나 당초 증여가 있은 날의 말일로부터 6개월이 경과한 후에 반환하거나 재증여하는 경우에는 당초 증여뿐만 아니라 반환·재증여 모두에 대하여 증여세를 과세한다.

**〈증여받은 재산의 반환에 대한 과세 여부〉**

| 구분 | | | 당초 증여분 | 반환분 |
|---|---|---|---|---|
| 금전 외의 증여 재산 | 신고 기간 이내에 반환 | | 증여세 × | 증여세 × |
| | 신고 기간 경과 후 반환 | 신고기한으로부터 3월 이내 | 증여세 ○ | 증여세 × |
| | | 신고기한으로부터 3월 경과 | 증여세 ○ | 증여세 ○ |
| 금전 | 반환 기간에 관계없음<br>(금전소비대차관계 성립 아닌 경우) | | 증여세 ○ | 증여세 ○ |

## 3. 비상장주식의 경우

### 1) 통상 보충적 평가방법을 통해 평가한다

비상장주식을 증여하는 경우 평가의 원칙은 증여일 전후 3개월 이내에 불특정 다수인 간의 자유로운 거래에 의한 매매가액 등 시가로 평가하도록 하고 있다.

하지만 비상장주식의 경우에는 일반적으로 불특정 다수인 간에 매매가 거의 이루어지지 않기 때문에 시가를 구하기 어려운 실정이기 때문에 통상 상속세 및 증여세법에서 규정한 보충적 평가방법으로 평가한다. 일반법인의 경우 순손익가치와 순자산가치를 각각 3과 2의 비율로 가중평균한 가액과 순자산가치의 70%(80%) 중 큰 금액을 비상장주식의 평가액으로 하도록 하고 있다. 그리고 2017년 4월 1일부터 2018년 3월 31일까지는 순자산가치의 70%로

2018년 4월 1일 이후부터는 순자산가치의 80%로 평가한다.

## 2) 비상장주식은 증여 시기를 잘 잡아라

일반법인의 경우에는 순자산가치보다 순손익가치의 가중평균비율을 더 높도록 하여 평가하고 있다. 그리고 순손익가치는 최근 3년간의 순손익액을 다음과 같이 가중평균하여 평가한다.

$$\text{1주당 최근 3년간 순손익액의 가중평균액} = \frac{A \times 3 + B \times 2 + C \times 1}{6}$$

A: 평가기준일 이전 1년이 되는 사업연도의 1주당 순손익액
B: 평가기준일 이전 2년이 되는 사업연도의 1주당 순손익액
C: 평가기준일 이전 3년이 되는 사업연도의 1주당 순손익액

따라서 일반법인의 경우 평가기준일 이전 1년이 되는 사업연도의 1주당 순손 익액이 비상장주식평가액에 미치는 비중이 30%나 되기 때문에 평가기준일을 어느 시점으로 하느냐에 따라 비상장주식의 평가액은 달라지게 되는 것이다.

예를 들어 사업연도가 매년 1월 1일부터 12월 31일까지인 A법인이 2016년 사업연도에는 5억 원의 결손을, 2015년 사업연도에는 5억 원의 이익을 냈다고 할 경우 평가기준일을 2016년 12월 31일로 하느냐 2016년 12월 30일로 하느냐에 따라 비상장주식평가액이 달라진다. 왜냐하면, 평가기준일이 2016년 12월 31일인 경우 최근 3년간의 순손익액 사업연도는 2016년, 2015년, 2014년 사업연도이지만, 평가기준일이 2016년 12월 30일인 경우 최근 3년간의 순손익액 사업연도는 2015년, 2014년, 2013년 사업연도가 되기 때문이다.

**절세 포인트 1.** 부동산은 열람제도를 이용해서 증여 시기를 판단하라.

**절세 포인트 2.** 상장 및 코스닥 주식은 가치가 낮을 때 증여하고, 급등하거나 급락한 경우에는 증여세 신고기한 전에 증여재산을 반환받아라.

**절세 포인트 3.** 비상장주식은 평가기준일 이전 1년이 되는 사업연도의 순손익 여부에 따라 증여 시기를 잘 조절해라.

# 5. 누가 증여하느냐에 따라 세금이 달라진다

증여세는 앞에서 설명한 증여자별·수증자별 과세원칙이 적용되기 때문에 증여세 절세의 기본원칙은 증여자와 수증자를 각각 따로 두어 증여해야 한다는 것이다.

## 1. 재차증여는 합산과세한다

증여세는 증여가 있을 때마다 과세표준과 세액을 증여자별·수증자별로 계산하여 과세하는 것이 원칙이다. 그렇다면 아버지가 아들에게 10억 원의 재산을 한 번에 증여하면 최고세율 30%가 적용되지만 1억 원씩 나누어 10회에 걸쳐 증여하면 각각 10%의 세율이 적용되어 증여세를 줄일 수 있을 것 같다.

하지만 상속세 및 증여세법은 동일인으로부터 10년 동안 증여받은 재산가액이 1천만 원 이상인 경우 합산해서 과세하도록 하고 있어 아버지가 아들에게 10년 동안 1억 원씩 나누어 10회 걸쳐 증여해도 결국 합산되어 10억 원을 한 번에 증여한 것과 동일한 세금을 납부해야 한다. 상속세 및 증여세법은 이러한 분산증여를 통한 증여세를 줄일 수 있는 기회를 사전에 차단하고 있는 것이다.

같은 사람이 증여할 경우에는 10년마다 나누어 증여해야 한다.

상속세 및 증여세법은 동일인이 증여한 재산에 대하여 10년이라는 기간을 단위로 합산하기 때문에 만약 동일인이 계속해서 증여할 경우에는 10년마다 시차를 두고 나누어 증여하는 것이 합산과세가 되지 않기 때문에 증여세가 절세된다.

## 2. 합산배제 재산을 가급적 증여하라

상속세 및 증여세법은 다음의 합산배제 증여재산의 가액은 다른 재산과 합산하지 않도록 하고 있어 합산배제 재산을 통해 증여할 경우 증여세 절세효과를 누릴 수 있다.

① 재산 취득 후 해당 재산의 가치가 증가하는 경우

② 전환사채 등의 주식전환 등에 따른 이익의 증여 중 전환사채 등에 의하여 주식으로의 전환 등을 하거나 전환사채 등을 양도함으로써 얻은 이익의 증여

③ 주식 또는 출자지분의 상장 등에 따른 이익의 증여

④ 합병에 따른 상장 등 이익의 증여

⑤ 그 밖의 이익의 증여 중 타인의 기여에 의한 재산가치의 증가에 다른 이익의 증여

⑥ 특수관계법인과의 거래를 통한 이익의 증여의제(일감 몰아주기)

⑦ 특수관계법인으로부터 제공받은 사업기회로 발생한 이익의 증여의제

## 3. 증여재산가액은 과거 증여가 있었던 때 평가액으로 한다

재차증여재산의 합산과세 시 증여재산의 가액은 각 증여일 현재

의 재산가액에 의하도록 규정하고 있다. 그러므로 해당 증여가 있는 시점에서 과거의 증여재산을 재차증여가 있는 시점에서 다시 평가하는 것이 아니라 각각의 증여가 있었던 때에 이미 평가되었던 증여가액을 단순히 합산한다.

저평가된 재산은 빨리 증여할수록 이익이다. 합산과세할 때 증여재산가액은 과거 증여가 있었던 때 평가액으로 하기 때문에 증가된 증여재산의 가치에 대해서는 증여세를 과세하지 않는다. 그래서 증여세를 부담하더라도 저평가된 재산일수록 가급적 빨리 증여하는 것이 이익이다.


## 4. 직계존속의 배우자는 동일인으로 본다

증여자가 직계존속인 경우 그 직계존속의 배우자를 포함하도록 하고 있다. 따라서 아들이 아버지로부터 1억 원을 증여받은 후 10년 이내에 어머니로부터 1억 원을 증여받은 경우에는 아버지로부터 증여받은 1억 원과 어머니로부터 증여받은 1억 원을 합한 2억 원에 대해서 증여세를 과세하도록 하고 있다.

증여자가 부 또는 모일 경우 계모와 계부는 동일인으로 보지 않는다. 아들이 아버지로부터 1억 원을 증여받은 후 10년 이내에 계모로부터 1억 원을 증여받은 경우에는 동일인으로 보지 않기 때문에 합산해서 과세하지 않는다. 마찬가지로 아들이 어머니로부터 1억 원을 증여받은 후 10년 이내에 계부로부터 1억 원을 증여받은 경우에도 동일인으로 보지 않기 때문에 합산해서 과세하지 않는다. 따라서 생부·생모가 증여할 때보다 생부·계모 또는 계부·생모가 증여할 때 합산과세가 되지 않기 때문에 증여세가 절세될 수 있다.

### 1) 부부가 이혼 또는 사별한 경우 동일인으로 보지 않는다

아들이 아버지로부터 1억 원을 증여받은 후 10년 이내에 이혼한 어머니로부터 1억 원을 증여받은 경우에는 동일인으로 보지 않기 때문에 합산해서 과세하지 않는다. 그리고 아들이 아버지로부터 1억 원을 증여받은 후 10년 이내에 아버지가 사망한 후 어머니로부터 1억 원을 증여받은 경우에도 동일인으로 보지 않기 때문에 합산해서 과세하지 않는다.

### 2) 여러 사람이 분산해서 증여하라

동일인(동일인이 직계존속인 경우 그 배우자를 포함)이 증여한 재산에 대하여 합산하기 때문에 한 사람이 증여하는 것보다는 여러 사람이 나누어 증여하는 것이 좋다. 예를 들어 결혼한 부부의 경우 아들(사위)에게는 아버지와 장인이 딸(며느리)에게는 어머니와 시어머니가 각각 증여한 경우에는 합산하지 않기 때문에 아버지와 어머니가 증여한 경우보다 증여세가 절세된다. 그리고 증여자가 아버지와 계모일 경우에는 합산하지 않도록 하고 있다.

### 3) 단순히 세금을 줄이기 위한 교차증여는 주의하라

최근 남매가 증여세를 덜 내기 위해 가족회사 주식을 자기 자녀가 아닌 조카에게 증여하는 방식으로 '교차증여' 했다면 자녀에게 '직접증여'한 것으로 보고 증여세를 과세하여야 한다는 판례(대법원 2017.02.15. 선고 2015두46963 판결)가 나왔다. 대법원은 "이 사건 교차증여로써 증여자들은 자신의 직계후손에게 주식을 직접 증여하는 것과 동일한 효과를 얻으면서도 합산과세로 인한 증여세 누진세율 등의 적용을 회피하고자 하였고, 이러한 목적이 아니라면 굳이 교차증여 약정을 체결하고 직계후손이 아닌 조카 등에게 주식을 증여할 이유가 없었다."고 판시하였다. 따라서 단순히 증여세를 줄이기 위한 교차증여는 행위는 증여세가 과세될 수 있으니 주의해야 한다.

---

**절세 포인트 1.** 같은 사람이 증여할 경우에는 10년 마다 나누어 증여하라.

**절세 포인트 2.** 합산배제 재산을 가급적 증여하라.

**절세 포인트 3.** 저평가된 재산은 빨리 증여할수록 이익이다.

**절세 포인트 4.** 여러 사람이 분산해서 증여하라.

**절세 포인트 5.** 단순히 세금을 줄이기 위한 교차증여는 주의하라.

---

# 6. 절세하기 위해
## 누가 증여받는지 중요하다

증여세를 과세할 때 증여받은 재산 전체에 대해서 과세하는 것이 아니라 증여재산공제액을 증여재산가액에서 차감하도록 하고 있다. 증여재산공제액은 수증자가 누군지에 따라 달라지기 때문에 누가 증여받는지가 중요하다.

### 1. 증여재산공제액은 얼마나 될까?

증여재산공제액은 증여자와 수증자 사이의 관계에 따라 공제되는 금액을 다음과 각각 다르게 정하고 있다.

배우자로부터 증여를 받은 경우에는 10년간 6억 원을 증여세 과세가액에서 공제할 수 있다. 이때 '배우자'란 혼인관계에 있는 배우자를 말한다. 따라서 사실혼 관계에 있는 배우자는 증여재산공제가 적용되지 않는다.

직계존속으로부터 증여를 받은 경우에는 10년간 5,000만 원(미성년자인 경우에는 2,000만 원)을 증여세 과세가액에서 공제할 수 있다. 그러나 직계비속으로부터 증여를 받은 경우에는 10년간 5,000만 원을 증여세 과세가액에서 공제하도록 하고 있다. 그리고 계부·계모와 자녀 간의 증여에 대하여도 증여재산공제를 적용한다.

친족으로부터 증여를 받은 경우에는 10년간 1,000만 원을 증여세 과세가액에서 공제할 수 있다. 특히 장인과 사위, 시아버지와 며느리 사이는 직계존비속관계가 아닌 기타친족에 해당하기 때문에 증여재산공제액도 1,000만 원에 불과하다.

<중여재산 공제액>

| 중여자 | 배우자 | 직계존속<br>(계부·모 포함) | 직계비속 | 기타친족 | 기타 |
|---|---|---|---|---|---|
| 공제<br>한도액 | 6억 원 | 5,000만 원<br>(미성년자 2,000만 원) | 5,000만 원 | 1,000만 원 | 없음 |

## 2. 증여재산공제는 수증자를 기준으로 적용한다

증여재산공제는 수증자를 기준으로 공제받을 수 있는 금액이기 때문에 여러 증여자로부터 증여받는 경우 증여자별로 공제받는 것이 아니다. 예를 들면 아버지, 어머니로부터 각각 5,000만 원씩 증여받은 경우 증여재산공제를 각각 5,000만 원 공제하여 증여세 과세표준이 0이 되는 것이 아니라, 증여받은 사람 입장에서는 모두 직계존속으로부터 증여받은 것이기 때문에 증여재산공제는 증여받은 전체 재산 1억 원에 대하여 5,000만 원만 공제되므로 증여세 과세표준은 5,000만 원이 된다.

## 3. 증여재산공제는 10년 동안 공제받을 수 있는 한도액이다

증여재산공제는 수증자가 10년 동안 공제받을 수 있는 한도액이므로 증여재산에 대하여 증여재산공제를 받기 위해서는 10년마다 증여를 하여야 한다. 앞에서도 살펴보았지만 10년 이내 증여재산에 대해서는 합산과세 되기 때문에 10년마다 증여하는 것은 증여세 절세를 위해 필요하다.

## 4. 부모 또는 자녀에게 증여할 경우 가능하면 공동명의로 하라

부모가 자녀에게 증여할 경우에는 아들·며느리 또는 딸·사위 부부 공동명의로 증여하는 것이 좋다. 그리고 자녀가 부모님에게 증여할 경우에는 부모님 공동명의로 증여하는 것이 좋다. 공동명의로 함으로써 증여공제를 수증자별로 각각 받을 수 있어 과세표준이 낮아진다. 뿐만 아니라 수증자별 과세원칙에 따라 증여세율도 합산해서 하는 것이 아니라 각각 적용되기 때문에 낮을 세율이 적용되어 증여세 부담이 훨씬 줄어든다. 증여받은 재산을 양도할 때도 양도소득 기본공제 250만 원을 수증자별로 받을 수 있고 과세표준도 수증자별로 나누어지기 때문에 낮은 세율이 적용되어 양도소득세도 절세할 수 있다.

## 5. 배우자에게 증여재산공제 범위 내에 부동산을 증여하여 취득가액을 높여라

남편이 부인에게 증여하는 경우 증여 전 최근 10년 이내에 배우자로부터 다른 증여받은 재산이 없는 경우에는 6억 원을 증여세 과세가액에서 공제가 가능하다. 따라서 부인이 증여받은 토지에 대하여 2개 이상의 감정평가법인으로부터 각각 6억 원으로 감정을 받아 그 감정가액의 평균액을 시가로 하여 증여세 신고하는 경우에는 증여재산공제액 범위 이내이므로 부인이 부담할 증여세는 없다.

이후 부인이 5년이 지난 후에 증여받은 토지를 양도하는 경우에는 그 증여재산가액을 취득가액으로 하여 양도소득세를 계산하게 되므로 취득가액이 높아져 양소득세 부담도 훨씬 줄어들게 된다. 특히 양도소득세가 중과되는 부동산이 있는 경우에는 배우자에게 증여를 하여 취득가액을 높이는 것도 절세의 방법이다. 하지만 증여받은 날로부터 5년 이내에 양도하는 경우에는 배우자 이월과세가 적용되어 증여한 배우자의 취득 당시 취득가액으로 양도차익을 산정하게 되므로 유의해야 한다.


## 6. 증여받은 재산으로 재산취득자금을 소명하고자 하는 경우 증여세 신고를 하는 것이 유리하다

증여받은 재산으로 부동산 취득자금으로 사용하고 재산취득자금의 출처로서 인정받고자 하는 경우에는 그 증여재산이 비록 증여재산공제액에 미달하여 납부할 증여세가 없는 경우에도 증여세를 신고하는 것이 유리하다. 즉, 증여세를 신고한 경우에는 신고한 증여재산을 포함하여 취득재산 또는 채무상환자금의 80%를 초과하는 금액(취득재산 등의 가액이 10억 원을 초과하는 경우 2억 원 미만)만 입증하게 되면 증여추정규정이 적용되지 않기 때문이다.

**절세 포인트 1.** 부모 또는 자녀에게 증여할 경우 가능하면 공동명의로 하라.

**절세 포인트 2.** 배우자에게 증여재산공제 범위 내에 부동산을 증여하여 취득가액을 높여라.

**절세 포인트 3.** 증여받은 재산으로 재산취득자금을 소명하고자 하는 경우 증여세 신고를 하는 것이 유리하다.

# 7. 어떤 재산을 증여할지
## 신중히 결정하라

어떤 재산을 증여할 경우 가장 절세효과가 있을까? 부동산일까, 금융재산일까? 우선 증여세 절세의 기본조건부터 알아보도록 하자.

### 1. 증여세를 절세하기 위해 어떤 자산부터 증여해야 할까?

#### 1) 저평가된 자산

저평가된 자산부터 먼저 증여하라. 왜냐하면 증여 후 10년 이내에 증여자가 사망하여 상속재산에 합산되어 상속세가 과세되더라도 상속개시까지의 가치증가분은 제외되어 평가액이 낮은 증여 시점의 가액으로 합산되기 때문이다.

#### 2) 시가와 기준시가의 차이가 큰 자산

시가와 기준시가와의 차이가 큰 자산부터 먼저 증여하라. 왜냐하면 증여재산의 평가는 원칙이 시가이나 일반적으로 시가가 존재하는 경우는 매우 드물어 실무상 보충적 평가방법을 적용하고 있기 때문이다.

#### 3) 수익이 많이 발생하는 자산

수익이 많이 발생하는 자산부터 먼저 증여하라. 왜냐하면 증여받은 재산으로부터 벌어들인 소득을 통해 아버지의 재산을 자식이 부담부증여 또는 자산양수 등으로 재산의 이전을 할 수 있을 뿐만 아니라 자금출처조사에 대비할 수 있기 때문이다.


## 2. 어떤 자산을 증여하는 것이 유리할까?

### 1) 금융자산 VS 부동산

증여세 절세의 기본조건을 가지고 판단하면 금융자산보다는 부동산을 증여하는 것이 더 유리하다. 왜냐하면 금융자산의 평가액은 시가와 동일하지만 부동산 중 보충적 평가방법으로 평가되는 경우 개별공시지가 또는 국세청 기준시가는 일반적으로 시가의 60%~70% 이하 수준이기 때문에 시가와의 차액만큼 증여세 절세효과가 있다. 그러나 만약 가업승계를 고려한다면 금융자산 중에서 비상장주식의 증여는 부동산 증여보다 상속세 절세측면에서 훨씬 유리할 수 있음을 기억하자.

2015년 증여세 결정현황 중 증여재산 종류별 비율을 분석하면 부동산이 45.90%로 가장 많은 비율을 차지하고 있으며, 금융자산 29.12%, 유가증권 19.09%, 기타 증여재산이 5.89%의 비율로 증여한 것으로 나타나고 있다. 여기서 주목해야 할 점은 50억 원 초과의 고액 증여부터는 부동산 증여 비율보다 유가증권 증여 비율이 더 높다는 것이다.


### 〈증여재산 종류별 증여세 결정현황〉

(단위: %)

| 총 증여재산가액 | 토지 | 건물 | 유가증권 | 금융자산 | 기타 증여재산 |
|---|---|---|---|---|---|
| 소계 | 25.45 | 20.45 | 19.09 | 29.12 | 5.89 |

| 1천만 원 이하 | 40.45 | 6.92 | 8.73 | 36.55 | 7.35 |
|---|---|---|---|---|---|
| 5천만 원 이하 | 28.42 | 16.99 | 14.2 | 33.27 | 7.12 |
| 1억 원 이하 | 34.19 | 27.55 | 7.42 | 28.11 | 2.73 |
| 3억 원 이하 | 30.78 | 28.33 | 9.96 | 27.13 | 2.79 |
| 5억 원 이하 | 27.89 | 25.06 | 12.46 | 29.58 | 5.01 |
| 10억 원 이하 | 27.15 | 22.63 | 14.38 | 30.91 | 4.92 |
| 20억 원 이하 | 27.09 | 18.31 | 17.70 | 29.31 | 7.58 |
| 30억 원 이하 | 22.52 | 12.36 | 30.68 | 22.22 | 12.23 |
| 50억 원 이하 | 17.86 | 9.25 | 31.23 | 27.85 | 13.82 |
| 50억 원 초과 | 6.75 | 3.50 | 49.00 | 32.19 | 8.57 |

출처: 국세청, 《국세통계연보》, 2015년 참조

## 2) 부동산 증여 VS 현금증여 후 부동산 취득

소득이 없는 자녀에게 부동산을 증여할 것인지 아니면 현금을 증여한 후 자녀가 부동산을 취득하는 것이 유리할 것인지 고민스러울 때가 있다. 결론부터 말하자면 부동산을 증여하는 것이 유리하다. 왜냐하면 현금을 증여한 후 자녀가 부동산을 취득한 경우 소득이 없기 때문에 자금출처소명을 못하므로 취득자금 전액을 증여받은 것으로 보고 구입가격 전액에 대해 증여세가 부과된다. 하지만 부동산을 취득한 후 몇 년 후에 증여한 경우에는 기준시가로 증여세가 과세되기 때문에 유리할 수밖에 없다. 그러나 부동산을 취득하여 증여할 경우 취득세를 이중으로 부담해야 하는 점은 유의해야 한다.

## 3. 어떤 부동산부터 증여하는 것이 유리할까?

이제부터 어떤 부동산을 증여하는 것이 절세에 도움이 되는지 알아보자.

### 1) 〈1 순위〉 임대소득이 발생하는 상업용 부동산

임대소득이 발생하는 상가, 빌딩 등 상업용 부동산은 일반적으로 매매사례가액을 적용하는 것이 쉽지 않다. 따라서 기준시가를 적용하게 되는데, 대부분 시가와 기준시가의 차이가 크기 때문에 증여세가 절세된다. 그리고 상업용 부동산의 경우 증여받은 자녀가 매월 임대소득을 얻기 때문에 자금출처조사에 대비할 수 있는 장점이 있다.

그런데 이러한 상업용 부동산의 경우 그 재산가액이 고액이기 때문에 막대한 증여세 재원을 어떻게 마련해야 하는지 문제가 된다. 이 경우 상업용 부동산 중 건물은 아버지가 보유하고 토지는 배우자 또는 자녀들에게 분할 해서 증여하는 것이 유리한데 그 이유는 다음과 같다.

첫째, 아버지가 건물을 소유하여 임대차계약서상 임대차계약의 당사자인 경우에 상속세 계산 시 임대보증금을 부채로서 공제받을 수 있기 때문에 상속세가 절세된다. 따라서 토지소유자와 건물소유자가 다른 경우 임대보증금의 귀속자를 잘 판단해야 상속세를 절세할 수 있으며, 가급적 임대보증금은 아버지에게 귀속되는 것으로 임대차계약을 체결하는 것이 상속세를 절세할 수 있는 방법이 된다.

둘째, 건물을 보유한 아버지는 배우자 또는 자녀의 토지를 사용하고 있기 때문에 토지 사용에 대한 임차료를 지불해야 하므로 배우자 또는 자녀에게 소득을 이전할 수 있어 소득세 절세효과까지 누릴 수 있다. 그리고 배우자 또는 자녀가 납부할 증여세는 아버지로부터 받은 토지에 대한 임대보증금으로 해결하면 된다.

## 2) 〈2 순위〉 토지

일반적으로 우리나라 토지의 표준지공시지가의 실지거래가 반영률은 아래 표와 같다. 특히, 수도권의 경우 60%에도 미치지 못해 일부 지방보다 표준지공시가의 실거래가반영률이 더 낮은 것으로 조사되고 있다. 따라서 유사매매사례가액 등 시가를 적용하기 힘든 토지를 증여할 경우 실거래가보다 낮은 개별공시지가로 평가되기 때문에 증여세 절세효과가 있다.

### 〈2011년도 표준지공시지가 실거래가반영률 현황〉

(단위: %)

| 전국<br>평균 | 서울 | 부산 | 대구 | 인천 | 광주 | 대전 | 울산 | 경기 |
|---|---|---|---|---|---|---|---|---|
| | 58.40 | 66.65 | 67.97 | 54.44 | 73.61 | 65.08 | 50.45 | 58.09 |
| 58.72 | 강원 | 충북 | 충남 | 전북 | 전남 | 경북 | 경남 | 제주 |
| | 49.82 | 55.07 | 57.26 | 63.46 | 64.98 | 58.28 | 54.83 | 64.91 |

## 3) 〈3 순위〉 단독주택 등

아파트보다는 단독주택, 다가구주택, 다세대주택이 유리하다. 왜냐하면 단독주택 등의 경우 일반적으로 유사매매사례가액을 적용하는 것이 쉽지 않기 때문에 주택공시가액으로 평가한다. 그래서 보통 시가와 주택공시가액과의 차이가 크기 때문에 아파트보다는 단독주택 등이 증여하기에는 유리하다.

### 4) 〈4 순위〉 아파트, 오피스텔 등

아파트, 오피스텔 등은 유사매매사례가액을 시가로 적용할 가능성이 높기 때문에 절세효과가 거의 없다. 심판결정례를 통해 시가 인정의 기준을 살펴보면 위치, 용도, 면적, 기준시가, 조망권, 일조권 등을 기준으로 순차적으로 적용하여 그 동일성 또는 유사성을 판단함으로써 시가 인정 여부를 결정하고 있다.

심판결정례를 분석해 보면 평가대상 아파트보다 조건이 열위한 다른 아파트 매매사례가액은 평가대상 아파트의 시가로 인정하고 있는 데 비해, 평가대상 아파트보다 조건이 우위한 다른 아파트 매매사례가액은 평가대상 아파트의 시가로 인정하고 있지 않은 것으로 나타난다. 따라서 이를 잘 활용하면 아파트 등 평가대상 재산의 시가를 보다 합리적으로 평가하여 신고할 수 있어 불합리하게 증여세가 부과되는 것을 피할 수 있을 것이다.

---

**절세 포인트 1.** 증여세를 절세하기 위해서는 저평가된, 시가와 기준시가 차이가 큰, 수익이 많이 발생하는 자산부터 증여하는 것이 유리하다.
**절세 포인트 2.** 금융자산보다는 부동산을 증여하는 것이 유리하며, 현금증여 후 부동산을 취득하는 것보다는 부동산을 직접 증여하는 것이 일반적으로 유리하다.
**절세 포인트 3.** 부동산의 경우 임대소득이 발생하는 상업용 부동산, 토지, 단독주택, 아파트 및 오피스텔 순서로 증여하는 것이 유리하다.

---

# 8. 손주에게 증여해서
## 상속세까지 절세하자

할아버지가 손주에게 재산을 증여(이하 '세대생략 증여'라 함)하면 할아버지에서 아버지로 재산이 이전되었다가 다시 아버지에서 손주로 이전되는 경우(이하 '단계적 증여'라 함)에 비하여 한 단계가 생략되었으므로 증여세 부담이 훨씬 줄어들 수 있다.

## 1. 세대생략 증여를 하면 증여세 30%(40%)가 할증 과세된다

세법은 한 세대를 건너뛰어 재산을 이전함으로써 상속세 또는 증여세를 회피하는 행위를 방지하기 위하여 증여자의 자녀가 아닌 직계비속에게 재산을 증여하는 경우에는 증여세액에 세액의 30%(증여재산가액이 20억 원을 초과하는 경우에는 40%)에 상당하는 금액을 할증해서 과세하도록 하고 있다. 만약 아버지가 아들에게 증여하여 계산한 증여세액이 1,000만 원이라고 할 경우 할아버지가 손주에게 증여하면 1,300만 원의 증여세를 내야 한다는 것이다. 하지만, 아버지가 사망한 상태에서 할아버지가 손주에게 증여하는 경우에는 할증 과세를 하지 않는다. 그리고 직계존·비속 간인지 여부를 판정할 때는 부계와 모계를 모두 포함하기 때문에 할아버지, 할머니가 손주에게 증여하는 경우뿐만 아니라 외할아버지, 외할머니가 외손주에게 증여하는 경우에도 할증 과세가 된다.

그러므로 세대를 건너뛰어 증여를 하고자 할 때에는 30%(40%) 할

증 과세를 한다는 것을 고려하여 증여 여부를 결정하는 것이 좋다.


## 2. 세대생략증여가 유리한 경우도 많다

세대생략증여의 경우 30%(40%) 할증이 있지만 단계적인 증여보다 유리한 경우가 많다. 구체적인 세 부담을 계산해 보면서 세대생략증여의 활용 여부를 판단해 볼 필요가 있다.


### 1) 증여세와 취득세 절세

일반적인 증여의 경우

|  |  |
|---|---|
| 증여재산 : 10억 원 | 증여재산 : 797,500,000원 |
| 1차 증여세 : 202,500,000원 | 2차 증여세 : 147,825,000원 |

증여세 합계 : 350,325,000원

세대생략 증여의 경우

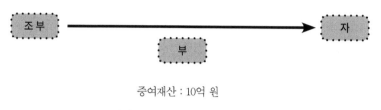

증여재산 : 10억 원

증여세 : 263,250,000원(30% 할증)

---

→ 일반증여보다 87,075,000원 절세 가능

그리고 일반적인 증여의 경우 취득세가 2회 과세하는 데 비해 세
대생략 증여는 취득세가 1회 과세되기 때문에 취득세까지 고려할 경
우 그 절세효과는 더 커지게 된다.

## 2) 상속세 합산과세 기간 단축

자녀에게 증여하는 경우 상속인에 대한 사전증여에 해당되어 상
속개시 전 10년 이내 증여한 재산은 상속세 과세 시 합산된다. 하지
만 세대생략 증여를 통해 손자녀에게 증여한 경우에는 상속인 외의
자에 대한 사전증여에 해당되어 상속개시 전 5년 이내 증여한 재산
만 상속세 과세 시 합산된다. 따라서 세대생략 증여를 통해 상속세
합산과세 기간을 5년으로 단축할 수 있기 때문에 상속세로 합해져
서 정산되는 것을 피할 수 있는 것이다.

## 3. 상속세 납세의무와의 상관관계

### 1) 사전증여만 받은 경우 상속세 납세의무, 연대납세의무 배제

손주가 피상속인으로부터 상속개시일 전 5년 이내에 증여받은 재산만 있는 경우에는 상속인 외의 자이기 때문에 상속세 납부의무 및 연대납부의무는 없다.

### 2) 사전증여재산에 대한 상속세는 상속인·수유자가 안분함

상속개시일 전 5년 이내에 피상속인이 상속인이 아닌 손주에게 증여한 재산가액은 상속세과세가액에 합산한다. 결국 손주가 부담한 당초 증여세 납부세액과 상속재산의 합산과세에 따른 추가적인 누진세율에 다른 증가액과의 차액을 상속인 및 수유자가 부담하게 되어 간접적으로 손주에게 증여하는 효과가 있다.

---

**절세 포인트 1.** 세대생략 증여할 경우 증여세가 30%(40%) 할증 과세 된다.

**절세 포인트 2.** 세대생략 증여가 유리한지 여부는 사전에 세무전문가를 통해서 상의해라.

**절세 포인트 3.** 손주에게 상속개시 5년 이내에 증여한 재산은 상속세과세가액에 합산되지만, 상속세는 상속인 등이 부담하기 때문에 간접적인 증여효과가 있다.

---

# 9. 보험계약도 잘해야 절세된다

상속세 및 증여세법은 생명보험이나 손해보험에서 보험금 수령인과 보험료 납부자가 다른 경우로써 보험계약 기간에 보험금 수령인이 타인으로부터 재산(예를 들면 현금)을 증여받아 보험료를 납부한 경우에는 보험금에 대해 증여세를 과세하도록 하고 있다.

## 1. 세법은 보험금에 대한 증여를 실질과세원칙에 따라 한다

상속세 및 증여세법은 증여 사실을 판단할 때 실질과세원칙에 따라 보험계약자 중심이 아닌 보험료 불입자와 보험금 수익자의 관계로 판단한다. 예를 들어 보험계약상 보험계약자는 아버지로 되어 있고 보험수익자는 자녀로 되어 있지만, 실질적으로 보험금 수익자인 자녀가 보험료를 납부하여 보험료를 납부한 사람과 보험금 수익자가 동일하다면 증여세를 과세하지 않는다. 결국 보험료 납부자와 보험금 수익자가 동일하면 증여세를 과세하지 않지만 보험료 납부자와 보험금 수익자가 다르다면 증여세를 과세하는 것이다.

## 2. 보험금 증여에 대해서는 언제 과세할까?

### 1) 보험사고가 발생한 경우

일반적으로 생명보험 또는 손해보험에서 보험료를 지급한 때가 아니라 보험사고가 발생한 때에 증여한 것으로 본다. 만약 보험사고 없이 보험기간이 만기 된 경우에는 만기일을 증여한 것으로 본다.

### 2) 보험사고 발생 전에 중도인출 또는 해약한 경우

보험료를 불입한 사람과 중도인출금 또는 해약환급금을 받은 사람이 다른 경우에는 중도인출 또는 해약일에 증여한 것으로 본다.

## 3. 보험사고 전 보험계약자와 수익자를 변경한 경우

보험계약자 및 수익자의 변경은 보험사고나 보험금 지급 만기일에 해당하는 것이 아니므로 증여 시기가 도래하지 않았기 때문에 증여세는 부과되지 않는다.

## 4. 보험계약기간 밖에서 증여받아 보험료를 납부한 경우

과세관청은 보험계약 기간과 무관하게 보험계약기간 밖에서 보험금 수령인이 타인으로부터 재산을 증여받아 보험료를 불입한 경우에도 보험금 수령인이 증여받은 것으로 보아 증여세를 과세하도록 하고 있다.

**절세 포인트 1.** 보험료 납부자와 보험금 수익자가 동일하면 증여세를 과세하지 않지만, 보험료 납부자와 보험금 수익자가 다르다면 증여세를 과세한다.

**절세 포인트 2.** 보험금에 대한 증여 시기는 보험사고 발생일(또는 만기일)이며 중도에 인출 또는 해약한 경우에는 인출일 또는 해약일이 된다.

**절세 포인트 3.** 보험계약기간 밖에서 증여받아 보험료를 납부한 경우에도 증여세가 과세되니 주의하라.

# 10. 보험계약을 통해 증여할 경우
## 자금출처 마련에 주의하자

보험계약을 통해 보험료를 실제 납부한 사람(보험계약자가 아님)과 보험금을 수령한 사람(보험수익자가 아님)이 서로 다르면 보험금을 수령한 사람은 보험금을 무상으로 수령하기 때문에 실질적으로 증여에 해당되어 증여세를 과세한다. 그리고 미성년자 등이 재산을 증여받아 보험에 가입한 후 보험사고의 발생으로 재산가치가 증가한 경우에도 타인의 기여에 의해 보험이익이 발생되는 것이므로 증여세를 과세한다.

생명보험 또는 손해보험에 있어서 보험금 수령인과 보험료 납부자가 다른 경우에는 보험사고가 발생한 때에 보험금 상당액을 보험금 수령인의 증여재산가액으로 한다.

첫째, 그 대상은 생명보험과 손해보험인 경우이다.

둘째, 과세요건은 보험금 수령인과 보험료 납부자가 다른 경우이다.

셋째, 증여 시기는 보험사고가 발생한 때이다. 보험금액의 수령 시점이 증여 시기가 아님을 유의해야 한다.

넷째, 증여재산가액은 보험금 상당액이다. 그리고 보험금 수령인이 아닌 자가 납부한 보험료가 일부 있는 경우에는 다음과 같이 증여재산가액을 계산한다.

$$\text{증여재산가액} = \text{보험금} \times \frac{\text{보험금 수령인 이외의 자가 납부한 보험료}}{\text{납부한 보험료 총 합계액}}$$

## 1. 보험금 수령인이 타인으로부터 재산을 증여받아 보험료를 납부한 경우

보험계약기간에 보험금 수령인이 타인으로부터 재산을 증여받아 보험료를 납부한 경우에는 보험료납부액에 대한 보험금 상당액에서 그 보험료 납부액을 뺀 가액을 보험금 수령인의 증여재산가액으로 한다.

보험계약 기간에 보험금 수령인이 타인으로부터 재산을 증여받아 보험료를 납부한 경우에는 그 보험료납부액에 대한 보험금상당액에서 그 보험료납부액을 뺀 가액을 증여재산가액으로 한다.

$$\text{증여재산가액} = \text{보험금} \times \frac{\text{재산을 증여받아 납부한 보험료}}{\text{총 납부한 보험료}} - \frac{\text{재산을 증여받아}}{\text{납부한 보험료}}$$

보험계약기간 밖에서 보험금 수취인이 타인으로부터 재산을 증여받아 보험료를 불입한 경우에도 보험금 수령인의 증여재산으로 한다.


## 2. 미성년자 등이 재산을 증여받아 5년 이내 보험사고 발생으로 가치가 상승한 경우

미성년자 등이 재산을 증여받아 5년 이내에 보험사고 발생으로 일정 기준(30%, 3억 원 중 적은 금액)의 가치가 상승한 경우 그 가치 상승분의 이익을 얻은 자의 증여재산가액으로 한다.

결국, 보험료를 자녀에게 증여하고 증여세 납부 후에 자녀를 계약자와 수익자로 하여 보험에 가입하더라도 증여 시기는 보험사고가 발생한 때이므로, 보험금을 수령하게 되는 시점에 보험금과 보험료 차액인 보험차익에 대하여 증여세를 납부해야 하는 것이다.

보험료를 납부할 수 있는 자금출처를 마련하는 한 가지 방법은 수익용 부동산 등(예를 들면 주거용으로 사용하는 오피스텔)을 증여세를 부담하면서 증여하는 것이다. 이 경우 주택임대(고가주택은 제외)에 대하여는 소득세 부담이 없으며, 자녀는 수익용 부동산에서 나오는 임대수입으로 자기계산과 자기 책임하에 보험계약을 체결하는 것이다.

그러나 위의 거래를 과세관청에서 보험계약체결을 위한 연속된 행위로 보는 경우에는 증여세가 과세될 수 있음에 유의해야 한다. 왜냐하면 상속세 및 증여세법은 둘 이상의 행위 또는 거래를 거치는 방법으로 증여세를 부당하게 감소시킨 것으로 인정되는 경우에는 그 행위 또는 거래의 명칭이나 형식에 관계없이 그 경제적 실질 내용에 따라 당사자가 직접 거래한 것으로 보거나 연속된 하나의 행위 또는 거래로 보아 이 법에서 정하는 바에 따라 증여세를 부과하도록 하고 있기 때문이다.

---

**절세 포인트 1.** 보험료를 자녀에게 증여하고 증여세 납부 후에 자녀를 계약자와 수익자로 하여 보험에 가입하더라도 보험차익에 대하여 증여세를 납부해야 하는 것이다.
**절세 포인트 2.** 보험료를 증여하는 것보다는 보험료를 납부할 수 있는 능력을 키워 주는 것이 중요하다.
**절세 포인트 3.** 경제적 실질에 따른 증여세 과세가 되지 않도록 세금계획을 세워야 한다.

# 11. 이혼도 잘해야 세금을 절세할 수 있다

이혼할 경우 흔히 문제가 생기는 재산분할, 위자료 및 자녀양육비에 대해서 어떤 세금 문제가 발생되는지 알아보자.

## 1. 재산분할에 대해서는 증여세가 과세되지 않는다

### 1) 재산분할을 통해 재산을 취득한 경우

재산분할은 결혼생활을 하면서 부부가 같이 모은 공동재산을 이혼을 통해 각자의 소유로 청산하는 것이기 때문에 비록 무상으로 취득하더라도 증여세를 과세하지 않을 뿐만 아니라 대가성이 없기 때문에 양도소득세도 과세되지 않는다. 그러나 위장이혼을 상태에서 또는 이혼하지 아니한 상태에서 재산분할을 하는 경우에는 증여세가 과세된다.

### 2) 재산분할을 통해 취득한 재산을 양도한 경우

재산분할을 통해 취득한 재산의 취득 시기와 취득가액은 소유권을 이전해 준 이혼자의 당초 취득 시기와 취득가액을 말한다.

예를 들면, A와 B가 이혼을 하면서 결혼생활 중에 취득한 A 소유의 아파트(취득일 2010년 1월 1일, 취득가액 5억 원, 시가 7억 원)를 B에게 재산분할을 이유로 2013년 4월 1일 소유권 이전을 했다. 그 후 B는 2014년 4월 1일 C에게 재산분할을 통해 취득한 아파트를 8억 원에 양도한 경우 취득 시기는 2010년 1월 1일이기 때문에 보유 기간은 2010년 1월 1일부터 2014년 3월 31일까지이며, 취득가액은 당초 취득가액인 5억 원이다.


## 2. 위자료를 주는 경우에는 조심해야 한다

### 1) 위자료를 통해 재산을 취득한 경우

위자료는 이혼 등에 따라 정신적 또는 재산상 손해배상의 대가로 주는 것이기 때문에 위자료 지급을 통해서 채권·채무가 청산된다. 따라서 위자료를 수령하는 것은 대가성이 있는 것이기 때문에 증여세 과세문제는 발생하지 않는다. 그러나 양도소득세가 과세되는 부동산 등으로 위자료를 지급한 경우에는 유상양도에 해당하기 때문에 만약 양도차익이 발생하면 위자료를 지급한 사람은 양도소득세 납세의무를 진다.

### 2) 위자료를 통해 취득한 재산을 양도한 경우

이혼위자료를 통해 취득한 부동산의 취득 시기는 소유권 이전 등기접수일이 되며, 취득가액은 위자료가 되는 것이지만 위자료가 불분명한 경우에는 매매사례가액, 감정가액 또는 환산가액 등이 된다.

예를 들면, A와 B가 이혼을 하면서 결혼생활 중에 취득한 아파트(취득일 2010년 1월 1일, 취득가액 5억 원, 시가 7억 원)를 A가 B에게 위자료(7억 원)를 지급하는 조건으로 2013년 4월 1일 소유권 이전을 했다.

그 후 B는 2014년 4월 1일 C에게 아파트를 8억 원에 양도한 경우 취득 시기는 2013년 4월 1일이기 때문에 보유 기간은 2013년 4

월 1일부터 2014년 3월 31일까지이며, 취득가액은 위자료인 7억 원이 된다.

### 3. 자녀양육비를 지급할 경우에도 조심해야 한다

상속세 및 증여세법은 피부양자의 생활비, 교육비를 포함하여 사회통념 상 인정되는 것에 대해서는 증여세를 부과하지 않도록 하고 있다. 그러나 이혼한 부부 사이에 자녀양육비를 지급하는 경우 자녀양육비 지급의무(채무)가 소멸되어 대가성이 인정되기 때문에 자녀양육비를 현금으로 지급하는 대신에 부동산으로 지급한 경우에는 유상양도에 해당하기 때문에 양도소득세를 부담하게 된다.

---

**절세 포인트 1.** 재산분할을 통해 재산을 취득한 경우 증여세 과세대상이 아니다.
**절세 포인트 2.** 위자료를 지급할 경우 양도소득세 납세의무를 부담할 수 있다.
**절세 포인트 3.** 자녀양육비를 지급할 경우 양도소득세 납세의무를 부담할 수 있다.

---

# 12. 부모 자식 사이에
# 빚을 함부로 변제하지 말자


상속세 및 증여세법은 채권자로부터 채무를 면제받거나 제3자로부터 채무의 인수 또는 변제를 받은 경우에 그 면제, 인수 또는 변제로 인한 이익을 증여재산가액으로 보아 증여세를 과세하도록 하고 있다.


## 1. 수증자가 증여재산가액을 초과하여 채무를 인수한 경우

수증자가 증여재산가액을 초과하여 채무를 인수한 경우(역증여)에는 초과되는 금액은 수증자가 증여자에게 증여한 것으로 보기 때문에 증여세가 과세될 수 있다.

예를 들어 아버지가 아들에게 개별공시지가 4억 원에 해당하는 토지를 증여하면서 아버지의 채무 6억 원을 인수하는 부담부증여가 이루어진 경우 수증자인 아들은 증여받은 재산이 없기 때문에 증여세가 과세되지 않는다. 하지만 아들이 토지 4억 원을 초과하여 채무 6억 원을 인수하였기 때문에 그 초과되는 2억 원에 대해서는 아들이 아버지에게 증여한 것으로 보아 증여세가 과세된다.


## 2. 이혼위자료를 본인을 대신하여 제3자가 지급한 경우

남편을 대신하여 시어머니로부터 이혼위자료를 지급받은 경우에는 남편이 그의 어머니로부터 이혼위자료를 증여받은 것으로 본다.


## 3. 부담부증여 후에도 증여자가 계속하여 이자를 부담하는 경우

부담부증여계약 후에도 증여자가 이자를 지급한 사실이 있으므로 수증자의 진정한 채무의 인수로 인정할 수 없다. 예를 들어 아버지가 아들에게 4억 원에 해당하는 아파트를 증여하면서 은행 대출 2억 원을 아들이 인수하는 부담부증여가 이루어진 경우 후에도 은행대출이자를 아버지가 부담한 경우 수증자인 아들은 증여받은 재산이 없기 때문에 증여세가 과세되지 않는다.


## 4. 대신 변제하지 말고 직접 변제하라

가족의 채무(증여세 납부의무 포함)를 대신 변제 등을 해야 하는 상황인 경우 현금을 자녀에게 증여하지 말고 부모가 직접 변제하는 것이 좋다. 왜냐하면 현금을 증여하고 자녀가 증여받은 현금으로 채무를 변제한 경우 수증자가 증여세를 납부할 능력이 없더라도 증여세가 면제되지 않을 뿐만 아니라 증여자에게 연대납세의무가 부여된다. 반면 채무면제 등에 따른 증여의 경우 수증자가 증여세를 납부할 능력이 없는 경우에는 증여세를 면제하도록 하고 있을 뿐만 아니라 증여자에게 연대납세의무도 부여하고 있다.

# 13. 부모 자식 사이에 부동산을
# 공짜로 사용하면 증여세 내야 한다

상속세 및 증여세법은 타인의 부동산을 무상으로 사용하거나 무상으로 담보로 이용하는 경우 부동산 무상사용 이익에 대해서 증여세를 과세하도록 하고 있다. 만약 아들이 건물을 소유하고 있으며, 그 토지는 아버지가 소유하고 있는 경우로서 아들이 아버지의 토지를 무상사용한 이익이 1억 원 이상인 경우에는 아들에게 증여세가 과세되는 것이다.

## 1. 증여세 과세요건

부동산의 무상사용 이익에 대해서 증여세를 과세하기 위해서는 다음의 요건을 충족해야 한다.

### 1) 타인의 부동산을 무상으로 사용할 것

부동산의 무상사용 이익에 대해 증여세를 과세하기 위해서는 타인 부동산을 무상으로 사용하여야 한다. 다만, 그 이익이 1억 원 미만인 경우에는 증여세를 과세하지 않는다. 그리고 특수관계가 없는 자 사이의 거래인 경우에는 거래의 관행상 정당한 사유가 없는 경우에 한하여 증여세를 과세한다.

## 2) 타인의 부동산을 무상으로 담보로 이용할 것

부동산의 무상사용 이익에 대해서 증여세를 과세하기 위해서는 타인 부동산을 무상으로 담보로 이용하여야 한다. 다만, 그 이익이 1천만 원 미만인 경우에는 증여세를 과세하지 않는다. 그리고 특수관계가 없는 자 사이의 거래인 경우에는 거래의 관행상 정당한 사유가 없는 경우에 한하여 증여세를 과세한다.


## 2. 부동산 무상사용 이익의 증여재산가액의 계산

### 1) 각 연도 부동산 무상사용 이익

각 연도 부동산 무상사용 이익 = 부동산가액 × 2%

### 2) 부동산 무상사용에 따른 증여재산가액

$$증여재산가액 = \sum_{n=1}^{5} \frac{각\ 연도\ 부동산\ 무상사용\ 이익}{\left(1 + \frac{10}{100}\right)^n}$$

## 3. 부동산 담보이용 이익의 증여재산가액의 계산

증여이익 = 차입금액 × 적정이자율 - 실제 지급한 이자

## 4. 부동산을 무상 또는 시가보다 저가·고가 사용에 따른 세금 문제

### 1) 증여세 과세

부동산임대용역의 대가를 시가보다 저가·고가 사용함으로서 시가와 대가와의 차액이 시가의 30% 이상인 경우에는 상속세 및 증여세법 제42조 제1항 제2호의 규정에 의하여 증여세를 과세한다.

### 2) 소득세 과세

특수관계자에게 부동산을 무상으로 사용하게 하거나 시가보다 저가로 사용하게 한 경우에는 소득세법 제41조의 규정에 의하여 부당행위계산규정이 적용되어 부동산 소유자에게 소득세를 과세한다.

### 3) 부가가치세 과세

사업자가 특수관계에 있는 자에게 사업용 부동산의 임대용역에 대한 대가를 받지 않고 공급하는 경우에는 용역의 공급으로 보아 부가가치세를 과세하며 이 경우 과세표준은 시가로 한다.


## 5. 절세전략

위에서 살펴본 바와 같이 부모 소유의 토지 위에 자녀가 건물을 신축하여 부모의 토지를 무상으로 사용할 경우 무상사용 이익에 대하여 증여세를 과세하며, 토지 소유자인 부모에게는 소득세법 및 부가가치세법상 부당행위계산규정이 적용되어 소득세와 부가가치세를 과세한다. 그런데 토지소유자인 부모와 건물소유자인 자녀가 함께 각각 토지와 건물을 현물출자할 때 사전약정에 따라 토지 및 건물에 대한 사용권리만 각각 출자하여 부동산 임대사업 등 공동사업을 영위하는 경우에는 위의 과세문제를 해결할 수 있다. 뿐만 아니라 공동사업으로 영위하는 경우에는 1인이 단독으로 임대사업을 영위하는 경우에 비해 소득세 절세도 가능하다.

# 14. 차등배당을 통해 절세하라

## 1. 차등배당에 대하여는 증여세가 과세된다

상속세 및 증여세법은 법인이 잉여금을 배당할 때 법인의 최대주주가 배당을 일부 또는 전부를 포기하거나 주식 수에 비례하지 않은 조건으로 배당을 받아 최대주주의 자녀 등 특수관계인이 보유한 주식에 비하여 높은 금액의 배당을 받을 경우에는 증여세를 과세하도록 하고 있다.

## 2. 수증자와 증여자의 범위

수증자는 본인이 보유한 법인의 주식에 비하여 높은 금액의 배당을 받은 자로서 그 법인의 최대주주의 특수관계인이 된다. 증여자는 법인의 최대주주로서 본인이 지급받을 배당금액의 전부 또는 일부를 포기하여 과소배당을 받은 사람이 된다.

## 3. 증여세 과세 제외

초과배당금액에 대한 증여세액이 초과배당금액에 대한 소득세 상당액보다 적은 경우에는 초과배당에 따른 이익의 증여규정은 적용하지 않는다. 즉 증여세와 소득세를 비교하여 큰 금액으로 과세되는 것이다.

## 4. 초과배당의 유용성

차등배당은 다음 두 가지 점에서 유용하다. 첫째, 법인의 자금을 이용하여 증여세가 과세되지 않는 범위 내에서 차등배당을 실시하여 자녀에게 재산취득자금 등의 재원을 마련해줄 수 있다. 둘째, 차등배당을 통해 법인의 주식가치도 낮출 수 있기 때문에 주식을 상속 또는 증여할 경우 상속세 및 증여세를 절세할 수 있다.

# 15. 자금출처에 대해 꼭 챙기자

재산취득자금 등의 증여추정 규정은 재산취득자금의 증여추정, 채무상환금액의 증여추정 및 차명계좌의 증여추정 세 가지로 되어 있다.

직업·연령·소득·재산상태 등으로 볼 때 자기 힘으로 재산을 취득하기가 어려운 사람이 어떤 재산을 취득한 경우 또는 채무를 상환한 경우 및 차명계좌를 보유하고 있는 경우, 재산취득자금 또는 채무상환자금 및 차명계좌의 출처에 대하여 소명의 기회를 준다.

그러나 자금출처에 대한 충분한 소명을 하지 못하는 경우에는 재산취득자금 또는 채무상환자금 및 차명계좌자금을 타인으로부터 증여받은 것으로 보아 증여세를 부과하도록 하는 규정이다.


## 1. 얼마 이상 자금출처를 입증해야 하나?

상속세 및 증여세법은 취득재산가액(또는 채무상환자금)이 10억 원 미만인 경우에는 80% 이상 입증하면 증여추정을 배제한다. 그리고 취득재산가액(또는 채무상환자금)이 10억 원 이상인 경우에는 입증하지 못한 금액이 2억 원 미만이면 증여추정을 배제하도록 하고 있다. 따라서 재산취득자금 또는 채무상환자금 100%에 대해서 자금출처를 소명할 필요는 없다.

## 2. 자금출처로 인정되는 것은 어떤 것이 있는가?

자금출처로 인정되는 금액은 다음과 같다.

① 보유재산 처분액 : 처분금액이 확인되는 경우에는 처분가액에서 양도소득세 등을 차감한 금액, 처분금액이 불분명한 경우에는 상속세 및 증여세법상 평가액에서 양도소득세 등을 차감한 금액

② 이자·배당소득 : 지급금액에서 원천징수세액을 차감한 금액

③ 사업소득 : 소득금액에서 소득세 상당액을 차감한 금액

④ 근로소득 : 총급여액에서 원천징수세액을 차감한 금액

⑤ 퇴직소득 : 총지급액에서 원천징수세액을 차감한 금액

⑥ 기타소득 : 소득금액에서 원천징수세액을 차감한 금액

⑦ 차입금 : 차입금액. 다만, 배우자 및 직계존·비속 간의 소비대차는 인정되지 않음

⑧ 임대보증금 : 전세금 또는 보증금

## 3. 증여추정 배제기준

| 구분 | 취득재산 | | 채무상환 | 총액한도 |
|---|---|---|---|---|
| | 주택 | 기타재산 | | |
| 1. 세대주인 경우<br>가. 30세 이상인 자<br>나. 40세 이상인 자 | 2억 원<br>4억 원 | 5천만 원<br>1억 원 | 5천만 원 | 2억 5천만 원<br>5억 원 |
| 2. 세대주가 아닌 경우<br>가. 30세 이상인 자<br>나. 40세 이상인 자 | 1억 원<br>2억 원 | 5천만 원<br>1억 원 | 5천만 원 | 1억 5천만 원<br>3억 원 |
| 3. 30세 미만인 자 | 5천만 원 | 3천만 원 | 3천만 원 | 8천만 원 |

## 4. 자금출처 확보방안을 마련하라

### 1) 임대차계약의 당사자를 자녀로 해라

2인 이상이 부동산을 공동으로 취득한 후 임대하고 수령한 임대보증금을 해당 부동산 취득자금으로 사용한 경우에 그 임대보증금이 누구의 취득자금으로 인정되는지 여부는 실지임대차계약내용에 따라 그 귀속 여부를 판정한다. 이 경우 공동취득자 중 1인만이 임대차계약을 체결한 경우에는 임대보증금은 그 임대차계약을 체결한 임대차계약의 당사자인 1인에게 귀속되는 것이라고 국세청은 해석하고 있다. 따라서 자금출처가 부족한 자녀와 공동으로 취득한 부동산을 임대할 경우 임대차계약의 당사자를 자녀로 하는 것이 취득자금에 대한 증여세를 절세할 수 있다.

### 2) 부모로부터 차입을 해라

부모로부터 차입하는 것을 고려하는 경우 다음 요건을 충족하여야 증여세 과세를 피할 수 있다. 첫째, 금전대차거래에 관한 계약서가 있어야 하고 둘째, 계약에 따른 적정한 이자 지급(연 이자율 4.6%)이 있어야 하며, 셋째, 대여금과 이자 지급이 금융기관을 통한 계좌이체를 하여야 한다.

### 3) 차명계좌는 실질 지배·관리 여부에 따라 증여를 판단한다

단순히 자녀 명의의 예금계좌에 현금을 입금한 후 본인이 관리해오다가 예금을 인출하여 본인이 사용한 것이 확인되는 때에는 증여로 보지 않는다.

# 16. 자금출처와 함께 꼭 알아야 할 PCI

### (소득-지출 분석시스템)

## 1. PCI(소득−지출 분석시스템)이란?

  PCI 분석 시스템(Property, Consumption and Income Analysis System)이
란 국세청에서 보유하고 있는 과세정보자료를 체계적으로 통합 관
리하여 일정 기간 신고소득(Income)과 재산증가(Property)·소비지출액
(Consumption)을 비교·분석하여 탈루혐의 금액을 분석하는 시스템을
말한다.

## 2. 시스템 활용 방안

### 1) 취약·호황업종 위주로 성실신고유도 추진
  사회적으로 문제업종 및 고소득 자영업자 위주로 숨은 세원 관리
를 강화하고, 점차적으로 일반 업종으로 확대할 예정이다.

### 2) 기업주의 법인자금 사적 사용 여부 검증
  영리법인의 개인 사주가 회사자금을 임의로 유용하여 사적으로

소비지출·재산증식 하였는지 여부를 검증할 예정이다.

## 3) 고액자산 취득 시 자금출처관리 강화

취득능력이 부족한 자(소득이 없는 자·미성년자 등)가 고액의 부동산 등을 취득 시 자금출처관리에 활용할 예정이다.

## 4) 세무조사대상자 선정 시 활용

고소득 자영업자 세무조사대상자 선정 시 분석시스템을 활용하여 신고소득에 비해 재산증가나 소비지출이 큰 사업자 위주로 선정할 예정이다.

## 3. 고소득 의료업자의 과소신고 혐의 적출 사례

### 1) 사업자 현황

해당 사업자는 ○○도 △△시에서 □□의원을 운영하며 최근 5년간 종합소득금액 3억 2,200만 원(월 500만 원)을 신고하였다.

### 2) 혐의 적출

○○구 소재 시가 25억 원 하는 고급주택에 거주하며, 고급 승용차를 소유하고, 자녀 3명을 캐나다로 유학 보내고, 해외여행 등을 32차례 가는 등 소득에 비해 소비수준이 과다한 것으로 분석되었다.

## 3) 탈루혐의 추정액

# 17. 자산가가 특별히 주의해야 할 FIU법

## 1. FIU법이란?

FIU(Financial Intelligence Unit, 금융정보분석원)는 금융기관으로부터 자금세탁 관련 혐의거래 보고 등 금융정보를 수집·분석하여 이를 검찰청 등 법 집행기관에 제공하는 단일의 중앙행정조직을 말한다. FIU는 이미 OECD 소속 대부분의 국가에서 설립·운영되고 있으며 우리나라는 '특정 금융거래 정보의 보고 및 이용 등에 관한 법률'을 제정하고 2001년부터 FIU를 설립, 운영하고 있다.

## 2. 금융거래보고제도

금융정보분석원은 금융기관의 전체 거래내용 가운데 금융정보분석원 보고 대상 기준에 해당하는 금융거래내역을 제공받고, 제공된 거래자료 중 자금세탁이나 탈세 등의 혐의가 있는 거래에 한해 국세청에 관련 정보를 제공한다. 다시 말해 금융거래 정보는 국세청으로 직접 보고되는 것이 아니며, 국세청은 자금세탁방지기구인 FIU(금융정보분석원)을 통해 제공받은 금융거래 내용을 조사해 세금 부과에 활용하는 것뿐이다.

## 3. STR과 CTR

FIU법 운영의 핵심축은 STR과 CTR이다.

### 1) 의심거래보고(Suspicious Transaction Report, STR)

금융거래(카지노에서의 칩 교환 포함)와 관련하여 수수한 재산이 불법재산이라고 의심되는 합당한 근거가 있거나 금융거래의 상대방이 자금세탁행위를 하고 있다고 의심되는 합당한 근거가 있는 경우 이를 금융정보분석원장에게 보고토록 한 제도이다. 불법재산 또는 자금세탁행위를 하고 있다고 의심되는 합당한 근거의 판단주체는 금융회사 종사자이며, 그들의 주관적 판단에 의존하는 제도라는 특성이 있다.

제대로 보고하지 않을 경우 처벌을 받기도 하지만, 실제로 의심거래보고는 급속히 늘어나고 있는 실정이다. 의심거래건수는 2002년 275건을 시작으로 2012년에는 29만 200여 건으로 대폭 증가했다. 이 중 2만 2,000여 건을 국세청 등 법집행기관에 제공했고, 그중 국세청에 제공된 정보 비중이 50% 이상을 차지하고 있다.

### 2) 고액현금거래보고(Currency Transaction Reporting System, CTR)

일정 금액 이상의 현금거래를 FIU에 보고토록 한 제도이다. 1일 거래일 동안 2천만 원 이상의 현금을 입금하거나 출금한 경우 거래자의 신원과 거래일시, 거래금액 등 객관적 사실을 전산으로 자동 보고토록 하고 있다. 따라서 금융기관이 자금세탁의 의심이 있다고 주관적으로 판단하여 의심되는 합당한 사유를 적어 보고하는 의심거래보고(STR)와는 구별된다. 고액현금거래보고는 2012년

1,033만여 건이 금융정보분석원에 보고됐다.


## 4. 최근 FIU(금융정보분석원)법 개정 내용

국세청은 조세범죄 사건 조사 때 FIU(금융정보분석원) 정보를 활용할 수 있을 뿐 아니라, 탈세와 탈루혐의가 있을 때도 활용할 수 있게 되었다. 당초에는 국세청이 숨겨진 세원 확보를 위해서는 금융정보분석원(FIU)의 정보 전체에 직접 접근해야만 한다고 주장했으나 개인의 금융정보를 국세청이 마음대로 들여다보는 것은 사생활침해 등 심각한 문제를 야기할 수 있어 국회 심의 과정에서 국세청이 요구한 의심거래 정보와 2,000만 원 이상 고액현금거래 정보에 대한 직접 접근 권한이 대폭 축소되었다. 결국은 조세탈루 협의 확인을 위한 조사 및 체납자에 대한 징수 시 국세청이 금융정보분석원장 승인을 받아 관련 정보를 받을 수 있다는 것으로 결론이 났다.

국세청의 금융정보분석원(FIU) 정보 활용 범위가 당초 국세청의 요구대로 확대되진 않았지만, 과거 조세범죄 사건에만 가능했던 금융거래 정보 제공이 탈세와 탈루혐의까지 확대된 것은 사실이다.


## 5. 세무조사와 체납징수에 활용

### 1) 대기업과 대재산가의 세무조사에 활용

FIU정보 활용 확대를 계기로 차명거래와 변칙적 현금거래를 통한 탈루행위에 대해 검증을 강화할 예정이며, 특히 대기업의 현금거래 회계 투명성 및 대재산가의 고액현금 이용 증여 등에 대한 세무조사를 통해, 세 부담의 형평성을 도모해 나갈 예정이다.

### 2) 체납처분에 활용

체납처분을 회피하기 위해 해외에 재산을 숨겨두고 해외를 빈번하게 드나드는 체납자 등 지능적 수법을 동원해 재산을 은닉하고 호화·사치 생활을 누리는 고액체납자의 현금거래를 추적하는 데 활용하고 있다.

### 3) 자금출처조사에 활용

FIU정보를 활용하기 전에는 자금출처조사 대상이 주로 부동산이었으나, FIU정보를 활용한 이후에는 부동산뿐만 아니라 금융재산 등 일정 기간(통상 4년) 동안 조성한 모든 재산의 취득자금과 채무상환 및 세금납부, 심지어 신용카드사용의 출처에 대한 조사에 활용하고 있다.

## 6. 주요 조사 사례

다수의 건물을 보유한 400억 원대 대재산가가 직접 운영하는 모텔의 현금수입을 누락하고, 일부는 가족이 주주인 전대법인을 설립해 수입금액을 누락한 후 저가임차료를 받는 방법으로 소득세 등을 탈루한 사건이다.

[조치사항]

탈루소득 ○○억 원에 대하여 소득세 등 ○○억 원 부과하고, 조세법처벌법에 따라 조세범으로 형사처벌을 하였다.

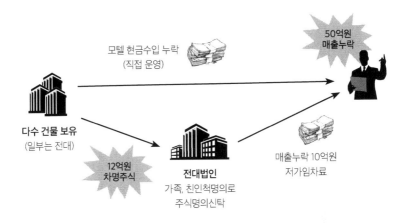

## 7. 개정된 FIU(금융정보분석원)법에 대한 대응

첫째, 국세청의 금융정보분석원(FIU) 자료요청범위에 포함되는 탈세 혐의 조사대상자 또는 체납자가 되지 않도록 해야 한다.

둘째, 불필요하게 금융정보분석원(FIU)에 거래 정보를 남기고 싶지 않다면 금융기관의 거래보고 대상이 되지 않도록 금융거래 시 주의할 필요가 있다.

셋째, 자금의 이전과 운용은 관련 법 테두리 내에서 해야 한다.

# 제8장

# 법인을 설립해
# 소득을 이전·분산하자

# 1. 법인을 설립해 소득을 이전하라

## 1. 상속세와 소득세를 절세할 수 있다

### 1) 재산의 종류를 변경해 상속세를 절세하자

상속재산 중 대부분을 차지하고 있는 부동산과 금융자산의 실물자산을 법인을 설립해 주식으로 재산종류를 변경함으로서 상속세를 절세할 수 있는 기초를 마련할 수 있다.

### 2) 소득의 귀속 시기를 변경해 양도소득세를 절세하자

법인전환 시 부동산 등에 대하여 이월과세가 적용되어 법인으로 전환할 때 양도소득세가 과세되지 않고 양수한 법인 그 자산을 양도할 때 양도소득세가 과세되기 때문에 소득의 귀속 시기가 늦춰져 결국 양도소득세를 절세할 수 있다.

### 3) 소득 종류와 귀속자를 변경해 소득세를 절세하자

사업소득에서 근로소득, 배당소득 등으로 소득의 종류가 변경될 뿐 아니라 자녀에게 소득의 귀속을 분산할 수 있어 소득세 절세가 가능하다. 자녀에게 이전된 소득은 미래에 있을 자금출처조사 시 자금출처가 된다.

## 2. 가업승계의 기초를 마련할 수 있다

### 1) 자녀를 미리 주주로 만들라

가업승계를 고려하고 있다면 가장 먼저 해야 할 일은 자녀를 주주로 만드는 것이다. 하지만 상속세 및 증여세법 제42조 제4항 '타인의 기여에 의한 재산가치 증가에 따른 이익의 증여'에 의해 증여세가 과세되지 않도록 주의해야 한다. 자녀에 대한 주식의 사전증여는 빠를수록 유리하지만 계획적·체계적으로 해야 증여세 과세 위험을 피할 수 있다.

### 2) 자녀를 임원으로 서둘러 등재하라

사업승계 과정은 오랜 기간에 걸쳐 준비되고 진행되는 중요한 경영활동이므로 자녀에게 후계자 과정을 습득할 수 있는 충분한 시간이 필요하다. 그리고 후계자 과정을 마친 후에는 임원으로 등재해 자녀에게 자금출처를 확보할 수 있는 근거를 마련하는 것이 중요하다.

---

**절세 포인트 1.** 법인전환을 통해 상속세와 소득세를 절세할 수 있다.
**절세 포인트 2.** 법인전환을 통해 가업승계를 할 수 있는 기초를 마련할 수 있다.

# 2. 개인기업과 법인기업은
## 어떤 점이 서로 다른가?

먼저 개인기업과 법인기업이 어떠한 점에서 서로 차이가 나는지 알아보자.

### 1. 개인기업과 법인기업의 차이점

첫째, 법인기업은 개인기업보다 설립할 때 더 복잡하다. 법인을 설립하기 위해 법인설립절차가 선행되어야 하는 데 반해 개인기업은 설립절차가 따로 필요 없다. 개인기업은 설립 시 사업자등록만 하면 되지만 법인기업은 사업자등록 외에 법인설립신고도 해야 한다.

둘째, 운영상 차이가 난다. 개인기업은 개인 기업주가 단독으로 무한책임을 지지만 법인기업의 주주는 출자액을 한도로 유한책임을 진다. 매출규모가 동일할 경우 법인기업의 경우보다 개인기업의 경우 세법상 제재가 많고 소득세의 누진세율 때문에 개인기업의 세금부담이 법인기업보다 많은 편이다. 개인기업의 소유자는 재산의 이전 시 개별 자산·부채를 각각 이전해야 하지만 법인기업의 소유자인 주주는 주식의 배서·양도로 재산 이전 절차를 간단하게 마칠 수 있다.

셋째, 청산할 때도 개인보다 법인기업이 더 복잡하다. 설립할 때와 마찬가지로 청산할 때도 개인기업에 비해 법인기업은 상법상 해산등기 등 청산절차를 추가로 이행해야 한다.

## 2. 개인기업과 법인기업의 소득에 대한 과세제도 차이

### 1) 과세소득 개념

소득세법과 법인세법의 과세소득 개념은 서로 다르다. 소득세법은 소득원천설에 근거해서 소득세법에서 열거한 소득에 대해서 과세소득으로 파악하는 데 반해, 법인세법은 순자산증가설에 근거하여 익금총액에서 손금총액을 공제한 금액을 과세소득으로 파악한다.

### 2) 과세소득의 종류

법인세법은 모든 소득이 각 사업연도소득을 구성하여 과세되므로 특별히 소득의 종류를 구분할 실익이 없다. 그러나 소득세법은 과세소득을 크게 종합소득, 퇴직소득, 양도소득 3가지로 규정하고 있다. 그리고 종합소득은 이자소득, 배당소득, 사업소득, 근로소득, 연금소득 및 기타소득의 여섯 가지로 세분하고 있다.

### 3) 과세기간

소득세법은 과세기간을 1월 1일부터 12월 31일까지의 역년으로 하여 소득금액을 산출하도록 하고 있다. 그러나 법인세법은 정관이나 규칙 또는 법령에서 규정하고 있는 회계 기간으로 하되 그 기간이 1년을 초과하지 못하도록 하고 있다.

### 4) 적용세율

개인기업에 대한 현행 소득세의 세율은 최저 6%(과세표준 1,200만 원 이하)에서 최고 40%(과세표준 5억 원 초과)까지 6단계 초과누진세율로 되어 있다. 반면 법인기업에 대한 법인세율은 최저 10%(과세표준 2억 원 이하)에서 최고 22%(과세표준 200억 원 초과) 등 3단계 초과누진세율로 되어 있다.

### 〈소득세 세율〉

| 과세표준 | 세율 |
| --- | --- |
| 1,200만 원 이하 분 | 6% |
| 1,200만 원 초과 4,600만 원 이하 분 | 15% |
| 4,600만 원 초과 8,800만 원 이하 분 | 24% |
| 8,800만 원 초과 1억 5,000만 원 이하 분 | 35% |
| 1억 5,000만 원 초과 5억 원 이하 분 | 38% |
| 5억 원 초과분 | 40% |

### 〈법인세 세율〉

| 과세표준 | 세율 |
| --- | --- |
| 2억 원 이하 분 | 10% |
| 2억 원 초과 200억 원 이하 분 | 20% |
| 200억 원 초과분 | 22% |

# 3. 개인이 유리한가, 법인이 유리한가?

2014년부터는 고소득자에게 유리한 소득공제가 세액공제로 전환되었고, 2017년부터는 과세표준이 5억 원을 초과할 경우 소득세율 중 최고세율인 40%가 적용되어 고소득 개인사업자와 근로소득자의 세금부담은 크게 증가하게 되었다. 이뿐만 아니라 2011년부터는 일정한 수입금액이 넘는 고소득 개인사업자는 담당 세무사에게 '성실신고확인'을 받도록 하고 있다. 그래서 현재 고소득 개인사업자들은 법인으로 전환 여부에 대하여 유리할지 불리할지 고민할 수 있다.

## 1. 세율 차이를 이용한 단순한 비교

소득세 최고세율이 법인세 최고세율보다 높고 소득구간별 누진 정도도 크기 때문에 이익이 많이 발생하는 기업은 법인기업보다 개인기업의 세 부담이 많다. 반면 소득세 최저세율이 법인세 최저세율보다 낮기 때문에 이익이 적게 발생하는 기업은 개인기업의 세 부담이 법인기업보다 적을 것이다.

### 〈소득금액별 세 부담 비교〉

(단위: 만 원)

| 소득금액 | 소득세 | 법인세 | 비교 |
|---|---|---|---|
| 1,000 | 60 | 100 | 개인 유리 |

| 2,000 | 192 | 200 | 개인 유리 |
|---|---|---|---|
| 3,000 | 342 | 300 | 법인 유리 |
| 5,000 | 678 | 500 | 법인 유리 |
| 10,000 | 3,351 | 1,000 | 법인 유리 |

소득세율 및 법인세율을 토대로 개인기업과 법인기업이 부담하는 세금이 동일해지는 과세표준은 아래와 같이 2,160만 원이다.

$$720,000 + (X - 12,000,000) \times 15\% = X \times 10\%$$
$$X = 21,600,000(원)$$

따라서 2,160만 원을 기준으로 그 이상 과세표준이 계산되는 개인기업은 법인으로 전환하면 세금부담 측면에서 일단 유리하다고 볼 수 있다.

## 2. 기업주의 가처분 소득을 기준으로 한 세금부담 비교

개인기업은 이익에서 소득세를 차감한 금액이 기업주의 가처분 소득이 되지만 법인기업은 이익에서 법인세를 차감한 금액이 바로 기업주의 가처분 소득이 아니다. 왜냐하면 법인기업의 경우 가처분 소득이 되기 위해서는 법인으로부터 배당을 받아야 하기 때문이다.

결국 법인기업의 가처분 소득은 배당금에서 소득세를 차감한 금액이 되며 개인기업의 경우 소득세만 적용되지만, 법인기업의 경우에는 법인세와 더불어 배당소득에 대한 소득세가 부과되어 가처분

소득에 차이가 있을 수 있다.

### 〈기업주의 가처분 소득을 기준으로 한 세 부담 비교〉

(단위: 만 원)

| 구분 | 개인기업 | 법인기업 |
|---|---|---|
| 소득금액 | 20,000 | 20,000 |
| 법인세 | - | 2,000 |
| 기업주의 총소득 | 20,000 | 18,000 |
| 소득세 | 5,510 | 3,246 |

위 표를 분석하면, 기업주 입장에서 볼 때 동일 소득에 대해서 개인기업은 55,100,000원을 부담하고 법인기업은 52,460,000원 부담하게 되어 법인기업의 총 세 부담이 개인기업보다 낮음을 알 수 있다.

### 〈소득세 산출근거〉

① 종합소득금액

180,000,000+(180,000,000 - 20,000,000)×11%

= 197,600,000원

② 산출세액

20,000,000×14%+(197,600,000-20,000,000)×기본세율

= 50,060,000원

③ 배당세액공제

(180,000,000-20,000,000)×11% = 17,600,000원

④ 소득세액

50,060,000 - 17,600,000 = 32,460,000원

## 3. 가처분 재원을 기준으로 한 세 부담 비교

기업주의 가처분 소득을 기준으로 한 세 부담 비교의 경우에는 법인의 이익을 전액 배당한다는 전제하에서 나온 결론이다. 그러나 법인의 이익을 전액 배당한다는 것은 사실상 비현실적이기 때문에 가처분 재원을 기준으로 세 부담을 비교해 보도록 하겠다.

개인기업의 경우 재투자를 위해 이익을 내부에 유보하는 경우에도 가처분 이익 전체에 대해서 소득세는 과세되기 때문에 내부유보 여부에 따라 소득세는 차이가 없다. 그러나 법인기업의 경우에는 재투자를 위해 이익을 내부에 유보하는 경우 기업의 이익에 대해서만 법인세가 과세되기 때문에 내부 유보소득에 대해서는 배당소득세가 과세되지 않는다.

**〈가처분 재원을 기준으로 한 세 부담 비교〉**

(단위: 만 원)

| 구분 | 개인기업 | 법인기업 |
|---|---|---|
| 소득금액 | 20,000 | 20,000 |
| 법인세 | - | 2,000 |
| 기업주의 총소득 | 20,000 | 16,200(18,000×90%) |
| 소득세 | 5,510 | 2,744 |

앞의 예에서 법인기업의 배당률을 90%로 조정한 경우 법인기업의 총부담세액은 47,447,000원으로, 개인기업의 부담세액은 55,100,000원으로 낮아졌다. 그리고 100% 전부 배당할 경우 법인기업과 개인기업의 세액 차이는 2,640,000원(55,100,000원 - 52,460,000원)인 데 반해 90% 배당할 경우 법인기업과 개인기업의 세액 차이는 7,653,000원

(55,100,000원 - 47,447,000원)으로 100% 전부 배당할 경우보다 세 부담 차액이 늘어났다.

〈소득세 산출근거〉

① 종합소득금액
162,000,000+(162,000,000-20,000,000)×11%
=177,620,000원
② 산출세액
20,000,000×14%+(177,620,000-20,000,000)×기본세율
= 43,067,000원
③ 배당세액공제
(162,000,000-20,000,000)×11%=15,620,000원
④ 소득세액
43,067,000 - 15,620,000 = 27,447,000원

따라서 사업을 통해 벌어들인 이익 중 내부에 많이 유보할수록(배당을 적게 할수록) 개인기업보다는 법인기업이 총 세 부담 측면에서 유리하다.

---

**절세 포인트 1.** 이익이 많이 발생하는 기업은 법인기업보다 개인기업의 세 부담이 많지만, 이익이 적게 발생하는 기업은 개인기업의 세 부담이 법인기업보다 적다.
**절세 포인트 2.** 법인기업의 가처분 소득은 배당금에서 소득세를 차감한 금액이 되며 개인기업의 경우 소득세만 적용되지만, 법인기업의 경우에는 법인세와 더불어 배당소득에 대한 소득세가 부과되어 가처분 소득에 차이가 있을 수 있다.
**절세 포인트 3.** 개인기업의 경우 내부유보 여부에 따라 소득세는 차이가 없으나 법인기업의 경우에는 내부 유보소득에 대해서는 배당소득세가 과세되지 않는다.

# 4. 법인전환을 통해 절세해 볼까?

2017년부터 소득세 과세표준이 5억 원을 초과하면 초과소득에 대해서 40%, 지방소득세 4%, 건강보험료 6%를 부담하기 때문에 당해 세율을 합산하면 세금부담률이 50% 정도 된다. 이러한 세금부담률을 절감하기 위해서는 법인전환을 통해 소득을 근로소득, 배당소득 등으로 분산시켜 한계세율을 낮춰야 한다.

## 1. 소득의 종류를 변경시킬 수 있다

개인사업자가 법인전환을 하면 법인의 대표이사 겸 주주가 된다. 따라서 대표이사는 법인의 근로자로 그에 대한 보수로서 급여 등을 받을 수 있고 주주의 경우에는 법인이 이익을 내면 주주총회를 거쳐 배당소득을 받을 수 있다. 배당소득이 2천만 원 이하인 경우에는 분리과세되어 소득세를 절감할 수 있다. 따라서 개인사업자가 법인 전환을 하면 개인사업자의 사업소득 하나가 근로소득, 배당소득으로 분산시켜 소득세를 절감할 수 있다.

## 2. 소득의 귀속을 변경할 수 있다

개인사업자가 법인으로 전환 후 자녀에게 주식을 증여 또는 양도하여 배당을 줄 수 있을 뿐만 아니라 임직원으로 두어 급여를 지급하여 소득을 자녀에게 분산시킬 수 있다.

## 1) 배당소득

배당소득의 원천인 법인소득은 법인단계에서 법인세로 과세되고, 주주단계에서 다시 소득세가 과세되기 때문에 이중과세 문제가 발생한다. 이를 해결하기 위해 그로스 업(Gross-up) 제도를 두고 있다. 그로스 업(Gross-up) 제도를 통해 법인단계에서 법인세 부담액을 총수입금액에 가산하고 동시에 같은 금액을 세액공제를 통해 조정하고 있는 것이다. 그래서 배당소득의 경우에는 근로소득에 비해서 소득세 부담이 낮을 수 있다. 하지만 법인의 입장에서는 급여의 경우 법인의 비용으로 인정되는 데 비해 배당은 법인의 비용으로 인정되지 않기 때문에 배당은 법인세 절세효과가 없다.

종전에는 법인이 현금배당을 지급함에 있어 각 주주들이 소유하고 있는 주식의 수에 따라 배당금을 지급하지 않은 경우로서 균등한 조건에 의하여 지급받을 배당금을 초과하는 금액을 소득세법상 배당소득으로 보아 소득세가 과세되는 경우 증여세를 과세하지 않았다. 하지만 앞으로는 차등배당 받은 특수관계에 있는 주주에 대해서는 증여세가 소득세를 초과하는 경우에 한하여 초과배당을 받은 주주가 포기·과소배당한 주주로부터 증여받은 것으로 보아 증여세를 과세한다.

그리고 법인이 지배주주로서 출자하고 있는 법인의 이익을 배당함에 있어서 지배주주인 법인이 부당히 조세를 감소시킬 목적으로 배당수익을 포기하여 그 이익을 특수관계에 있는 다른 주주에게 분여한 사실이 명백한 경우에는 지배주주인 법인의 배당수익 포기에 대하여 법인세법 제20조의 부당행위부인 규정이 적용될 수 있다.

## 2) 근로소득

가업승계 목적으로 자녀를 임원으로 등재하여 인건비를 지급할 경우에는 다음 사항에 대하여 주의를 하여야 한다.

임원의 급여는 비용처리되는 것이 원칙이지만 지배주주인 임원에게 정당한 사유 없이 동일 직위에 있는 지배주주 외의 임원에게 지급하는 금액을 초과하여 지급한 경우 그 초과금액은 손금으로 인정되지 않는다.

임원의 상여는 정관·주주총회·사원총회·이사회 결의에 의하여 결정된 급여지급기준을 초과하여 지급한 경우 그 초과금액은 손금으로 인정되지 않기 때문에 반드시 급여지급기준을 정하여 상여를 지급하여야 손금으로 인정된다.

임원의 퇴직금은 정관에 퇴직급여로 지급할 금액이 정하여진 경우에는 정관에 정하여진 금액에 의하며 지급기준이 정하여 지지 않은 경우에는 다음의 금액을 한도로 한다.

---

한도액=퇴직일로부터 소급한 1년간 총급여액 × 1/10 × 근속연수

---

# 5. 법인전환 언제 하는 것이 좋을까?

## 1. 개인기업이 법인으로 전환할 때 기대되는 효과를 높일 수 있다

첫째, 개인기업보다 법인기업은 소득에 대한 세금부담이 적다. 개인기업에 적용되는 소득세율은 최저 세율 6%에서 과세표준이 5억 원을 초과하는 경우의 최고세율 40%에 이르기까지 과세표준금액에 따라 6단계의 초과누진세율로 구성되어 있으며, 법인세율은 최저 세율 10%에서 과세표준이 200억 원을 초과하는 경우의 최고세율 22%의 3단계 누진세율로 구성되어 있다.

둘째, 대외신용도를 높일 수 있다. 법인기업이 개인기업보다 대외 공신력과 신용도가 높다는 사회인식 때문에 법인으로 전환하면 자금조달이 용이하고, 기업이미지가 제고되어 기타 업무수행에도 유리한 점이 많다.

셋째, 법인기업은 개인기업에 비해 기업의 장기적인 유지와 발전에 유리하다. 개인기업은 기업주의 교체, 사망 등의 개인적인 사정이 기업의 존속에 결정적인 영향을 미치나, 법인기업은 기업의 영속성이 있고, 전문경영인에 의해 장기적인 발전을 꾀할 수 있으며 기업경영에 따른 위험의 분산도 가능하다.

넷째, 법인기업은 개인기업에 비해 보다 다양한 자본조달 수단이 있다. 개인기업의 자본조달은 개인기업주의 자기자본과 외부로부터의 차입방법 등으로 이루어지나 법인기업은 기업공개, 회사채 발행도 가능하여 자금조달 방법이 다양하다.

## 2. 법인전환 여부 결정

개인기업을 법인기업으로 전환할 것인가에 대한 의사결정은 그 기업이 처한 경영환경과 경영자의 의지에 좌우된다. 이것은 계량화하기 곤란하기 때문에 개인기업을 법인기업으로 전환할 것인가에 대한 의사결정모델을 만드는 것은 불가능하며 법인전환의 효과와 비용의 비교해서 법인전환 여부를 결정한다.


## 3. 법인전환 시기 결정

법인전환을 위해서는 개인기업에서 법인기업으로 전환하는 법인전환기준일을 정해야 한다.

### 1) 법인이 유리한 경우

세금부담 비교(단순세율 차이 기준, 기업주의 가처분 소득 기준, 가처분 재원 기준)를 통해 개인보다는 법인이 유리한 시점에 법인으로 전환할 때 세금부담을 줄일 수 있다.

### 2) 조세특례제한법상 준비금 및 소득세법상 이월결손금 고려

연구 및 인력개발준비금 등 조세특례제한법상 준비금은 폐업할 경우 전액 환입하도록 하고 있어 준비금이 많은 개인기업은 법인전환 시기를 잘 결정해야 한다. 소득세법상 이월결손금(발생연도 이후 10년간 이월공제됨)도 폐업할 경우 전액 소멸한다. 따라서 법인으로 전환할 경우 이월결손금 소멸 여부도 고려해야 될 것이다.

### 3) 부가가치세 신고 기간에 맞춰라

법인전환을 하게 되면 개인기업의 폐업에 따른 부가가치세 확정신고를 하여야 하는데 법인전환일과 부가가치세신고기준일을 일치시키면 한 번의 신고로 부가가치세 확정신고와 폐업에 따른 부가가치세 신고를 할 수 있기 때문이다.

---

**절세 포인트 1.** 법인으로 전환하면 소득에 대한 세금부담이 적으며, 대외신용도가 제고되며, 다양한 자본조달 수단을 이용할 수 있다.
**절세 포인트 2.** 개인기업을 법인기업으로 전환할 것인가에 대한 의사결정은 그 기업이 처한 경영환경과 경영자의 의지에 좌우된다.

# 6. 법인전환 어떻게 해야 하나

## 1. 법인전환 유형과 조세지원

개인기업의 법인전환 방법은 법인설립 시 출자형태와 조세지원 여부, 법인의 신설 여부를 기준으로 다음과 같이 유형을 구분할 수 있다.

### 〈법인전환 유형〉

| 구분 | 법인전환 방법 | 관련 조문 |
|---|---|---|
| 조세지원을 받는 법인전환 | 현물출자에 의한 법인전환 | 조세특례제한법 제32조 |
| | 사업양수도에 의한 법인전환 | 조세특례제한법 제32조 |
| | 중소기업통합에 의한 법인전환 | 조세특례제한법 제31조 |
| 조세지원을 받지 않는 법인전환 | 사업양수도에 의한 법인전환 | 부가가치세법 제10조 |

### 〈조세지원 내용〉

| 구분 | 사업양수도 | 세 감면 사업양수도 | 세 감면 현물출자 | 중소기업 통합 |
|---|---|---|---|---|
| 양도 소득세 | 과세 | 이월과세 | 이월과세 | 이월과세 |
| 부동산 취득세 | 과세 | 면제 | 면제 | 면제 |
| 부가 가치세 | 과세제외 | 과세제외 | 과세제외 | 과세제외 |
| 이월세액공제 | 적용제외 | 적용 | 적용 | 적용 |

| 감면승계 | 승계제외 | 승계 | 승계 | 승계 |
|---|---|---|---|---|
| 관련 법령 | 부가<br>가치세법<br>제10조 | 조특법<br>제32조 | 조특법<br>제32조 | 조특법<br>제31조 |

## 2. 조세지원을 받는 법인전환 유형

조세특례제한법상 법정의 요건을 갖춘 법인전환의 경우 법인전환
에 소요되는 양도소득세·취득세 중 일정한 세금을 이월과세 또는
면제를 받을 수 있다.

### 1) 현물출자에 의한 법인전환

현물출자에 의한 법인전환은 조세특례제한법 제32조에서 규정하
고 있다. 현물출자란 금전이 아닌 재산으로 출자하는 것으로 상법
상 개념이다.

사업양수도에 의한 법인전환의 경우에는 현금출자를 하여야 하는
데 비해 현물출자에 의한 법인전환은 현물로 출자하기 때문에 자금
부담을 덜 수 있는 장점이 있다. 그러나 현물출자는 상법에서 변태
설립사항으로 규정하고 있기 때문에 법원 검사인 등의 조사를 받게
되어 법인설립 때까지 비교적 시간이 많이 소요되는 단점이 있다.

### 2) 사업양수도에 의한 법인전환

사업양수도에 의한 법인전환도 조세특례제한법 제32조에서 규정
하고 있다. 사업양수도에 의한 법인전환의 경우에는 현금출자를 하
기 때문에 법인설립 때 자금부담은 있지만, 현물출자에 의한 법인전

환의 경우보다 법인설립이 간단하기 때문에 짧은 시간에 법인을 설립할 수 있다.

### 3) 중소기업통합에 의한 법인전환

중소기업통합에 의한 법인전환은 조세특례제한법 제31조에서 규정하고 있다. 중소기업통합 후의 기업형태는 법인으로 한정되며, 중소기업의 통합유형은 네 가지로 구분된다.

① 개인중소기업 간의 통합에 의한 법인신설
② 개인중소기업과 법인중소기업 간의 통합에 의한 법인신설
③ 개인중소기업이 법인중소기업에 흡수통합
④ 법인중소기업 간의 통합

---

[참고] 사업양수도에 의한 법인전환(부가가치세법 제10조)

사업장별로 그 사업에 관한 모든 권리와 의무를 포괄적으로 승계시키는 것은 그 사업을 양수받는 자가 대가를 지급하는 때에 그 대가를 받은 자로부터 부가가치세를 징수하여 납부한 경우(사업포괄양수자의 대리납부)를 제외하고 재화의 공급으로 보지 않는다.

따라서, 사업양도에 해당하기 위해서는 다음의 요건을 충족하여야 한다.

첫째, 사업장별로의 사업의 승계가 이루어져야 하며,

둘째, 사업에 관한 모든 권리와 의무를 포괄적으로 승계되어야 하고,

셋째, 사업의 동질성이 유지되어야 한다.

---

## 3. 조세지원을 받기 위한 요건

### 1) 현물출자에 의한 법인전환

현물출자에 의한 법인전환은 소비성 서비스업을 영위하는 법인을

제외한 법인으로 전환하는 거주자를 적용대상으로 하고 있다. 개인기업주가 개인기업의 사업용자산과 부채를 현물출자 하여 법인을 설립하는 방법으로 개인에서 법인으로 전환하여야 한다. 거주자가 사업장별로 당해 사업에 사용한 사업용 고정자산에 대하여 이월과세 적용을 받을 수 있다. 신설법인의 자본금은 법인으로 전환하는 사업장의 순자산가액 이상이어야 한다.

### 2) 사업양수도에 의한 법인전환

사업양수도에 의한 법인전환은 소비성 서비스업을 영위하는 법인 외의 법인으로 전환하는 거주자를 적용대상으로 하고 있다. 개인기업주가 회사설립 시 발기인으로 참여하여야 하고 신설법인의 자본금은 법인으로 전환하는 사업장의 순자산가액 이상이어야 한다. 그리고 법인설립일로부터 3개월 이내에 신설 법인에 개인사업의 모든 권리·의무를 포괄적으로 양도하여야 한다.

### 3) 중소기업통합에 의한 법인전환

중소기업통합에 의한 법인전환은 소비성 서비스업을 제외한 사업을 영위하는 중소기업으로 통합하여야 한다. 그리고 중소기업통합 시 조세지원을 받기 위해서는 통합당사자 모두가 중소기업에 해당하여야 한다. 여기서 중소기업이란 중소기업기본법에 의한 중소기업자를 말한다. 중소기업통합으로 인하여 소멸되는 사업장의 중소기업자는 통합 후 존속하는 법인 또는 통합으로 인하여 설립되는 법인의 주주 또는 출자자가 되어야 한다. 그리고 통합으로 인하여 소멸하는 사업장의 중소기업자가 당해 통합으로 인하여 취득하는 주식 또는 지분의 가액이 통합으로 인하여 소멸하는 사업장의 순자산가액 이상이어야 한다.

## 4. 조세지원 내용

### 1) 양도소득세 이월과세

　개인기업이 소유하고 있던 부동산 등 양도소득세 과세대상 자산을 법인에 현물출자 등을 하는 것은 소득세법상 양도에 해당한다. 따라서 양도소득세를 납부해야 하지만 개인기업의 법인전환을 유도·지원하기 위해 조세특례제한법의 요건을 갖춘 경우에는 양도소득세를 이월과세 하도록 하고 있다.

　'이월과세'란 개인사업자의 사업용 고정자산을 법인전환 함에 따라 법인에 양도하는 경우 양도소득세를 과세하지 않고 사업용 고정자산을 양수한 법인이 그 자산을 양도하는 경우 개인사업자가 종전 사업용 고정자산을 동 법인에 양도한 날이 속하는 과세기간에 다른 양도자산이 없다고 보아 계산한 양도소득세산출세액 상당액을 법인세로 납부하는 것을 말한다. 따라서 이월과세를 적용받게 되는 경우에는 세금의 명칭이 소득세에서 법인세로 변경될 뿐만 아니라 납세의무자도 개인양도자에서 법인양수자로 바뀐다. 이와 함께 양도소득세 납부 시기가 연기되는 효과가 발생한다고 볼 수 있다.

　그리고 양도소득세 이월과세금액은 예규(서면상속증여-115, 2015.05.11. 외 다수)에 따르면 비상장법인 주식 보충적 평가방법의 순자산가액 계산할 때 부채에 포함하지 않는다. 하지만 조세심판결정(조심2015서4937, 2016.08.11. 외 다수)에 따르면 비상장법인 주식 보충적 평가방법의 순자산가액 계산할 때 부채에 포함하도록 하고 있다.

## 2) 취득세 면제

부동산 등 취득세 과세대상 자산을 법인이 취득하는 경우에는 취득세를 납부해야 하지만 개인기업의 법인전환을 유도·지원하기 위해 조세특례제한법의 요건을 갖춘 경우에는 취득세가 면제된다.

## 3) 개인기업 조세감면 등의 승계

법인전환으로 인해 개인기업이 폐업을 하게 되면 개인기업이 전부터 받고 있던 각종 조세감면 등의 지원 혜택은 없어지는 게 원칙이다. 하지만 개인기업의 법인전환을 유도·지원하기 위해 조세특례제한법의 요건을 갖춘 경우에는 법인전환 전부터 받고 있던 각종 조세지원을 그 법인이 승계하도록 하고 있다.

## 5. 사후관리규정

양도소득세의 이월과세를 적용받고 설립된 법인의 설립일부터 5년 이내에 승계받은 사업을 폐지하거나 주식을 처분하는 경우에는 법인전환에 대한 양도소득세의 이월과세를 적용받은 거주자가 사유발생일이 속하는 과세연도의 과세표준신고를 할 때 이월과세액을 양도소득세로 납부하여야 한다.

## 1) 승계받은 사업의 폐지

통합으로 인하여 소멸되는 사업장의 중소기업자로부터 승계받은 사업용 고정자산 또는 거주자로부터 현물출자 또는 사업양도·양수의 방법으로 취득한 사업용 고정자산의 50% 이상을 처분하거나 사

업에 사용하지 않는 경우 이월과세액을 양도소득세로 납부하여야
한다.

## 2) 주식의 처분

통합으로 취득한 통합법인의 주식 또는 법인전환으로 취득한 주
식의 50% 이상을 처분하는 경우에도 이월과세에 대한 사후관리 규
정이 적용된다. 이 경우 처분은 주식의 유상이전, 무상이전, 유상감
자 및 무상감자(주주 또는 출자자의 소유주식 비율에 따라 균등하게 소각하는 경
우는 제외함)를 포함한다.

---

**절세 포인트 1.** 법인전환 유형에 따른 조세지원제도를 잘 파악해서 회사 실정에 맞는
규정을 선택하자.
**절세 포인트 2.** 이월과세 사후관리규정에 주의하여 양도소득세 및 취득세가 추징되지
않도록 하자.

---

# 7. 법인전환 할 때 영업권 평가를 하라

법인전환 과정을 통해 개인사업자가 창출한 영업권이 법인으로 이 전되기 때문에 대표이사는 법인으로부터 영업권에 대한 대가를 받을 수 있다.

## 1. 영업권이란 무엇인가?

영업권이란 그 기업의 전통, 사회적 신용, 입지조건, 특수한 제조기술 또는 거래 관계의 존재 등 영업상 기능 내지 특성으로 인하여 동종의 사업을 영위하는 다른 기업의 통상적인 수익보다 높은 수익을 올릴 수 있는 초과수익력이라는 무형의 재산가치를 말한다. 그리고 법인세법상 영업권이라는 자산을 인정받기 위해서는 첫째, 적절한 방법으로 평가되어야 하며 둘째, 유상취득한 경우이어야 한다.

## 2. 법인전환 방법에 따라 영업권 인정 여부가 다르다

사업양도·양수방법에 의해 법인으로 전환하면서 적절한 평가방법에 따라 유상으로 취득한 금액은 영업권에 해당된다. 하지만 현물출자 방법에 따라 법인으로 전환한 경우에는 영업권은 인정하지 않는다.

### 3. 영업권을 제대로 받지 못하면 불이익이 있다

법인전환을 하면 개인사업자가 법인의 주주가 되므로 법인과 주주는 서로 특수관계인이 되어 법인전환을 하는 개인사업자는 영업권을 시가대로 양도하여야 하고, 시가보다 높거나 낮은 대가로 양도한 경우 부당행위계산부인 규정이 적용될 수 있다. 따라서 영업권을 계상할 경우에는 공인된 감정평가기관을 통해 감정을 받는 것이 좋다.

### 4. 영업권에 대한 소득세 과세방법은?

사업용 고정자산(양도소득세 과세대상 자산)과 함께 양도할 경우에는 양도소득, 영업권 단독으로 양도할 경우에는 기타소득으로 과세한다. 양도소득에 해당할 경우에는 취득가액은 0이고 장기보유특별공제가 적용되지 않기 때문에 세금부담이 크다. 하지만 기타소득에 해당할 경우에는 영업권 가액의 80%를 필요경비로 보아 차감하기 때문에 세금부담이 양도소득에 비해 상당히 낮다. 따라서 법인전환을 통해 영업권을 유상양도할 경우에는 사업용 고정자산과 따로 영업권만 양도하는 것이 절세된다.

### 5. 감가상각을 통해 비용처리할 수 있다

영업권을 취득한 법인은 5년 동안 정액법으로 감가상각할 수 있기 때문에 법인세법상 비용처리가 가능하다. 예를 들어 영업권을 5억 원에 취득했다면 매년 1억 원을 비용처리할 수 있는 것이다.

# 8. 법인전환 전과 후 양도소득세는 어떻게 계산될까

부동산 임대업을 영위하는 개인사업자가 개인기업에서 법인기업으로 전환하게 되면 개인사업자가 법인전환 전 보유한 사업용 부동산이 법인전환으로 인해 주식으로 재산종류가 변경된다. 재산종류별로 양도소득세 계산방식이 서로 다르기 때문에 세금부담의 차이가 발생할 수밖에 없다.

## 1. 법인전환 전 부동산을 양도한 경우

### 1) 취득가액
부동산의 취득가액은 부동산을 취득할 당시 지불한 대가가 될 것이다.

### 2) 장기보유특별공제 적용 여부
3년 이상 보유한 부동산을 양도할 경우 장기보유특별공제를 적용한다.

**〈장기보유특별공제 공제율〉**

| 보유기간 | 토지·건물 | 1세대 1주택 |
|---|---|---|
| 3년 이상 ~ 4년 미만 | 10% | 24% |
| 4년 이상 ~ 5년 미만 | 12% | 32% |

| | | |
|---|---|---|
| 5년 이상 ~ 6년 미만 | 15% | 40% |
| 6년 이상 ~ 7년 미만 | 18% | 48% |
| 7년 이상 ~ 8년 미만 | 21% | 56% |
| 8년 이상 ~ 9년 미만 | 24% | 64% |
| 9년 이상 ~ 10년 미만 | 27% | 72% |
| 10년 이상 | 30% | 80% |

## 3) 적용세율

부동산을 1년 미만 보유한 경우에는 50%, 2년 미만 보유한 경우에는 40%의 중과세율을 적용하고, 2년 이상 보유한 경우에는 6%~40%의 일반세율을 적용한다.

## 2. 법인전환 후 주식을 양도한 경우

### 1) 취득가액

조세특례제한법상 현물출자에 의한 법인전환을 한 경우에는 자산가액(감정가액)에서 부채가액을 차감한 순자산가액이 되며, 조세특례제한법상 사업양수도에 의한 법인전환을 한 경우에는 법인설립 시 출자한 가액이 그 주식의 취득가액이 된다.

### 2) 장기보유특별공제 적용 여부

주식에 대해서는 장기보유특별공제를 적용하지 않는다.

### 3) 적용세율

주권비상장주식 중 중소기업주식에 대해서는 대주주는 20%, 그 외 주주는 10%, 비중소기업 주식 중 대주주가 1년 미만 보유한 주식은 30%, 비중소기업 주식 중 대주주가 1년 이상 보유한 주식은 20%, 비중소기업 주식 중 소액주주는 20%의 세율을 적용한다. 그리고 '지배주식'과 '특정법인주식'에 대해서는 6%~40%의 일반세율을 적용한다.

① '지배주식'이란 다음 세 가지 요건을 모두 충족하는 주식을 말한다. 첫째, 법인의 자산총액 중 토지·건물 및 부동산에 관한 권리의 자산가액의 합계액이 차지하는 비율이 100분의 50 이상인 법인이어야 한다. 둘째, 법인의 지분율 중 주주 1인 및 기타주주가 소유하고 있는 지분율 차지하는 비율이 100분의 50 이상인 법인이어야 한다. 셋째, 주주 1인과 기타 주주가 3년 이내에 양도하는 주식이 법인 전체주식의 50% 이상이어야 한다.

② '특정법인주식'이란 다음 두 가지 요건을 모두 충족하는 주식을 말한다. 첫째, 법인의 자산총액 중 토지·건물 및 부동산에 관한 권리의 자산가액의 합계액이 차지하는 비율이 100분의 80 이상인 법인이어야 한다. 둘째, 골프장업·스키장업 등 체육시설업 및 휴양시설관련업과 부동산업·부동산개발업으로서 골프장, 스키장, 휴양콘도미니엄 또는 전문휴양시설 중 어느 하나에 해당하는 시설을 건설 또는 취득하여 직접 경영하거나 분양 또는 임대하는 사업을 영위하는 법인이어야 한다.

### 4) 증권거래세 과세

비상주식을 양도하는 경우 매매가액의 0.5%에 대하여 증권거래세를 과세한다.

<부동산 양도 VS 주식 양도>

| 구분 | 부동산 양도 | 주식 양도 |
|------|------------|----------|
| 취득가액 | 취득 당시 가액 | 법인설립 당시 출자가액 |
| 장기보유특별공제 | 적용 ○ | 적용 × |
| 세율 | 50%, 40%, 6~40% | 10%, 20%. 30%, 6~40% |
| 증권거래세 과세 | 과세 × | 과세 ○ |

## 3. 부동산 양도가 유리할까? 주식 양도가 유리할까?

개인사업자 단계에서 부동산을 양도하는 것이 유리한지, 법인전환 후 주식을 양도하는 것이 유리한지 일률적으로 말할 수는 없다. 하지만 '지배주식' 또는 '특정법인주식'의 경우 다음의 두 가지 요건을 동시에 충족하면 법인으로 전환 후 주식을 양도하는 것이 유리할 수 있다.

### 1) 법인설립 5년 후 주식을 양도한 경우

법인설립일로부터 5년이 경과한 경우로서 사업용 고정자산인 부동산을 양도하는 것이 아니라 주식을 양도할 경우 이월과세 사후관리 규정이 적용되지 않기 때문에 주식을 양도하는 것이 유리할 수 있다.

예를 들면 취득가액이 20억 원인 부동산을 50억 원에 현물출자하여 법인설립 5년 경과 후 주식을 70억 원에 양도한 경우, 법인전환 전에 발생한 부동산 양도차익 30억 원(50억 원-20억 원)에 대해서는 양도소득세를 부담하지 않고 법인전환 이후 발생한 주식 양도차익 20

억 원(70억 원-50억 운)에 대해서만 양도소득세를 부담하기 때문이다.

## 2) 부동산 양도소득금액보다 주식 양도소득금액이 작은 경우

부동산 임대업을 영위하는 법인의 주식을 양도할 경우 총자산액 중 부동산 비율이 50% 이상 되기 때문에 '지배주식' 또는 '특정법인 주식'에 해당되어 개인사업자가 부동산(2년 미만 보유한 경우 제외)을 양도한 경우와 동일하게 누진세율이 적용된다. 따라서 아래와 같이 부동산 양도소득금액보다 주식 양도소득금액이 작은 경우에는 주식을 양도하는 것이 유리하다고 할 수 있다.

> 부동산 양도차익×(1-장기보유 공제율) > 주식 양도차익

# 9. 법인전환 전과 후 상속재산은 어떻게 평가되나

## 1. 상속세 및 증여세법은 재산종류별로 평가방법이 다르다

부동산 임대업을 영위하는 사업자가 개인기업에서 법인기업으로 전환하게 되면 개인사업자의 사업용 부동산은 법인전환을 통해 주식으로 재산의 종류가 바뀌게 된다. 그리고 상속세 및 증여세법은 재산종류별로 평가방법을 각각 다르게 규정하고 있다.

부동산 임대업을 영위하는 개인사업자의 상속재산은 부동산이 대부분인데, 만약 시가가 존재하지 않으면 토지는 보충적 평가방법인 개별공시지가로, 건물은 국세청 기준시가로 평가한다. 부동산 임대업을 영위하는 사업자가 법인으로 전환한 경우 시가가 존재하지 않을 때는 비상장주식은 보충적 평가방법으로 평가한다.

따라서 법인전환 여부를 결정할 때 재산종류의 변경에 따른 세금부담의 차이를 면밀히 검토하여 법인전환 여부를 결정하여야 한다.


## 2. 개인사업자와 법인사업자 재산평가

상속세의 계산구조를 살펴보면 상속재산에 비과세, 과세가액불산입 및 공과금, 장례비, 채무를 차감하고 증여재산가액(상속개시 10년 또는 5년 전에 증여한 것)을 가산하도록 한 후 상속공제액을 차감하여 상속세 과세표준을 산출하도록 되어 있다.

따라서 개인사업자의 경우에는 부동산 비율에 관계없이 상속재산에서 채무를 차감하여 순자산가치에 대하여 과세한다고 할 수 있다.

하지만 법인사업자의 경우에는 부동산 등 소유 비율에 따라 다음과 같이 비상장주식을 평가하도록 하고 있다. 따라서 법인사업자의 경우에는 부동산 등 소유 비율에 따라 비상장주식 평가가 달라질 수 있음을 알 수 있다.

| 부동산 등 소유 비율 | 비상장주식 평가 |
|---|---|
| 80% 이상 | 순자산가치 |
| 80% 미만 ~ 50% 이상 | MAX(①, ②)<br>① 순자산가치×60%+순손익가치×40%<br>② 순자산가치×70%(80%) |
| 50% 미만 | MAX(①, ②)<br>① 순자산가치×40%+순손익가치×60%<br>② 순자산가치×70%(80%) |

※ 2017. 4. 1. ~ 2018. 3. 31.까지는 순자산의 70%

여기서 부동산 등 소유 비율이란 해당 법인의 자산총액 중 토지, 건물, 부동산을 취득할 수 있는 권리, 지상권 및 전세권과 등기된 부동산임차권의 자산가액 합계액이 차지하는 비율을 말한다. 그리고 부동산 과다보유법인이 부동산의 현물출자 등을 통하여 양도소득세가 저율로 과세되는 것을 방지하기 위하여 과세기준이 되는 부동산 비율을 계산할 때 다른 부동산 과다보유법인의 주식가액을 합산하도록 하고 있다.

## 3. 부동산 상속이 유리? 주식 상속이 유리?

### 1) 부동산 비율이 50% 미만인 경우

[사례 1]

> 부동산(개별공시지가: 100억 원, 감정가액: 140억 원), 기타자산 150억 원, 부채 20억 원, 당기순이익 3억 원(3년 가중평균), 법인전환 시 이월과세 금액: 28억 원, 상속공제액: 10억 원

위 사례의 재산을 개인으로 상속할 경우와 법인으로 전환해서 상속할 경우 상속세를 비교하면 다음과 같다.

**〈개인인 경우 상속세〉**

(단위: 억 원)

| | |
|---|---|
| 총상속재산 | 250 |
| 부채 | (-) 20 |
| 상속세 과세가액 | 230 |
| 상속 공제 | (-) 10 |
| 과세표준 | 220 |
| 세율 | 50% |
| 산출세액 | 105.4 |
| 세액공제 | 7.4 |
| 납부할 세액 | 98 |

**〈법인인 경우 상속세〉**

- 부동산 비율: 48%
- 순자산가치: (140억 원+150억 원) - (20억 원+28억 원) = 242억 원
- 순손익가치: 3억 원/0.1 = 30억 원

- 비상장주식가치: MAX(①, ②) = 194억 원

① (242억 원×40%)+(30억 원×60%) = 115억 원

② 242억 원×80% = 194억 원

(단위: 억 원)

| 총상속재산 | 194 |
|---|---|
| 부채 | 0 |
| 상속세 과세가액 | 194 |
| 상속 공제 | (-) 10 |
| 과세표준 | 184 |
| 세율 | 50% |
| 산출세액 | 87.2 |
| 세액공제 | 6.1 |
| 납부할 세액 | 81.1 |

※ 2017. 4. 1. ~ 2018. 3. 31.까지는 순자산의 70%


## 2) 부동산 비율이 50% 이상 80% 미만인 경우

[사례 2]

> 부동산(개별공시지가: 100억 원, 감정가액: 140억 원), 기타자산 70억 원, 부채 20억 원, 당기순이익 3억 원(3년 가중평균), 법인전환 시 이월과세 금액: 28억 원, 상속공제액: 10억 원

위 사례의 재산을 개인으로 상속할 경우와 법인으로 전환해서 상속할 경우 상속세를 비교하면 다음과 같다.

### 〈개인인 경우 상속세〉

(단위: 억 원)

| 총상속재산 | 170 |
|---|---|
| 부채 | (-) 20 |

| | |
|---|---|
| 상속세 과세가액 | 150 |
| 상속 공제 | (-) 10 |
| 과세표준 | 140 |
| 세율 | 50% |
| 산출세액 | 65.4 |
| 세액공제 | 4.6 |
| 납부할 세액 | 60.8 |

## 〈법인인 경우 상속세〉

- 부동산 비율: 67%
- 순자산가치: (140억 원+70억 원) - (20억 원+28억 원) = 162억 원
- 순손익가치: 3억 원/0.1 = 30억 원
- 비상장주식가치: MAX(①, ②) = 130억 원

　① (162억 원×60%)+(30억 원×40%) = 109억 원

　② 162억 원×80% = 130억 원

(단위: 억 원)

| | |
|---|---|
| 총상속재산 | 130 |
| 부채 | 0 |
| 상속세 과세가액 | 130 |
| 상속 공제 | (-) 10 |
| 과세표준 | 120 |
| 세율 | 50% |
| 산출세액 | 55.2 |
| 세액공제 | 3.9 |
| 납부할 세액 | 51.3 |

※ 2017. 4. 1. ~ 2018. 3. 31.까지는 순자산의 70%

## 3) 부동산 비율이 80% 이상인 경우

[사례 3]

> 부동산(개별공시지가: 100억 원, 감정가액: 140억 원), 기타자산 30억 원, 부채 20억
> 원, 당기순이익 3억 원(3년 가중평균), 법인전환 시 이월과세 금액: 28억 원, 상속공제
> 액: 10억 원

위 사례의 재산을 개인으로 상속할 경우와 법인으로 전환해서 상
속할 경우 상속세를 비교하면 다음과 같다.

### 〈개인인 경우 상속세〉

(단위: 억 원)

| 총상속재산 | 130 |
|---|---|
| 부채 | (-) 20 |
| 상속세 과세가액 | 110 |
| 상속 공제 | (-) 10 |
| 과세표준 | 100 |
| 세율 | 50% |
| 산출세액 | 45.4 |
| 세액공제 | 3.2 |
| 납부할 세액 | 42.2 |

### 〈법인인 경우 상속세〉

- 부동산 비율: 82%

- 순자산가치: (140억 원+30억 원) - (20억 원+28억 원) = 122억 원

- 순손익가치: 3억 원/0.1 = 30억 원

- 비상장주식가치: MAX(①, ②) = 98억 원

① (122억 원×60%)+(30억 원×40%) = 85억 원

② 122억 원×80% = 98억 원

(단위: 억 원)

| 총상속재산 | 98 |
|---|---|
| 부채 | 0 |
| 상속세 과세가액 | 98 |
| 상속 공제 | (-) 10 |
| 과세표준 | 88 |
| 세율 | 50% |
| 산출세액 | 39.2 |
| 세액공제 | 2.7 |
| 납부할 세액 | 36.5 |

※ 2017. 4. 1. ~ 2018. 3. 31.까지는 순자산의 70%

<비교>

(단위: 억 원)

| 부동산 비율 | 개인 | 법인 | 차이 | 비교 |
|---|---|---|---|---|
| 50% 미만 | 98 | 81.1 | 16.9 | 법인 유리 |
| 50~80% 미만 | 60.8 | 51.3 | 9.5 | 법인 유리 |
| 80% 이상 | 42.2 | 36.5 | 5.7 | 법인 유리 |

부동산 비율에 관계없이 법인으로 전환하여 주식으로 상속하는 것이 유리하다. 다만, 사안에 따라 달라질 수 있기 때문에 개별공시지가와 감정가액의 차액과 부채비율 및 당기순이익의 추이에 따라 면밀히 검토해야 한다.

# 9. 자기주식과 관련한
상법규정을 알아보자

## 1. 자기주식의 취득

### 1) 자기주식 취득, 이제는 허용된다

개정상법(2012년 4월 시행) 이전에는 비상장 회사의 자기주식 취득은 금지되었으나 개정상법으로 비상장 회사도 자기주식을 취득할 수 있도록 허용하였다. 개정상법은 회사의 재무운영상 필요성에 따라 배당가능이익 내에서 취득할 수 있도록 허용하고 있지만, 배당가능이익 내에서 가능하다고 하여 완전히 자유롭게 취득할 수 있는 것은 아니며, 취득 방법과 관련하여 엄격한 법적 절차와 제한이 있다. 결국 개정상법에서도 자기주식은 여전히 취득금지가 원칙이고 법에서 정하고 있는 예외적인 경우에만 허용된다.

개정상법상 자기주식을 취득할 수 있는 방법은 두 가지이다. 하나는 배당가능이익을 재원으로 하여 자기주식을 취득하는 것이고(제341조), 또 하나는 법에서 정한 특정 목적이 있는 경우에 배당가능이익이 아닌 회사의 자본거래로 자기주식을 취득하는 것이다.

### 2) 배당가능이익 내에서 자기주식 취득이 가능하다

회사는 배당가능이익의 범위, 즉 취득가액의 총액이 직전 결산기의 대차대조표상의 순자산가액에서 자본금, 자본준비금과 이익준비금 합계액 및 적립해야 할 이익준비금을 공제한 금액을 초과하지 않는 한도 내에서 자기주식을 취득할 수 있다.

자기주식의 취득한도와 관련하여 배당가능이익을 초과하지 말 것을 규정하고 있는데, 이는 배당가능이익을 사용해서 취득해야 함을 의미한다. 왜냐하면 회사가 자기주식을 취득할 경우 그 금액만큼 배당가능이익이 감소하기 때문이다.

배당가능이익으로서 자기주식을 취득하고자 하는 회사는 원칙적으로 미리 주주총회의 결의를 얻어야 하며, 다만 이사회의 결의로 이익배당을 할 수 있다고 정관으로 정하고 있는 경우에는 이사회의 결의로서 주주총회의 결의를 갈음할 수 있다. 주주총회 또는 이사회의 결의로 결정할 사항은 다음과 같다.

① 취득할 수 있는 주식의 종류 및 수
② 취득가액의 총액의 한도
③ 1년을 초과하지 아니하는 범위에서 자기주식을 취득할 수 있는 기간

회사가 만약 특정 주주와 협의하여 그 주주의 주식만 취득할 경우 주주평등에 반하므로, 상법에서는 취득 방법에 대하여 엄격하게 정하고 있다. 비상장 회사의 경우 각 주주가 가진 주식의 수에 따라 균등한 조건으로 취득하되, 모든 주주에게 자기주식 취득의 통지 또는 공고를 하여 매도의 기회를 공평하게 부여하도록 하고 있다.

여기서 균등한 조건으로 취득하라 함은 모든 주주들에게 주식을 매도할 기회를 주고 매도하는 주주들에게 주식의 가격과 같은 조건을 균등하게 하라는 것이지, 반드시 모든 주주로부터 주식을 취득하라는 것은 아니다.

그리고 이사는 주주총회에서 정한 취득할 주식의 총수와 취득가액 총액의 범위 내에서 자기주식을 취득하여야 한다. 상법에서는 주

주총회에서 취득가액 총액을 정하도록 하고 있으므로, 개별적인 주식의 가격은 공정한 시장가치를 초과하지 않는 범위 내에서 이사가 재량으로 정할 수 있다. 자기주식 취득의 대가로 금전뿐 아니라 그 밖의 재산을 지급할 수 있는데, 이때 해당 회사의 주식은 제외된다.

주주가 매도를 신청할 수 있는 주식의 수는 주주가 보유하고 있는 주식의 비율과 무관하다. 주주는 자기 의사에 의해 가지고 있는 주식 전부에 대해 매도 신청을 할 수 있고, 전혀 하지 않을 수도 있다. 만약 주주들이 매도 신청을 한 주식의 총수가 이사회에서 결의한 취득할 주식의 한도 내라면 모두 취득할 수 있다. 그러나 주주가 신청한 주식의 총수가 이사회에서 결의한 취득할 주식의 총수를 초과하는 경우 계약 성립의 범위는 취득할 주식의 총수를 신청한 주식의 총수로 나눈 수에 주주가 신청한 주식의 수를 곱한 수로 정한다.

### 3) 특정 목적에 의한 자기주식의 취득도 가능하다

회사는 배당가능이익이 없는 경우에도 다음의 특정한 회사의 목적을 위해 부득이하게 자기주식을 취득할 수 있다.

---

① 회사의 합병 또는 다른 회사의 영업 전부의 양수로 인한 경우
② 회사의 권리를 실행함에 있어 그 목적을 달성하기 위하여 필요한 경우
③ 단주의 처리를 위하여 필요한 경우
④ 주주가 주식매수청구권을 행사한 경우

---

## 2. 자기주식 처분

### 1) 자기주식 장기보유가 가능하다

개정 전 상법은 특정 목적에 의한 자기주식 취득만을 허용하였고, 이 경우 주식을 소각하기 위한 때에는 바로 주식의 실효절차를 밟아야 하며, 합병 등 기타의 경우에는 상당한 시기에 자기주식을 제3자에게 처분하도록 하고 있었다. 그러나 개정상법은 이 규정을 삭제하여 자기주식의 처분의 무조항을 두고 있지 않으므로, 회사는 취득한 자기주식을 처분하지 않고 영구히 회사에 보유할 수 있어 이른바 '금고주(treasury stock)'가 된다.

그러나 경제적인 측면에서 볼 때, 자기주식은 사실상 그 효용가치가 사장되는 것이므로 아무런 제한 없이 장기보유를 제도적으로 보장하는 것은 문제가 있다. 더욱이 회사가 금고주로서 자기주식을 보유하게 되면 지배구조의 왜곡을 가져올 수도 있다.

경영권을 갖고 있는 지배주주가 자기주식을 취득함에 있어서 형식적으로는 주주평등의 원칙을 준수하였지만, 자신과 우호세력을 제외한 다른 주주들로부터만 주식을 취득하여 자신들의 투자자본이 아닌 회사의 재산으로 자신들의 회사지배력을 보다 견고히 할 수도 있기 때문이다.

### 2) 자기주식 처분은 정관 또는 이사회에서 결정한다

개정상법은 자기주식의 처분에 관한 사항을 열거하고 정관에 규정이 없는 것은 이사회가 결정한다고 규정하고 있다.

### 3) 자기주식 처분 결정사항은 다음과 같다

자기주식을 처분할 경우 정관 또는 이사회의 결의로 결정할 사항은 다음과 같다.

---

① 처분할 주식의 종류와 수
② 처분할 주식의 처분가액과 납입기일
③ 주식을 처분할 상대방 및 처분방법

---

## 3. 자기주식의 배당

### 1) 자기주식은 주식배당 할 수 없다

상법은 회사가 주식배당을 할 경우 "새로이 발행하는 주식으로서 할 수 있다."고 명문의 규정을 두어, 주식배당의 대상이 되는 주식을 신주로 한정하고 있다. 따라서 현행 상법상 회사의 자기주식을 주식배당 할 수 없다.

### 2) 자기주식을 현물배당 할 수 있다

개정 전 상법에서는 이익배당의 경우 금전 또는 주식으로만 배당할 수 있었지만, 개정상법은 정관의 규정에 의하여 이익배당을 현물로서도 할 수 있도록 허용하고 있다.

여기서 '현물'이란 경제적인 가치를 가지고 있는 재산으로서 금전이 아닌 것을 의미하므로 그 종류를 특정할 수는 없지만, 각 주주에게 배당하는 배당액이 다르기 때문에 배당의 재원으로 사용하는 현물은 가분적이어야 하고, 평가가 용이해야 한다. 따라서 회사가 취득한 자기주식도 현물배당의 대상이 된다.

# 10. 자기주식과 관련한 세금 주의하자

## 1. 자기주식 취득과 관련된 세금

### 1) 회사에 대한 세금

회사가 자신이 발행한 주식을 주주로부터 취득하는 그 시점에는 회사에 자기주식 취득으로 인한 과세문제가 특별히 발생하지 않는다.

### 2) 주주에 대한 세금

회사가 주주로부터 회사 발행주식을 취득할 때 주주가 회사로부터 받는 주식양도대가와 관련하여 주주에 대한 세금 문제가 생긴다.

주주가 주식을 그 주식의 발행회사에 양도하고 회사로부터 주식양도대금을 받은 경우 주주가 얻은 소득은 주식양도소득에 해당하는지 아니면 배당소득에 해당하는지 문제가 된다.

주주가 주식을 회사에 양도함으로서 얻는 소득이 양도소득인지 배당소득인지 구분할 실익은 주주가 개인일 경우 어느 유형의 소득에 해당하는지에 따라 과세 여부와 소득금액 계산방법, 세율 등이 달라지기 때문이다. 그리고 일반적으로 개인 주주의 경우 양도소득이 유리하다.

이 문제와 관련하여 우리 세법은 구체적인 판단 기준을 정하고 있지 않다. 하지만 대법원(2010.10.28. 선고 2008두19628 판결)은 회사가 주주로부터 자기주식을 취득하는 거래가 구체적인 사실관계에 따라 주식양도 또는 자본의 환급이 될 가능성을 모두 열어 놓았고, 판단에 있어서 실질과세의 원칙을 적용할 수 있다는 견해를 분명히 하였다.

주식의 매도가 자산거래인 주식의 양도에 해당하는가 또는 자본거래인 주식의 소각 내지 자본의 환급에 해당하는가는 법률행위 해석의 문제로서 그 거래의 내용과 당사자의 의사를 기초로 하여 판단하여야 할 것이지만, 실질과세의 원칙상 단순히 당해 계약서의 내용이나 형식에만 의존할 것이 아니라, 당사자의 의사와 계약체결의 경위, 대금의 결제방법, 거래의 경과 등 거래의 전체 과정을 실질적으로 파악하여 판단하여야 한다.

즉, 회사의 자기주식 취득 목적이 주식 소각 내지 자본 환급이라면 이를 자본거래로 보아 배당소득으로 보아야 하지만, 자기주식 취득이 단순히 주식의 양수·도 목적으로 이루어졌다면 이는 손익거래에 해당하므로 양도소득으로 보아야 한다는 것이다.

### 3) 양도소득과 배당소득은 소득금액 계산방법이 서로 다르다

주주가 주식을 회사에 양도하고 그 대가로 회사로부터 받는 주식 양도대금이 주주에게 배당소득인지 또는 양도소득인지 구별할 실익 중 하나는 소득금액을 계산함에 있어서 전자의 경우는 주주의 주식 취득가액을 차감하지 않고 후자의 경우는 주식취득대금을 차감한다는 점이 서로 다르다는 것이다.

### 4) 회사의 불균등한 주식 매입과 일부 주주에 대한 증여세 과세

회사가 자본을 줄이기 위하여 주식을 소각할 때 일부 주주의 주식을 소각하면서 평가액보다 저가 또는 고가로 소각대금을 지급함으로서 특정 주주가 이익을 얻는 경우에는 그 이익에 상당하는 금액을 그 주주의 증여재산가액으로 한다.

따라서 회사가 자기주식을 취득하는 경우에도 비슷한 상황이 생길 수 있는데, 회사가 자기주식을 취득할 당시 일부 주주로부터만 주식을 취득하면서 평가액보다 저가 또는 고가로 주식을 취득하여 특정 주주가 경제적 이익을 얻게 되는 경우다.

상속세 및 증여세법 제39조의 2, 제42조 제1항 제3호는 주식 소각을 통한 자본감소의 경우에 적용되기 때문에 회사가 자기주식을 취득하는 경우에까지 적용된다고 보기 어렵다.

## 2. 자기주식의 처분과 관련된 세금

### 1) 회사에 대한 세금

회사가 자기주식을 취득하였다가 처분할 경우 양도가액과 자기주식의 취득가액의 차액인 자기주식처분이익과 자기주식처분손실은 익금 또는 손금에 산입된다.

### 2) 주주에 대한 세금

회사가 자기주식을 처분할 때 그 주식을 취득한 주주에게 취득 당시는 세금 문제가 발생하지 않는다. 다만, 지방세법상 간주취득에 해당할 경우 취득세 문제가 발생할 수 있다.

회사가 자기주식을 처분할 경우 자기주식이 주주들의 지분율에 비례하지 않게 주주들에게 처분되어 처분 전후 주주의 지분율에 변동이 있거나 또는 자기주식이 제3자에게 처분된 경우 주주 간 또는 주주와 자기주식을 취득한 제3자 간에 증여세 과세대상인 경제적 이익의 이전이 있는지 여부가 문제될 수 있다.

회사가 자기주식을 처분할 경우에도 증자에 관한 상속세 및 증여세법 제39조 제1항 제1호, 제2호의 경우와 유사한 문제가 발생할 수 있다. 그리고 이 경우 주주 간 또는 주주와 제3자 간에 부의 이전이 발생할 수 있다. 상속세 및 증여세법 제39조 제1항 제1호, 제2호는 증자에 관한 규정이기 때문에 적용하기 어렵다. 다만, 자기주식의 저가 양도의 경우로서 자기주식을 처분하는 회사의 주주가 자기주식에 대한 배정권 내지는 비례적 이익의 전부 또는 일부를 포기한 경우로서 그 포기한 자기주식을 배정하는 경우 및 자기주식을 처분하는 회사의 주주가 아닌 자가 해당 회사로부터 주식을 취득하거나 해당 회사의 주주가 그 소유주식 수에 비례하여 균등한 조건으로 배정받을 수 있는 수를 초과하여 주식을 취득하는 경우 자기주식을 처분하는 회사로부터 그 주식을 매입하는 주주 또는 제3자에게 자기주식 저가 양도로 인한 경제적 이익의 이전이 있는 것으로도 볼 수 있습니다. 따라서 이 경우 상속세 및 증여세법 제39조 제1항 제1호 가목 및 다목 외에 제35조 제1항 제1호, 제2항이 주식을 저가로 매입한 주주 또는 제3자에게 적용될 여지는 있다.

## 3. 자기주식에 의한 현물배당과 관련된 세금

### 1) 회사에 대한 세금

일반 자산을 현물배당하는 경우 그 자산을 시가로 평가하여 산출된 취득가액과의 차액을 배당하는 회사의 익금으로 본다. 자기주식을 현물배당하는 경우 자기주식의 시가와 장부가액의 차액을 이익 또는 손실로 인식해야 하는지 아직 우리 세법은 구체적인 판단 기준을 정하고 있지 않다.

## 2) 주주에 대한 세금

현물배당을 받는 주주는 배당소득에 대한 소득세를 납부해야 하는데, 현물배당의 수입금액은 현물의 배당 시의 시가로 계산해야 한다.

## 4. 최근 사례

최근 자기주식 취득과 관련된 조세심판원 결정(조심2016서1700, 2016.07.07. 외 다수)에 따르면 자기주식으로 취득하는 과정에서 개정된 상법에 따른 절차를 위배하지 않더라도 대표이사를 제외한 나머지 모든 주주는 주식 양도를 청구하지 않고 대표이사만 자기주식을 양도한 사안에 대하여 실질적으로 특정 주주만 선택하여 그 주식만 취득한 것이 되어 「상법」을 위배하였다고 볼 수 있어 고령의 대표이사가 상속에 대비하기 위하여 자기주식으로 취득하도록 한 것으로 보아 자기주식 취득대금을 업무무관가지급금으로 보도록 하였다.

따라서 상법규정을 지켜 자기주식을 취득하더라도 자기주식 취득 과정이 법인의 대표이사인 주주의 자금 지원 목적이 있었다면 부당한 거래로 보아 자기주식취득대금을 가지급금으로 보아 과세할 수 있음에 주의해야 한다.

# 제9장

# 사업승계로 절세하라

# 1. 사업승계의 목표와 유형

## 1. 사업승계의 목표

상속세·증여세 세금계획의 제3단계인 사업승계전략의 목표는 다음과 같다.

첫째, 다양한 사업승계방법을 이용하여 절세를 통한 부의 이전을 최대화하는 것이다.

둘째, 가업승계 전 사업승계전략을 활용하여 가업승계되는 재산을 최대한 줄여 가업승계 사후관리 규정을 위반하여 상속세가 추징되는 리스크를 최소화하는 것이다.

## 2. 사업승계전략의 유형

### 1) 매매를 통한 사업승계전략

매매를 통한 사업승계를 할 경우 시가가 아닌 고가 또는 저가로 매매할 때 세금 문제와 특수관계자 간의 매매거래 시 주의해야 할 사항에 대하여 알아본다.

### 2) 증여를 통한 사업승계전략

증여를 통한 사업승계를 할 경우 일반 증여가 아닌 부담부증여를 통한 사업승계와 창업자금 및 가업승계 주식에 대한 증여세 과세특례를 이용한 사업승계로 나누어 살펴본다.

### 3) 주식스왑을 통한 사업승계전략

최근 많이 활용되고 있는 주식교환을 통한 사업승계의 의미와 세무상 문제를 살펴본다.

### 4) 지주회사를 통한 사업승계전략

지주회사를 통한 사업승계 방식에는 현물출자, 물적 분할, 기업매수, 제3자 신주발행방식, 주식의 포괄적 교환·이전을 통한 다양한 방법들에 대해서 살펴본다.

# 2. 사업승계를 통한 절세는 비상장주식평가방법을 아는 데서 시작한다

## 1. 비상장주식 평가의 원칙은 시가이다

상속세나 증여세가 부과되는 재산의 가액은 상속개시일 또는 증여일 현재의 시가에 따른다. 그리고 평가 기간 중 매매·감정·수용·경매·공매가액이 확인된 경우 이를 시가로 본다. 따라서 비상장주식도 시가로 보는 금액이 확인되는 경우에는 이를 시가로 인정하여 평가할 수 있다.

여기서 시가로 인정되는 매매거래가액이란 매매 사실이 존재해야 하며, 매매계약일이 상속세 및 증여세법상 평가 기간 이내여야 하고, 객관적으로 부당하다 인정되는 거래 및 소액의 비상장주식 거래가 아니어야 한다.

만약 객관적 교환가치가 없는 경우에는 상속세 및 증여세법상 보충적 평가방법에 따라 평가하게 된다. 그리고 평가 기간 내의 '매매 등'의 가액뿐만 아니라 평가 기간 밖의 '매매 등'의 가액도 가격변동이 없다고 인정되는 경우에는 재산평가심의위원회의 자문을 거쳐 확인된 매매가액 등을 시가에 포함하고 있음에 유의하여야 한다.

## 2. 일반적으로 비상장주식은 보충적 평가방법으로 평가된다

| 구분 | 보충적 평가방법 |
|---|---|
| 일반법인 | MAX(①, ②)<br>① 순자산가치×40% + 순손익가치×60%<br>② 순자산가치 × 70%(80%) |
| 부동산 과다법인 | MAX(①, ②)<br>① 순자산가치×60% + 순손익가치×40%<br>② 순자산가치 × 70%(80%) |
| 사업개시 전 법인 등의 경우 | 순자산가치 |

※ 2017. 4. 1. ~ 2018. 3. 31.까지는 순자산의 70%

### 1주당 순손익가치

$$1주당\ 순자산가치 = \frac{1주당\ 최근\ 3년간의\ 순손익액의\ 가중평균액}{순손익가치환원률(10\%)}$$

$$\frac{평가기준일\ 이전\ 1년이}{되는\ 사업연도의\ 1주당} \times 3 + \frac{평가기준일\ 이전\ 2년이}{되는\ 사업연도의\ 1주당} \times 2 + \frac{평가기준일\ 이전\ 3년이}{되는\ 사업연도의\ 1주당} \times 1$$
$$순손익액 \qquad\qquad 순손익액 \qquad\qquad 순손익액$$

여기서 1주당 최근 3년간 순손익액의 가중평균액은 다음과 같이 구하게 된다.

$$1주당\ 순자산가치 = \frac{평가기준일\ 현재\ 당해\ 법인의\ 순자산가액}{평가기준일\ 현재의\ 발행주식총수}$$

## 1주당 순자산가치

$$\frac{\text{평가기준일 현재}}{\text{상증법상 자산총계}} + \frac{\text{평가기준일 현재}}{\text{상증법상 부채총계}} - \frac{\text{평가기준일 현재}}{\text{상증법상 영업권 평가액}}$$

여기서 순자산가액은 다음과 같이 구하게 된다.

다음의 경우에는 비상장주식을 순자산가치로만 평가한다.

- 법인의 청산절차가 진행 중인 경우
- 사업자의 사망 등으로 인하여 사업의 계속이 곤란하다고 인정되는 경우
- 사업개시 전 법인의 경우
- 사업개시 후 3년 미만 법인의 경우
- 휴·폐업 중에 있는 법인의 경우
- 3년 내의 사업연도부터 계속하여 결손금이 있는 법인
- 골프장 등의 업종으로서 부동산 비율이 자산가액의 80% 이상인 법인
- 자산총액 중 주식 등의 비율이 80% 이상인 법인
- 법인설립 시부터 확정된 존속기한 중 잔여존속기한이 3년 이내인 법인

# 3. 어떻게 하면 비상장주식 가치를 낮출 수 있을까?

## 1. 순자산가치를 낮추자

비상장법인의 순자산가치는 자산가치에서 부채가치를 차감하여 산정되기 때문에 자산가치를 낮게 하고 부채가치를 높게 하여 순자산가치가 낮아지게 하는 방법은 다음과 같다.

### 1) 주주에게 배당을 하라

회사가 배당가능재원이 있어 배당을 결의한다면 부채(미지급배당금)가 증가하기 때문에 순자산가액 낮아져 비상장주식평가액도 낮아진다. 한편 배당에는 배당소득세 과세문제가 발생하기 때문에 반드시 사전에 고려하여야 할 것이다.

### 2) 부실채권은 대손요건을 갖추어 대손금으로 처리하자

법인의 채권 중 사실상 회수가 불가능한 채권은 그 자산성을 상실하여 법인의 장부에서 제거하게 되며, 이는 법인의 순자산을 감소시키는 손금에 해당한다.

기업회계에 있어서도 대손금을 비용으로 인정하고 있으나, 어느 정도의 회수 불가능한 상태에 이르렀을 때 대손금으로 상각할 수 있는가와 대손상각할 채권의 범위는 특별히 규정하고 있지 않고 법인의 판단에 맡기고 있다.

그러나 세법에서는 과세의 형평성, 이익조작의 방지 등의 목적으로 대손상각할 채권의 범위, 대손요건 및 대손시기에 관하여 엄격하게 규정하고 있다. 따라서 관련되는 증빙을 충분히 갖추어 대손금이 인정되면 순자산가액 및 순손익가치가 낮아져 비상장주식 평가액이 낮아질 수 있다.

### 3) 쓸모없는 재고는 관련 증빙을 갖추어 싸게 정리하라

기업회계는 장기적으로 쌓여 있는 재고 등의 부실자산에 대하여 재고자산평가손실 등으로 처리하고 있으나, 세법에서는 재고자산으로서 파손·부패 등의 사유로 인하여 정상가격으로 판매할 수 없는 것에 한해서만 당해 사업연도의 손금으로 계상할 수 있다. 따라서 쓸모없는 재고 등에 대하여는 싼 가격에 정리하거나 또는 파손·부패 등을 입증할 수 있는 증빙을 갖추어 감액손실로 처리한다면 순자산가액 및 순손익가치가 낮아져 비상장주식평가액이 낮아질 수 있다.

### 4) 부동산가액이 시세보다 과대평가되었다면 감정을 받아라

상속세 및 증여세법에서는 둘 이상의 감정평가법인이 상속세 및 증여세의 납부목적에 적합하고 평가기준일 현재 원형대로 재산을 평가한 감정가액이 있는 경우에 그 감정가액의 평균액을 시가로 보고 있다. 따라서 현재 보유하고 있는 부동산 등이 시세보다 과대평가 되었다면 시세 등의 가액으로 감정을 받는다면 순자산가액이 낮아질 수 있다.

## 2. 순손익가치를 낮추자

### 1) 이익(손실)이 많은 사업 부분을 합병(분할)한다

합병법인의 순손익가치는 합병법인과 피합병법인의 순손익가치를 각각 합하여 산정하고 있는데, 합병법인과 피합병법인의 순손익가치의 차이에 의하여 합병 후 합병법인의 순손익가치는 낮아질 수 있다.

한편, 분할법인의 경우 순손익가치는 분할 전 사업부문별로 구분하거나 순자산가액비율로 안분하여 계산하므로 이익이 많은 사업부분을 분할한다면 분할법인의 순손익가치가 낮아질 수 있다.

또한 평가기준일 전 3년이 되는 날이 속하는 사업연도 개시일부터 평가기준일까지의 기간 중 합병·분할한 법인이 미래에는 이익의 감소가 예상된다면 순손익가치를 과거의 순손익액으로 산정하지 않고 미래의 추정이익으로 산정한다면 순손익가치가 낮아질 수 있다.

### 2) 수익귀속시기를 연기하라

순손익가치는 평가기준일 이전 3년의 순손익가치를 가중평균하여 계산한다. 즉 최근 사업연도의 순손익액이 높게 평가된다면 비상장주식의 평가액이 높아진다. 이때 기업회계와 세무상 문제점이 없다면 매출처 등의 거래처와 제품 등의 판매계약 및 제품인도시기를 연기한다면 순손익가치가 낮아지게 되어 비상장주식평가액이 낮아질 수 있다.

### 3) 퇴직보험을 가입하라

퇴직급여충당금 설정액을 법인의 비용 및 손금으로 인식할 수 있음에는 원칙적으로 기업회계나 세법의 입장에서 동일하지만 비용의 인정범위 및 손금산입한도액에 대하여는 완전히 일치하지 않는다. 즉 기업회계기준에서는 결산일 현재의 퇴직급여추계액 전액을 퇴직급여충당부채로 설정하도록 규정하고 있다. 법인은 임원 또는 사용인이 퇴직하는 경우 근로기준법 및 근로자퇴직급여보장법 또는 이에 준하여 법인 내부에서 규정한 퇴직급여지급규정에 따라 퇴직하는 임원 또는 사용인에게 퇴직급여를 지급하여야 한다.

한편 법인세법에서는 법인이 임직원의 퇴직급여에 충당하기 위하여 퇴직급여충당금을 손금으로 계상한 경우에는 법 소정의 요건과 일정 금액의 범위 안에서 이를 손금에 산입할 수 있으며, 일정 범위 초과액은 손금불산입액이 발생하고, 손금불산입액이 발생하면 순손익가치가 높아지게 되어 비상장주식평가액이 높아지게 된다. 이때 법인세법에서는 일정한도 초과액에 대하여 퇴직연금 등을 가입하게 되면 손금이 인정되므로 순손익가치 및 비상장주식평가액을 낮게 할 수 있다.

### 4) 개발비 등 자산성이 없는 것은 비용처리하라

기업회계는 법인세법과 달리 연구단계와 개발단계를 구분하고 있다. 즉 기업회계는 연구단계에서 발생한 지출은 미래 경제적 효익의 제공 가능성에 대한 불확실성이 큰 비용이므로 전액 발생한 기간의 비용으로 한다. 그러나 연구단계에서 진전된 개발단계에서의 지출은 일정 요건을 충족하는 경우에 한하여 무형자산인 개발비로 계상하며, 그 요건을 충족하지 못하는 경우에는 이를 발생한 기간의 비용으로 처리한다.

법인세법상 개발비는 상업적인 생산 또는 사용 전에 재료·장치·제품·공정·시스템 또는 용역을 창출하거나 현저히 개선하기 위한 계획 또는 설계를 위하여 연구결과 또는 관련 지식을 적용하는 데 발생하는 비용으로서 당해 법인이 개발비로 계상한 것을 말한다. 따라서 자산성이 불분명한 지출액이나 일상적인 개발활동과 관련한 지출액 등은 지출하는 연도에 비용으로 처리한다면 순손익가치가 낮아지게 될 수 있다.

> **절세 포인트 1.** 주주에 대한 배당, 부실채권의 대손처리, 쓸모없는 재고 정리, 부동산 감정을 통해 순자산가치를 낮추어라.
> **절세 포인트 2.** 합병 또는 분할, 수익귀속시기 연기, 퇴직보험 가입, 개발비 등 비용처리를 통해 순손익가치를 낮추어라.

# 4. 증여할 것인가,
## 저가로 양수할 것인가?


경제력을 갖춘 후 아버지의 재산을 다시 증여받을지 아니면 (저가)양수할 것인지 결정하기 쉽지 않다. 증여의 경우에는 증여세 부담규모와 그 증여세를 수증자의 자금으로 부담할 수 있는지를 검토해야 한다. 그리고 (저가)양수하는 경우 저가양도자의 부당행위계산의 부인에 따른 양도소득세 부담규모, 양수자의 증여세 부담규모 및 그 증여세를 양수자가 자력으로 부담할 수 있는지 여부를 검토해야 한다.

예를 들어 시가가 10억 원인 부동산을 자녀에게 5억 원에 저가양도한다고 가정하는 경우 증여이익은 5억 원(시가 10억 원 - 대가 5억 원)이 아니라 2억 원(시가 10억원 - 대가 5억 원 - 3억 원)이 된다는 점에서 (저가)양수를 통해서 세금부담을 줄이면서 재산을 다시 이전할 수 있는 기회가 생기는 것이다.


## 1. 단순증여보다 (저가)양수가 유리하다

첫째, 양도를 통해 세금을 줄일 수 있다. 재산을 제3자에게 양도할 때는 가능한 높은 가격에 양도하겠지만 배우자나 자녀에게 양도할 때는 세법에서 정한 가액, 즉 기준시가 등으로 거래가 이루어진다. 예를 들어 시가가 10억 원, 기준시가가 7억 원인 토지가 있다고 하자. 이 토지를 제3자에게 양도한다면 10억 원에 팔겠지만 자녀에게 양도한다면 7억 원에 팔 것이다. 결국 7억 원보다 많거나 적게 팔면 증여세를 추가로 내게 된다. 자녀는 10억 원짜리 부동산을 7억 원에 사는 것이니 어찌 보면 3억 원은 세금 없이 증여받는 것이나 다름없다.

둘째, 증여세보다 양도소득세가 세금부담이 적다. 양도할 경우 납부해야 할 세금은 양도세이기 때문에 자녀가 세금을 내는 것이 아니고 부모가 세금을 내며 자녀는 취득세만 부담하면 된다. 또한 양도세는 7억 원에 팔았기 때문에 타인에게 10억 원에 팔았을 때보다 훨씬 적게 내게 된다. 증여의 경우 재산가액 전체를 증여가액으로 해 증여세를 계산하지만, 양도의 경우에는 양도가액에서 취득가액을 공제하고 양도소득세를 계산하기 때문에 세금부담이 양도소득세가 적다.

셋째, 노후자금을 확보할 수 있다. 양도의 경우에는 부모가 자녀에게 대가를 받고 팔았기 때문에 자금이 생긴다. 따라서 이 자금으로 노후를 보내면 된다.

## 2. 단순증여보다 부담부증여가 유리하다

부담부증여란 수증자가 재산을 증여받으면서 동시에 채무의 부담이나 인수를 하는 증여를 말한다. 예를 들면 아버지로부터 아파트를 증여받으면서 아파트의 전세보증금을 증여받는 아들이 인수하는 것을 말한다.

부담부증여할 경우 수증자가 인수한 채무액은 증여로 볼 수 없기 때문에 증여재산가액에서 빼도록 하고 있다. 따라서 부담부증여에 해당되면 인수하는 부채로 인해 증여세를 줄일 수 있는 것이다. 수증자가 인수한 채무액 부분은 유상양도에 해당되기 때문에 증여자에게 양도소득세가 과세된다.

사례를 들어 단순증여와 부담부증여를 비교해 보자. 10년 전에 4억 원에 취득한 시가 8억 원의 아파트(은행 대출 2억 원)를 아들(30세)에게 증여하는 것과 부담부증여를 하는 것 중 어느 것이 유리할까?

## 1) 단순증여하는 경우

① 증여세 과세가액: 8억 원

② 증여세 과세표준: 8억 원-5천만 원 = 7억 5천만 원

③ 자진납부세액: (7억 5천만 원×세율)×93% = 153,450,000원

## 2) 부담부증여하는 경우

- 증여세

① 증여세 과세가액: 8억 원-2억 원(채무) = 6억 원

② 증여세 과세표준: 6억 원-5천만 원 = 5억 5천만 원

③ 자진납부세액: (5억 5천만 원×세율)×93% = 97,650,000원

- 1세대 2주택 이상인 경우

① 양도차익: 2억 원-$\left(4억 원 \times \dfrac{2억 원}{8억 원}\right)$ = 1억 원

② 양도소득금액: 1억 원-3,000만 원(장기보유특별공제) = 7,000만 원

③ 과세표준: 7,000만 원-250만 원 = 67,500,000원

④ 산출세액: 67,500,000원×세율 = 10,980,000원

⑤ 총세액: 10,980,000원×1.1(주민세) = 12,078,000원

- 총부담세액: 97,650,000원+12,078,000원 = 109,728,000원

결국, 단순증여하는 것보다 부담부증여를 하는 경우 43,722,000원 만큼 세금이 절세된다.

---

**절세 포인트 1.** 무상증여보다는 (저가)양도가 유리하다.
**절세 포인트 2.** 무상증여보다는 부담부증여가 유리하다.
**절세 포인트 3.** (저가)양도와 부담부증여는 수증자가 자금출처에 대한 입증문제가 선결되어야 가능하다.

# 5. 가족끼리 매매는 증여로 추정한다

일반적으로 재산의 소유자가 배우자 또는 직계존비속에게 재산을
이전하는 경우 양도가 이루어지기보다는 재산을 증여하는 것이 더
일반적일 것이다. 그래서 상속세 및 증여세법은 '배우자 등에게 양도
시의 증여추정'규정을 두고 있다.

## 1. 배우자 등에게 양도 시의 증여추정규정

먼저 증여추정이 무엇인지부터 알아보자. 상속세 및 증여세법에서
는 증여세를 회피하기 위해 사실은 증여이지만 매매로 가장할 가능
성이 높기 때문에 일단 가족 사이의 매매 행위는 증여행위로 의심한
다. 그런데 증여추정에서 벗어나기 위해서는 실제 대가를 받고 양도
한 사실을 납세자가 입증하여야 한다.

배우자 또는 직계존비속(배우자 등)에게 양도한 재산은 배우자 등이
증여받은 것으로 추정한다.

<그림 1>

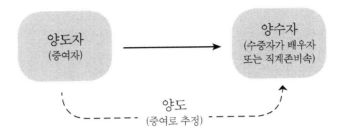

배우자 등에게 직접 양도하는 것이 아니라 중간에 특수관계인을 통해서 우회 양도한 경우에도 증여추정 규정을 두고 있다. 상속세 및 증여세법은 특수관계인에게 양도한 재산을 그 특수관계인이 양수일로부터 3년 이내에 양도자의 배우자 등에게 다시 양도한 경우에는 배우자 등이 증여받은 것으로 추정한다. 다만, 양도자 및 양수자가 부담한 양도소득세가 증여받은 것으로 추정할 경우의 증여세액보다 큰 경우에는 증여받은 것으로 추정하지 않는다.

<그림 2>

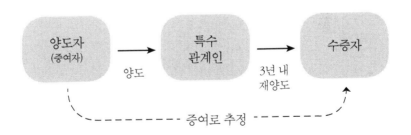

상속세 및 증여세법에서는 다음과 같이 배우자 등에게 대가를 받고 양도한 사실이 명백하게 인정되는 경우에는 증여추정을 배제하

도록 하고 있다.

① 권리의 이전이나 행사에 등기·등록을 요하는 재산을 서로 교환한 경우
② 재산의 취득을 위하여 이미 과세 받았거나 신고한 소득금액 또는 상속 및 수증재
   산의 가액으로 그 대가를 지급한 사실이 입증되는 경우
③ 재산의 취득을 위하여 자신이 소유하고 있던 재산을 처분한 금액으로 그 대가 지
   급 사실이 명백하게 입증되는 경우

그리고 배우자 간 또는 직계존비속 간의 부담부증여에 대해서는
수증자가 증여자의 채무를 인수한 경우에도 그 채무액은 수증자에
게 인수되지 아니한 것으로 추정한다.

## 2. 배우자·직계존비속 간 증여재산에 대한 이월과세

거주자가 양도일부터 소급하여 5년 이내에 그 배우자(양도 당시 혼인
관계가 소멸된 경우를 포함하며, 사망으로 혼인관계가 소멸된 경우는 제외) 또는 직
계존비속으로부터 증여받은 부동산 또는 특정시설물이용권의 양도
차익을 계산할 때 취득가액은 그 배우자 또는 직계존비속의 취득 당
시를 기준으로 한다. 그리고 배우자 등이 납부한 증여세는 양도차
익의 계산 시에 필요경비로 차감한다. 따라서 배우자 또는 직계존·
비속에게 증여를 했다면 5년 후에 양도하여야 이월과세가 적용되지
않는다.

<그림 3>

절세 포인트 1. 가족끼리의 매매는 증여로 추정하기 때문에 자금출처에 대한 입증이 중요하다.

절세 포인트 2. 가족끼리 부담부증여를 할 경우 채무가 인수되지 않은 것으로 추정하기 때문에 채무 인수 사실을 입증해야 한다.

절세 포인트 3. 배우자 또는 직계존·비속에게 증여를 했다면 5년 후에 양도하여야 이월과세가 적용되지 않는다.

# 6. 가족끼리 매매할 경우
## 거래금액에 대하여 주의하라

배우자 또는 직계존·비속 간 재산의 양도거래에 대하여 대가를 받고 양도한 사실이 명백히 인정되어 '배우자 등에게 양도한 재산의 증여추정'규정이 적용되지 아니할지라도 양도가액의 시가 범위 내 거래 여부에 따라 '저가·고가양도에 따른 이익의 증여'규정이 적용될 수 있다. 그리고 '저가·고가양도에 따른 이익의 증여'규정을 적용할 때 배우자, 직계존·비속은 특수관계자 간 거래이므로 소득세법상 '양도소득의 부당행위계산부인'규정이 우선 적용됨에 유의해야 한다.

### 1. 매수자에게 적용되는 저가·고가양도에 따른 이익의 증여

상속세 및 증여세법은 당사자 간의 특수관계 유무에 불구하고 거래의 관행상 정당한 사유 없이 시가에 비해 저가로 양수하거나 고가로 양도하는 경우 시가와 양수가액 또는 양도가액의 차액만큼 경제적 이득을 증여받은 것으로 보아 그 이득을 취득한 자에게 증여세를 과세하도록 하고 있다.

#### 1) 특수관계자 간 거래의 경우

시가와 대가의 차액이 시가의 30% 또는 3억 원 이상인 경우 차액에서 시가의 30%와 3억 원 중 적은 금액을 차감한 가액을 증여재산가액으로 하여 증여세를 과세한다.

예를 들면 아버지가 아들에게 시가 6억 원의 토지를 3억 원에 저가양도한 경우 시가와 대가의 차액 3억 원이 시가의 30%(1.8억 원) 이상이기 때문에 다음의 금액을 증여재산가액으로 한다.

증여재산가액 = 6억 원 - 3억 원 - min(1.8억 원, 3억 원) = 1.2억 원

저가·고가양도에 따른 이익의 증여규정에 따라 이익을 계산할 경우 1년간 동일한 이익을 합산하여 금액기준을 계산하도록 하고 있기 때문에 아래와 같이 분산해서 거래할 경우 증여세가 과세되지 않는다. 예를 들면 아버지가 아들에게 시가 10억 원의 비상장주식을 2년에 걸쳐 각각 7억 원에 저가양도한 경우 시가와 대가의 차액 3억 원이 시가의 30%(3억 원) 이상이기 때문에 다음과 증여재산가액은 없다.

증여재산가액 = 10억 원 - 7억 원 - min(3억 원, 3억 원) = 0원

결국 2년에 걸쳐 저가 양도로 인한 이익은 총 6억 원이지만 저가양도로 인한 이익을 1년을 기준으로 계산하기 때문에 증여세가 과세되지 않는 것이다.

## 2) 특수관계 아닌 자 간 거래의 경우

거래의 관행상 정당한 사유 없이 시가와 대가의 차액이 시가의 30%인 경우 차액에서 3억 원을 차감한 가액을 증여재산가액으로 하여 증여세를 과세한다.

예를 들면 특수관계인이 아닌 A가 B에게 시가 10억 원의 토지를 5억 원에 저가양도한 경우 시가와 대가의 차액 5억 원이 시가의 30%(3억 원) 이상이기 때문에 다음의 금액을 증여재산가액으로 한다.

---

증여재산가액 = 10억 원 - 5억 원 - 3억 원 = 2억 원

---

## 2. 매도자에게 적용되는 양도소득세 부당행위계산부인

특수관계인과의 거래에 있어서 시가와 거래가액의 차액이 3억 원 이상이거나 시가의 5%에 상당하는 금액 이상인 경우로서 조세의 부담을 부당히 감소시킨 것으로 인정되는 때에는 그 취득가액 또는 양도가액을 시가에 의하여 계산한다.

예를 들면 아버지가 아들에게 시가 6억 원의 토지를 3억 원에 저가양도한 경우 시가와 대가의 차액 3억 원이 시가의 5%(3천만 원) 또는 3억 원 이상이기 때문에 양도가액이 실제양도가인 3억 원이 아니라 시가인 6억 원이 되는 것이다.

## 3. 소득세법상 부당행위계산규정을 우선 적용한다

특수관계인(배우자 또는 직계존·비속) 간 저가·고가 양도거래에 대하여는 소득세법상 '양도소득의 부당행위계산 부인'규정을 상속세 및 증여세법상 '저가·고가양도에 따른 이익의 증여'규정보다 우선하여 적용하여야 한다.

## 4. 양도소득세와 증여세가 중복과세 되어도 이중과세가 아니다

특수관계 있는 자 간의 저가·고가거래에 대하여 소득세법상 부당행위계산 부인규정과 상속세 및 증여세법상 증여규정이 동시에 적용될 수 있는데, 이 경우 이중과세 여부가 문제될 수 있으며 이에 대하여 동일인에게 양도소득세와 증여세가 중복하여 과세되는 경우 이중과세로 보지 않기 때문에 특히 주의해야 한다.

## 5. 증여받은 후 양도한 자산은 부당행위계산이 적용된다

특수관계인(배우자, 직계존·비속 간 증여재산에 대한 이월과세를 적용받는 배우자 및 직계존·비속의 경우 제외)에게 자산을 증여한 후 그 자산을 증여받은 자가 증여일부터 5년 이내에 다시 타인에게 양도한 경우로서 증여받은 자의 증여세와 양도소득세를 합한 세액이 증여받은 자가 직접 양도한 것으로 보아 계산한 양도소득세보다 작은 경우에는 증여자가 그 자산을 직접 양도한 것으로 보아 양도소득세를 과세한다.

---

**절세 포인트 1.** 배우자 또는 직계존·비속에게 저가 또는 고가로 매매할 경우 저가·고가 양도에 따른 이익의 증여세 과세 여부 및 양도소득세 부당행위계산 부인 여부를 검토해야 한다.
**절세 포인트 2.** 동일인에게 양도소득세와 증여세가 중복하여 과세되는 경우 이중과세가 아니기 때문에 주의해야 한다.

# 7. 부담부증여할 때 이것만은 주의하자

## 1. 부담부증여가 되기 위해 갖추어야 할 것은 요건 무엇인가?

부담부증여가 되려면 다음 네 가지를 모두 충족하여야 한다.

첫째, 증여일 현재의 채무여야 한다. 따라서 증여일 이후 발생할 예상채무, 증여일 이후 새로이 발생된 증여자의 채무는 공제되지 않는다.

둘째, 증여재산에 담보된 채무여야 한다. 따라서 부담부증여재산의 임대보증금은 증여재산에 담보된 채무에 해당한다.

셋째, 실질적인 채무자는 증여자여야 한다. 따라서 실제 채무자가 증여자가 아니라 제3자인 경우에는 채무액은 공제되지 않는다.

넷째, 수증자가 채무를 인수하여야 한다. 채무 인수의 여부는 명의와 관계없이 채무를 누가 실제 부담했는지에 따라 사실판단 하도록 하고 있기 때문에 증여계약서에 채무 인수 내용을 반드시 기재할 필요는 없다.

## 2. 수증자의 채무변제능력에 따른 채무 인수 여부를 판단해야 한다

수증자가 채무를 자력으로 변제할 능력이 있느냐 없느냐에 따라 채무 인수 여부를 판단한다는 것이다. 예를 들어 대학생 아들(24세)이 아버지로부터 시가 4억 원의 아파트를 증여로 취득하면서 아버지

명의로 은행에서 대출받은 2억 원을 부담부증여로 하여 채무를 공제하여 증여세 신고납부를 하였다. 그런데 아들은 아르바이트를 통해 은행 대출이자를 갚을 수 있다고 주장했지만, 대학생으로서 별도의 소득이 없기 때문에 은행 대출을 변제할 능력이 없을 뿐만 아니라 실제 대출이자를 지급한 사실을 제시하지 못한 경우에는 채무액을 실제로 인수하지 않은 것으로 보는지 문제가 되었다.

이 경우 증여 시점에서 수증인의 자력 변제 능력 유무는 채무 인수 여부에 대한 판단의 기준이 아니다. 따라서 24세인 아들이 장래에 9,000만 원을 상환할 수 없다고 단정하기는 어렵기 때문에 상환할 능력이 없는 것으로 보아 채무공제를 부인하여 증여세를 과세한 처분은 잘못되었다고 판단하였다.

하지만 수증자가 향후 인수한 채무를 자력으로 변제할 가능성이 없는 것이 객관적으로 명백한 경우에는 그 채무는 인수되지 않은 것으로 본다. 예를 들어 손자(10세)는 토지를 할아버지로부터 증여받고 증여세 신고납부를 하면서 어머니가 시아버지에게 지급한 임차보증금 1억 원을 채무승계로 하여 증여가액에서 공제하고 증여세를 신고납부한 경우 부담부증여인지 여부가 문제 되었다. 이 경우 토지를 증여받을 당시 10세의 초등학교 학생으로서 이자를 변제할 능력이 없을 뿐만 아니라 다른 소득에 의한 수입도 확인되지 않기 때문에 채무액을 감당할 자력이 없는 것으로 보아 부담부증여로 보지 않았다.

### 3. 부담부증여 사후관리가 중요하다

위 네 가지를 모두 충족하더라도 실제로 그 채무의 변제가 수증자 자력으로 했는지에 대하여 과세관청에서는 부채사후관리대장에 등재하여 1년에 2회씩 사후관리 하도록 하고 있다. 따라서 인수된 채무의 사후관리를 통하여 실질적으로 채무를 누군가 수증자 대신해서 상환한 것이 확인되면 채무가 상환된 시점에서 새로운 증여가 발생한 것으로 보아 증여세를 과세하기 때문에 주의해야 한다.


### 4. 부담부증여로 발생할 수 있는 증여세는 문제가 무엇일까?

부담부증여로 인해 발생할 수 있는 증여세 문제는 둘 중 하나이다.

하나는 부담부증여 당시 발생할 수 있는 문제로 수증자가 인수한 채무를 인수하지 않은 것으로 보아 증여재산 전체에 대해 증여세를 부과하는 것이다. 나머지 하나는 부담부증여 이후 발생할 수 있는 문제로 수증자를 대신해서 채무를 상환한 경우 그것을 새로운 증여로 보아 증여세를 과세하는 것이다.

결국 부담부증여로 인해 발생할 수 있는 증여세 문제의 핵심은 수증자가 채무(원금+이자)를 변제할 수 있는 자력이 있느냐 하는 것이다. 따라서 부담부증여는 수증자에게 증여 또는 소득이전을 통해 수증자가 채무(원금+이자)를 변제할 수 있는 능력을 키운 후에 하는 것이 부담부증여로 발생할 수 있는 증여세 문제를 사전에 방지할 수 있다.

**절세 포인트 1.** 부담부증여 요건을 잘 판단하라.

**절세 포인트 2.** 특히, 수증자의 채무 인수 여부에 대하여 잘 판단하라.

**절세 포인트 3.** 부담부증여는 수증자가 자력으로 채무(원금+이자)를 변제할 능력이 된 후 하라.

# 8. 자녀에게 창업자금을 증여할 경우 절세할 수 있다

창업자금에 대한 증여세 과세특례란 18세 이상인 거주자가 중소기업을 창업할 목적으로 60세 이상의 부모로부터 50억 원(30억 원)의 한도 내에서 창업자금을 증여받아 창업하는 경우에는 상속세 및 증여세법의 규정에 불구하고 5억 원을 공제하고 최저세율인 10%로 과세하며, 추후의 상속할 때 상속세로 정산하여 과세하는 것을 말한다.

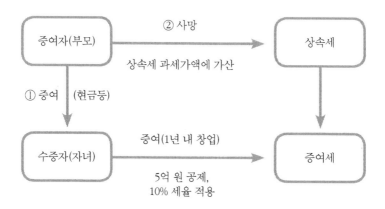

## 1. 과세특례 요건을 갖추자

창업자금을 증여받은 자는 증여받은 날로부터 1년 이내 중소기업에 해당하는 업종을 영위하는 중소기업을 창업하여야 한다. 창업이란 세법 규정에 따라 납세지 관할 세무서장에게 사업자등록을 하는 것을 말하며, 다음의 경우에는 중소기업의 창업으로 보지 않는다.

① 합병, 분할, 현물출자 또는 사업의 양수를 통하여 종전의 사업을 승계하거나 종전의 사업에 사용되던 자산을 인수 또는 매입하여 같은 종류의 사업을 하는 경우

② 거주자가 영위하던 사업을 법인으로 전환하여 새로운 법인을 설립하는 경우

③ 폐업 후 사업을 다시 개시하여 폐업 전의 사업과 같은 종류의 사업을 하는 경우

④ 사업을 확장하거나 다른 업종을 추가하는 등 새로운 사업을 최초로 개시하는 것으로 보기 곤란한 경우와 창업자금을 증여받기 이전부터 영위한 사업의 운용자금과 대체설비자금 등으로 사용하는 경우

그리고 창업자금을 증여받은 자는 증여받은 날로부터 3년이 되는 날까지 창업자금을 모두 사용하여야 한다.

증여대상은 양도소득세 과세대상이 아닌 재산이어야 한다. 따라서 창업자금 증여 목적물은 현금과 예금, 소액주주 상장주식, 국·공채나 회사채와 같은 채권 등을 들 수 있다. 일반적인 창업자금은 30억 원을 한도로 하지만 창업을 통하여 10명 이상을 신규 고용할 경우에는 50억 원을 한도로 한다.

직계존속으로서 60세 이상의 부모(증여 당시 부모가 사망한 경우에는 그 사망한 부모의 부모를 포함)로부터 증여받아야 한다.

또한 창업자금의 증여일 현재 수증자는 18세 이상인 자녀로서 거주자이어야 한다. 증여세 신고기한까지 증여세 과세표준 신고서와 함께 창업자금 특례신청 및 사용 내역서를 납세지 관할 세무서장에게 제출하여야 하며, 따라서 신고기한까지 신청하지 않으면 과세특

례를 적용받을 수 없다.


## 2. 저율(10%)로 증여세를 과세한다

과세특례요건을 갖춘 경우 증여세과세가액에서 5억 원을 공제하고 세율을 10%로 하여 증여세를 부과한다. 그리고 창업자금에 대한 증여세 과세표준을 신고하는 경우 '신고세액공제'및 '연부연납'규정을 적용하지 않는다.


## 3. 사후관리에 주의하자

창업자금을 증여받은 경우로서 다음의 어느 하나에 해당하는 구분에 따른 금액에 대하여 상속세 및 증여세법에 따라 증여세와 상속세를 각각 부과한다.

① 증여받은 날로부터 1년 내에 창업하지 아니한 경우: 그 창업자금

② 창업자금으로 중소기업에 해당하는 업종 외의 업종을 경영하는 경우: 중소기업에 해당하는 업종 외의 업종에 사용된 그 창업자금

③ 새로 증여받은 창업자금을 당초 창업사업과 관련하여 사용하지 아니한 경우: 해당 목적에 사용되지 아니한 그 창업자금

④ 창업자금을 증여받은 날부터 3년이 되는 날까지 모두 해당 목적에 사용하지 아니한 경우: 해당 목적에 사용되지 아니한 창

업자금

⑤ 증여받은 후 10년 이내에 창업자금을 해당 사업용도 외의 용도로 사용한 경우: 해당 사업용도 외의 용도로 사용된 그 창업자금과 창업으로 인한 가치증가분

⑥ 창업 후 10년 이내에 수증자가 사망한 경우: 그 창업자금과 창업으로 인한 가치증가분

⑦ 창업 후 10년 이내에 당해 사업을 폐업하거나 휴업한 경우: 그 창업자금과 창업으로 인한 가치증가분

창업자금에 대한 증여세 과세특례 사후관리 규정에 의하여 상속세 및 증여세법에 따라 증여세를 부과하는 때에는 1일 1만분의 3으로 계산한 이자상당액을 부과한다.

## 4. 증여자금 운용 기대수익과 창업 기대수익을 비교하라

창업자금에 대한 증여세 과세특례제도가 도입됨으로서 부모는 자신의 재산을 창업자금으로 자녀에게 증여할 것인가 아니면 증여하지 않고 부모의 재산으로 유지하다가 상속재산으로 자녀에게 남겨줄 것인가를 선택하게 된다.

창업자금으로 사전증여한다는 것은 결국 증여자금을 부모가 운용함으로서 얻을 수 있는 기대수익(예로서 정기예금이자)을 포기한다는 것을 의미하므로, 창업으로 인한 가치증가가 기대수익 이상 예상되는지 사업 타당성을 면밀히 검토하여야 한다.

그리고 창업자금의 증여대상은 양도소득세 과세대상 재산은 될

수 없기 때문에 현금증여를 하여야 하므로 부모의 현금보유 상황 등 자금 원천을 고려해야 한다.


## 5. 과세특례를 적용할 경우 고려사항을 기억하자

첫째, 창업으로 인한 가치증가분은 원칙적으로 상속세 또는 증여 세를 과세하지 않는다. 따라서 창업으로 인한 가치증가가 예상되 는 경우 창업자금의 증여를 적극적으로 고려할 수 있다.

둘째, 창업자금을 증여하는 경우 10%의 증여세율이 적용되므로 일단 증여세 부담을 작게 할 수 있다. 만일 일반적인 증여로 자녀에 게 30억 원을 증여하는 경우 10.4억 원의 증여세가 산출되나, 창업 자금으로 증여하는 경우에는 2.5억 원의 증여세만 부담하게 된다.

셋째, 상속공제의 적용 한도를 계산할 때 창업자금은 상속세 과세 가액에 가산한 증여재산가액으로 보지 않는다. 따라서 일반적인 증 여의 경우에는 상속공제의 적용 한도에 영향을 미치게 되나, 창업자 금의 경우에는 상속공제의 적용 한도에 전혀 영향을 미치지 않는다.

넷째, 일반적인 증여의 경우 상속개시일 전 10년 이내에 상속인에 게 증여한 재산가액은 상속세 과세가액에 산입되어 10년 전에 이루 어진 증여는 상속세 계산할 때 합산과세를 하지 않지만, 창업자금의 경우에는 증여받는 날부터 상속개시일까지의 기간과 관계없이 상속 세 과세가액에 가산한다.

# 9. 가업승계 주식에 대한 증여세 과세특례를 이용하라

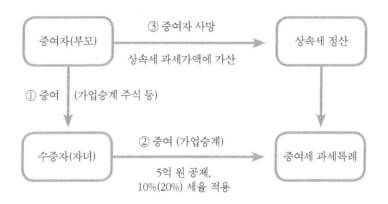

## 1. 과세특례요건을 갖추자

가업승계 주식에 대한 증여세 과세특례 적용대상 가업이란 상속세 및 증여세법상 가업상속공제 대상에 해당하는 가업을 말한다.

이를 위해서는 주식 또는 출자지분을 증여받아야 한다. 여기서 주식 또는 출자지분이란 주식회사, 합명회사, 합자회사 등 법인의 경우를 말하므로 개인기업의 출자지분은 가업승계 주식에 대한 증여세 과세특례 대상이 아니다.

수증자는 증여일 현재 18세 이상으로서 거주자인 자녀이어야 하며, 가업 주식을 증여받은 수증자가 증여세 신고기한(증여일의 말일부터 3개월)까지 가업에 종사하고, 증여일로부터 5년 이내에 대표이사에 취임하여야 한다.

증여자는 가업 주식의 증여일 현재 중소기업 등인 가업을 10년 이상 계속하여 경영한 60세 이상인 수증자의 부모(증여 당시 부모가 사망한 경우에는 사망한 부모의 부모를 포함)이어야 한다. 10년 이상 계속하여 경영한 중소기업 등으로서 증여자와 그의 친족 등 특수관계에 있는 자의 주식을 합하여 해당 법인의 발행주식 총수의 50%(상장법인은 30%) 이상의 주식을 소유하여야 한다.

증여세 신고기한까지 과세표준 신고서와 함께 가업승계 주식 등 증여세 과세특례 적용신청서를 납세지 관할 세무서장에게 제출하여야 한다. 따라서 신고기한까지 신청하지 않으면 과세특례를 적용받을 수 없다.


## 2. 10% 저율로 증여세를 과세한다

증여세 과세가액(100억 원 한도)에서 5억 원을 공제하고 세율을 10%로 하여 증여세를 부과한다. 다만, 증여세 과세표준이 30억 원을 초과하는 경우 그 초과금액은 세율을 20%로 하여 증여세를 부과한다.


## 3. 과세특례를 적용할 경우 다음 사항을 고려하라

가업승계 과세특례를 적용받은 경우에는 증여세 신고세액공제를 받을 수 없지만, 연부연납은 가능하다.

증여세 특례대상인 주식 등을 증여받은 후 상속이 개시되는 경우 상속개시일 현재 가업상속요건을 모두 갖춘 경우에는 가업상속공제도 받을 수 있다.

가업승계 증여세 과세특례가 적용된 증여재산가액은 증여 기한에 관계없이 모두 상속세 과세가액에 가산하여 상속세로 정산하여 납부해야 한다(일반재산은 10년 이내 증여분만 상속세 과세가액에 합산함).

상속공제 종합한도액 계산 시 세액계산 특례가 있다. 상속세 계산 시 인적·물적 상속공제액은 상속공제 종합한도액의 범위 내에서 공제하고 있다. 이 경우 상속공제 종합한도액은 상속개시 전 증여재산이 있는 경우에는 상속세 과세가액에서 상속재산에 가산한 증여재산의 과세표준 등을 차감하여 계산하고 있다. 상속공제 종합한도액를 계산할 때, 증여세 과세특례를 적용받은 주식은 가산하여 증여재산으로 보지 않고 공제한도액을 계산하게 되어 공제한도액이 커진다.

증여세 과세특례가 적용된 주식과 일반증여재산(증여세 과세특례가 적용된 주식 등 이외의 재산)은 합산하지 않는다. 따라서 가업승계 주식은 가업승계 주식대로 합산하며, 10년 이내 일반증여재산은 일반증여재산대로 합산하는 것이다. 가업승계 과세특례와 창업자금 과세특례는 중복하여 적용받을 수 없고 하나만 선택하여 적용받을 수 있다.

## 4. 과세특례 사후관리에 주의하자

가업 주식의 증여일부터 7년 이내에 정당한 사유 없이 정상적으로 가업승계를 이행하지 않은 경우에는 해당 가업 주식의 가액을 일반 증여재산으로 보아 이자상당액과 함께 기본세율로 증여세를 다시 부과한다.

① 가업 주식을 증여받은 수증자가 증여세 신고기한까지 가업에 종사하지 않거나 증여일로부터 5년 이내에 대표이사에 취임하지 않은 경우
② 가업을 승계한 후 주식 등을 증여받은 날로부터 10년 이내에 정당한 사유 없이 다음에 해당하게 된 경우
- 가업에 종사하지 않거나 가업을 휴업하거나 폐업하는 경우
- 주식 등을 증여받은 수증자가 지분이 감소되는 경우

# 10. 주식스왑을 통한
# 사업승계전략을 이용하라

## 1. 주식스왑이란 무엇인가?

법인이 다른 법인의 발행주식 총수의 일정 지분에 상당하는 주식을 현금으로 인수하고 당해 주식인수가액에 상당하는 가액만큼 다른 법인이 발행한 주식을 양도한 주주들을 대상으로 제3자 배정 유상증자를 하여 신주를 교부하는 것을 말한다.

주식스왑은 한 법인의 주식과 다른 법인의 주식이 교환된다는 외형적 거래 형태만 보면 포괄적 주식교환 또는 현물출자와 다소 유사한 면이 있다. 다만, 포괄적 주식교환이 한 법인의 발행주식 총수를 이전하고 그 대가로 완전 모회사의 신주를 받아 완전 모회사와 완전 자회사의 관계가 성립되는 반면에 주식스왑은 발행주식 총수 중 일부 주식만을 이전(양도)한다는 면에서 다르다.

그리고 현물출자의 경우 발행주식 총수 중 일부 주식을 출자(이전)하고 제3자 배정방식으로 현물출자법인의 신주를 받는 반면에 주식스왑은 양도대가의 수수를 수반한다는 점과 상대방법인(양수법인)의 자기주식으로 받을 수도 있다는 점이 다르다.

## 2. 양도법인 주주의 세금 문제

### 1) 고가·저가 양도에 따른 과세

　주식스왑 당시 양도하는 법인의 주주와 양수법인이 상속세 및증여세법 또는 법인세법상 특수관계에 있는 자에 해당하는 경우로서 시가보다 저가 또는 고가양도하거나 특수관계 없는 경우로서 거래 관행상 정당한 사유 없이 저가 또는 고가양도할 경우 양도법인의 주주가 개인일 때에는 시가와의 차액 상당액을 증여이익으로 보아 증여세를 과세하며, 당해 주주가 법인일 경우에는 법인이익을 분여한 것으로 보아 법인세를 과세한다.

### 2) 양수법인 증자에 따른 과세

　주식스왑은 보유 주식을 양도한 후에 양수법인의 제3자 배정에 참여하여 신주를 인수함으로서 상호 주식을 교환하는 거래이므로 양수법인이 제3자 배정방식으로 신주를 발행하면서 시가보다 고가 또는 저가로 발행하는 경우에는 개인 주주에 증여세를, 법인 주주에는 법인세를 과세한다.

### 3) 양도소득세

　보유 주식을 이전(양도)하는 법인의 개인 주주는 양도대가 또는 교환 대가로 받은 양수법인의 주식가액에서 당해 주식스왑으로 양도하는 주식을 취득하기 위한 실지거래가액을 차감한 주식양도차익에 대해서 양도소득세 또는 법인세를 납부하여야 한다.

## 3. 양수법인에 대한 세금 문제

### 1) 고가·저가 양수에 따른 과세

주식스왑으로 주식을 양수하는 법인의 경우에도 양도법인의 법인 주주와 마찬가지로 당시 양도하는 법인의 주주와 양수법인이 상속세 및 증여세법 또는 법인세법상 특수관계에 있는 자에 해당하는 경우로서 시가보다 저가 또는 고가양도하거나 특수관계 없는 경우로서 거래 관행상 정당한 사유 없이 저가 또는 고가양도할 경우 양도법인의 주주가 개인일 때에는 시가와의 차액 상당액을 증여이익으로 보아 증여세를 과세하며, 당해 주주가 법인일 경우에는 법인이 익을 분여한 것으로 보아 법인세를 과세한다.

### 2) 수입배당금에 대한 과세

주식스왑으로 주식을 양도한 법인으로부터 수입배당금을 받는 경우에는 양도법인에 대한 지분보유비율에 따라 수입배당금 중 일정금액을 해당 사업연도의 소득금액 계산 시 익금불산입한다.

# 11. 지주회사 설립을 통한 사업승계전략을 이용하라

　지주회사 설립을 통한 사업승계 방식에는 현물출자, 물적 분할, 기업매수, 제3자 신주발행방식, 주식의 포괄적 이전·교환 등 다양한 방법이 있다. 각 방법들의 의미와 세금 문제에 대해서 간략하게 살펴보겠다.

## 1. 현물출자란 무엇인가?

　현물출자방식이란 현재 사업을 영위하고 있는 회사가 새로이 설립하는 자회사 또는 이미 존재하는 회사에 현물출자의 방법으로 각 사업부문 혹은 주식을 이전하고 그 회사는 지주회사로 전환하는 방식이다.

## 2. 현물출자를 통한 지주회사 전환 유형

### 1) 자회사 설립 시의 현물출자

　이는 현재 사업을 영위하고 있는 회사가 사업부문을 현물출자에 의하여 설립된 자회사에 이전하는 방식이다. 종래 사업활동의 일부를 분리하기 위하여 이용되어 온 분사절차를 지주회사의 설립에 이용하는 것으로 지주회사의 설립방식 중 가장 전형적인 것이다.

## 2) 모회사 설립 시의 현물출자

이는 현재 사업을 영위하던 회사가 주식을 현물출자하여 기존회사 자회사가 되고, 신설회사가 지주회사가 되는 방식이다. 예컨대 갑 회사의 주주들과 을 회사의 주주들이 각자 소유하고 있는 갑, 을 회사의 주식을 현물출자하여 갑, 을 회사를 자회사로 하는 지주회사 병을 설립하는 방식이다.

## 3. 현물출자를 통한 지주회사 전환에 따른 과세문제

법인세법상 현물출자를 자산 양도의 일종으로 보고 있으므로 양도법인 측에서는 법인세법상 아래와 같은 부담이 생긴다. 양도자산의 양도가액과 장부가액의 차액만큼 법인소득이 실현되므로 이 금액이 사업연도소득을 구성하여 통상의 법인세율 적용에 따르는 세부담이 생긴다. 한편 새로이 설립되는 회사, 즉 자회사 측에서는 설립등기 시에 소요되는 등록세, 취득세가 부과된다. 다만, 영업을 구성하는 자산이 주식 및 사업용 유형고정자산인 경우이고, 양도법인이 5년 이상 계속하여 사업을 영위해 온 내국법인이라면 과세를 이연할 수 있다. 그리고 내국인이 주식의 현물출자에 의하여 지주회사를 신설하거나 기존의 회사에 주식을 현물출자하여 기존회사가 지주회사로 전환되는 경우와 전환지주회사의 자회사 주식을 전환지주회사에 현물출자하거나 전환지주회사의 자기주식과 교환하는 경우에는 현물출자로 인하여 취득한 주식가액 중 현물출자로 인하여 발생한 주식양도차익에 상당하는 금액에 대한 양도소득세 또는 법인세에 대하여는 그 지주회사의 주식을 처분할 때까지 과세를 이연받을 수 있다.

## 1) 물적 분할방식

① 물적 분할이란 무엇인가?

물적 분할이란 분할회사가 그 재산 중 일부를 포괄승계의 방법으로 신설되는 수혜회사에 양도하고 수혜회사의 완전 모회사가 되는 형태를 의미한다. 인적 분할의 경우 분할회사의 주식이 분할회사의 주주에게 분배되므로 지주회사 설립에 활용될 수 있는 유형은 주로 물적 분할이다. 물적 분할에 있어서는 분할회사가 분할의 대가로 주식을 직접 취득하므로 분할에 의하든 분할합병에 의하든 분할회사가 존속하게 된다. 예컨대 갑 회사의 주요 영업부문을 물적 분할한 후, 그 결과 취득한 신설회사 을의 주식을 갑 회사에 이전하는 방식이다.

② 물적 분할에 따른 과세문제

물적 분할의 경우 분할법인이 존속하므로 자산양도차익이 발생하나 법인세법 제47조는 분할특례요건을 충족하고 자회사 주식의 100%를 취득하는 경우에는 물적 분할에 따른 주식취득에 대하여 과세이연을 받을 수 있다.

## 2) 기업매수방식

① 기업매수란 무엇인가?

기업매수방식이란 우선 지주회사로 될 회사를 설립하고 그 회사가 다른 회사를 상대로 기업매수를 실시하는 방식이다. 이를 통하여 매수된 다른 회사는 지주회사의 사업 자회사가 된다. 이 방식에 있어서는 현물출자 등에 따른 검사인의 조사가 필요 없고, 사업회사의 법인격이 변경되지 않기 때문에 권리·의무관계의 승계 등이 문제가 되지 아니한다. 또한 사업자 회사에서도 주주총회결의를 요하지 아니한다.

한편, 특정 비상장 회사를 자회사로 만들고자 하는 경우 당해 회사의 발행주식 총수의 10%를 초과하여 취득한 때에는 지체 없이 그 회사에 통지하여야 하며, 자회사가 상장회사 또는 등록회사인 경우에는 그 회사의 발행주식 총수의 5%를 초과하여 취득한 경우 통지할 의무가 있는 등 공개매수의 방식을 취하여야 한다.

② 기업매수에 따른 과세문제

기업매수방식에 의해 지주회사를 설립하는 때에는 납입자본금에 대한 등록세를 납부하여야 하고, 공개매수에 응하여 주식을 매도한 자는 증권거래세, 양도차익에 대한 법인세 또는 양도소득세를 납부하여야 한다. 다만, 기존의 주주가 주식을 현물출자하여 지주회사를 설립하는 경우(전환지주회사) 그 현물출자 또는 자기주식교환으로 인하여 취득한 전환지주회사의 주식가액 중 현물출자 또는 자기주식교환으로 인하여 발생한 주식의 양도차익에 상당하는 금액에 대한 양도소득세 또는 법인세에 대하여는 당해 내국인이 전환지주회사의 주식을 처분할 때까지 과세를 이연받을 수 있다.

## 3) 제3자 신주발행방식

① 제3자 신주발행방식이란 무엇인가?

제3자 신주발행방식이란 지주회사로 될 회사를 설립하고, 지주회사로 될 신설회사의 제3자 신주발행에 대하여 사업회사의 주주가 그 보유하는 주식을 현물출자하면서 지주회사의 주식을 배정받는 방식이다. 이 방식에 의하면 사업회사의 법인격이 변경되지 아니하기 때문에 권리·의무의 승계 등이 문제가 되지 아니하며, 사업회사 측의 주주총회를 요하지 않을 뿐만 아니라 다액의 매수자금을 조달할 필요가 없다. 그러나 지주회사의 증자에 응할 것인가가 사업회사 개개 주주의 자유의사에 맡겨져 있어 지주회사 성립 여부가 불확실한 단점이 있다.

② 제3자 신주발행방식에 따른 과세문제

제3자 신주발행방식의 경우 사업회사의 주주는 지주회사에 대하여 주식을 현물출자하는 것이고, 세법상 주식의 현물출자는 양도와 같이 취급되므로 세법상의 효과는 기본적으로 기업매수방식과 동일하고, 조세특례제한법상 과세이연을 받을 수 있는 점도 같다.

### 4) 주식의 포괄적 교환·이전의 방식

① 주식의 포괄적 교환이란 무엇인가?

주식의 포괄적 교환이란 어느 회사(완전 모회사가 되는 회사, 취득회사)가 다른 회사(완전 자회사가 되는 회사, 대상회사)의 발행주식 총수를 보유하기 위하여 대상회사의 주식에 대하여 취득회사의 주식을 포괄 교환함으로서, 대상회사의 주식은 전부 취득회사에 이전되고 대상회사의 주주는 취득회사가 발행한 신주를 배정받아 취득회사의 주주가 되는 조직법상의 행위를 뜻한다. 이로서 취득회사는 대상회사의 주식 100%를 보유하는 완전 모회사가 된다. 상법상의 주식의 포괄적 교환은 특정 절차적 요건을 갖추어야 하고, 일단 요건을 충족한 경우에는 주주의 개인 의사와 관계없이 주식이 강제적으로 이전한다는 점에서 보통의 주식 맞교환과 다르다.

② 주식의 포괄적 이전이란 무엇인가

주식의 포괄적 이전이란 어느 회사(완전 자회사가 되는 회사, 이전회사)가 그 주식을 포괄적으로 이전하여 다른 회사(완전 모회사가 되는 회사, 피이전회사)를 설립하고, 이전회사의 주주는 피이전회사가 발행한 신주의 배정을 받아 그 회사의 주주가 되는 조직법상의 행위를 뜻한다. 완전 모회사를 새로 설립한다는 점에서 기존에 있던 회사들 사이에 모자회사관계를 만드는 주식교환과 구별된다.

③ 주식의 포괄적 교환과 이전의 장점

주식의 포괄적 교환·이전은 일차적으로 대상회사의 주주와의 개별적인 거래 없이 완전 모회사관계를 창설할 수 있다는 점에서 큰 효용을 가진다. 개별적으로 대상회사의 주주들로부터 주식을 매수하는 방식 등 모·자회사관계 형성을 위한 다른 방법들에 비하여 비용이 훨씬 저렴하고 신속하게 이루어질 수 있다. 이처럼 조직법적 행위에 의해 모·자회사관계를 창설할 수 있도록 허용한 것은 지주회사 설립을 통한 기업의 소유·지배구조의 재편성, 기업경영의 효율적 관리를 보다 용이하게 한다. 경제적 실질은 합병과 거의 같은 효과를 거두면서도 당사회사의 법적 독립성을 유지함으로서 기업위험을 분산하고 조직의 비대화, 이종사업부문의 혼재로 인한 비효율을 피할 수 있는 장점도 있다.

④ 주식의 포괄적 교환과 이전의 과세문제

주식교환·주식이전에 의하여 발생하는 세법상의 문제를 주주와 당사회사로 분류하여 살펴보면 다음과 같다. 우선 취득회사의 주주에 관해서는 주식교환·주식이전을 전후하여 세법상 손익이 생기는 거래가 발생하지 않으므로 과세문제는 생기지 않는다. 이전회사의 주주에 관해서는 양도차익에 대한 과세문제가 발생한다. 그러나 내국인이 주식을 포괄적으로 교환하거나 이전하여 지주회사를 새로 설립하거나 기존회사를 지주회사로 전환하는 경우에는 양도차익에 대하여 그 지주회사의 주식을 처분할 때까지 양도소득세 또는 법인세를 과세이연한다.

다음으로 취득회사는 주식교환에 의하여 대상회사의 주식을 취득하고 이에 대하여 신주를 발행하게 되는데, 이는 자본거래에 해당하므로 원칙적으로 과세대상이 아니다. 피이전회사의 경우에도 주식이전에 의하여 자본을 납입받고 설립되는 것이므로 별다른 세법상의 문제가 생기지는 않는다. 다만, 주식교환에 있어서는 신주발행에 갈음하여 자기주식을 교부할 수 있도록 되어 있는데, 이는 자기주식의 양도로서 그 양도로부터 발생하는 차익은 법인세법상 과세대상이 된다.

마지막으로 주식교환·주식이전에서 교환과 이전의 비율을 대상주식의 가치에 비례하여 적정하게 정하지 않음으로서 일방 당사자회사의 주주로부터 타방 당사자 회사의 주주에게로 경제적 이익의 분여가 발생하면 법인세법상 부당행위계산부인의 대상이 되거나 상속세 및 증여세법상의 증여세 과세대상이 될 수 있을 것이다.

# 제10장

# 가업승계를 이용하여
# 절세하라

# 1. 가업승계로 상속세를 절세할 수 있다

우리나라에서는 중소기업 창업 1세대의 고령화가 진행됨에 따라 가업승계에 대한 관심이 높아지고 있다. 가업승계란 가업을 영위하는 자가 가업의 계속적 존속을 위하여 후계자에게 그 가업용 자산을 무상으로 승계시키는 것을 말한다.

중소기업은 일반적으로 소유와 경영이 분리되어 있지 않고, 주식의 유통성이 없거나, 회사의 인적 자원이 한정되어 있어서 경영자의 자식 등 친족에게 경영권이 승계되는 경우가 많다.

가족 중심으로 운영되는 중소기업에서 특히 창업자가 10년 이내에 은퇴할 계획이라면 경영승계 작업을 시작해야 한다. 승계작업을 원만하게 완성하면 창업자 자신은 물론 종업원, 가족 구성원, 거래업체 모두에게 만족을 주게 된다.

가업상속공제는 가업의 영속을 위한 지원책으로서 상속인의 상속세 부담을 완화하여 중소기업의 기술개발 등의 투자재원마련을 장려하고 동시에 중소기업의 가업승계를 위한 유인책으로서 다년간 축적된 기술 및 경영 노하우의 효율적 전수 및 그 활용을 위한 것이다.

가업상속공제는 피상속인이 10년 이상 계속하여 경영한 중소기업 등을 상속인이 물려받아 가업을 승계하는 경우에는 가업상속재산 가액(최대 500억 원)을 상속공제함으로서 중소기업 등의 원활한 가업승계를 지원하는 제도이다.

# 1. 가업상속공제요건을 빨리 충족시켜라

법인기업의 가업상속공제요건은 아래와 같다.

## 1) 가업요건

가업상속공제의 대상이 되는 가업은 중소기업 또는 중견기업(상속이 개시되는 소득세 과세기간 또는 법인세 사업연도의 직전 3개 소득세 과세기간 또는 법인세 사업연도의 매출액의 평균금액이 3천억 원 이상인 기업은 제외)을 영위하는 법인이어야 한다. 그리고 가업상속공제 대상 가업은 피상속인이 10년 이상 계속하여 동일업종으로 유지·경영한 기업을 말한다.

## 2) 피상속인요건

가업상속은 피상속인 다음의 요건을 모두 충족한 경우에 적용한다.

첫째, 피상속인은 상속개시일 현재 거주자로서 10년 이상 가업을 영위하여야 한다.

둘째, 50% 이상의 기간, 10년 이상의 기간, 상속개시일부터 소급하여 10년 중 5년 이상의 기간 중에 대표자로 재직하여야 한다.

셋째, 최대주주로서 그의 특수관계인의 주식을 합하여 발행주식 총수의 50% 이상을 피상속인이 10년 이상 계속 보유하고 있어야 한다.

## 3) 상속인요건

가업상속은 상속인의 다음의 요건을 모두 충족한 경우에 적용한다. 다만, 상속인의 배우자가 다음 요건을 모두 갖춘 경우에는 상속인이 그 요건을 갖춘 것으로 본다.

첫째, 상속인은 상속개시일 현재 18세 이상이어야 한다.

둘째, 상속개시일 전에 2년 이상 직접 가업에 종사하여야 한다.

셋째, 상속인은 상속세과세표준 신고기한까지 임원으로 취임하고 상속세 신고기한으로부터 2년 이내에 대표이사 등으로 취임하여야 한다.


## 2. 가업상속공제 적용대상은 개인기업과 법인기업이 서로 다르다

가업상속공제를 적용받는 적용대상 및 가업상속재산가액은 다음과 같다.

| 구분 | 개인 | 법인 |
|---|---|---|
| 적용대상 | 상속재산 중 가업에 직접 사용되는 토지·건축물·기계장치 | 상속재산 중 가업에 해당하는 법인의 주식 |
| 가업상속재산가액 | 토지·건축물·기계장치의 재산평가액 | 가업 법인 주식평가액 $\times \left( 1 - \dfrac{\text{사업무관자산가액}}{\text{법인의 총자산가액}} \right)$ |

개인사업자의 가업상속공제는 부채를 전혀 고려하지 않고 토지, 건축물, 기계장치 등 사업용 고정자산가액을 공제한다. 반면에 법인사업자는 가업 법인 주식평가액에 법인의 총자산가액 중 사업용 자산가액이 차지하는 비율을 곱하여 가업상속재산가액을 산정하도록 하고 있다. 따라서 사업자의 전체 사업용 자산 중 사업용 고정자산 비율, 부채비율에 따라 개인사업자와 법인사업자의 가업상속공제액이 서로 달라지게 된다.

## 3. 사업용 자산비율을 높여 상속세를 절세하자

다음에 해당하는 자산은 사업무관자산에 해당한다. 법인의 총자산가액 및 사업무관자산은 상속개시일 현재 평가한 가액을 말하며 사업무관자산 해당 여부도 상속개시일 현재를 기준으로 판단한다.

① 비사업용 토지

② 업무무관자산과 타인에게 임대하고 있는 부동산

③ 대여금

④ 과다보유현금(상속개시일 직전 5개 사업연도 말 평균 현금보유액의 150%를 초과하는 것)

⑤ 법인의 영업활동과 직접 관련이 없이 보유하고 있는 주식, 채권 및 금융상품

사업무관자산 해당 여부는 상속개시일을 기준으로 판단하기 때문에 상속이 임박하기 전에 사전에 사업무관자산비율을 낮추어 가업상속공제액을 늘려 상속세를 절세할 수 있다. 그리고 상속개시 후에 새로이 일정비율(상속개시일로부터 5년 이내 10%, 10년 이내 20%) 이상을 임대하는 경우에는 가업상속공제가 추징되는 것을 주의해야 한다.


## 4. 명의신탁 주식은 환원하여 상속공제를 받을 수 있다

상속세 계산할 때 피상속인의 명의신탁 주식도 가업상속공제요건을 충족하는 경우도 가업상속공제를 받을 수 있다. 피상속인의 명의신탁에 대한 입증은 주식인수대금 및 증자대금을 피상속인이 부담

한 사실, 수탁자에게 지급된 배당금이 피상속인에게 회수된 사실 등
으로 상속인이 입증해야 한다. 그리고 명의신탁에 대한 증여세 부과
제척기간이 경과하지 않은 경우에는 증여세 과세 여부도 함께 고려
해야 한다.


## 5. 가업상속공제액

 가업상속공제는 가업상속재산가액을 상속세 과세가액에서 공제한
다. 다만, 가업상속공제액은 피상속인의 가업 영위 업력에 따라 10
년 이상 계속 경영하였다면 200억 원, 15년 이상은 3,00억 원, 20년
이상은 500억 원을 한도로 한다.

---

가업상속공제액 = Min(①, ②)

① 가업상속재산가액

② 한도: 10년 이상 200억 원, 15년 이상 300억 원, 20년 이상 500억 원

---

# 2. 가업상속공제 양날의 검이 될 수 있다

상속세 및 증여세법은 가업상속공제가 남용되는 것을 방지하기 위하여 가업상속 후 10년간 정상승계 여부에 대하여 철저한 사후관리규정을 두어 이를 위반할 경우 당초 가업상속공제에 따른 상속세를 추징할 뿐만 아니라 이자상당액도 과세한다. 그리고 납세지 관할 세무서장은 가업상속공제의 적정 여부와 사후관리 해당 여부를 매년 관리하고 위반 사항 발생 시 원래 공제한 금액을 상속개시 당시의 상속세과세가액에 산입하여 상속세를 부과하고 있다.

## 1. 상속인의 가업종사요건

가업상속공제를 받은 상속인은 상속개시일로부터 10년 이상 가업에 종사하여야 한다. 상속인이 가업에 종사하지 않을 경우에는 공제받은 금액에 다음의 기간에 기간별 추징률을 곱하여 계산한 금액을 상속개시 당시의 상속세과세가액에 산입하여 상속세를 부과한다.

| 기간 | 기간별 추징률 |
|---|---|
| 7년 미만 | 100% |
| 7년 이상 8년 이내 | 90% |
| 8년 이상 9년 이내 | 80% |
| 9년 이상 10년 이내 | 70% |

그러나 아래의 정당한 사유가 있는 경우에는 제외한다.

① 가업상속을 받은 상속인이 사망한 경우

② 가업상속재산을 국가 또는 지방자치단체에 증여하는 경우

③ 상속인이 법률의 규정에 의한 병역의무의 이행, 질병의 요양, 취학상 형편 등으로 가업에 종사할 수 없는 사유가 있는 경우


## 2. 가업용자산유지요건

가업상속공제를 받은 상속인은 상속개시일로부터 10년 이내에 정당한 사유 없이 해당 가업용자산의 20%(상속개시일로부터 5년 이내에는 10%) 이상을 처분하지 않아야 한다. 그러나 아래의 정당한 사유가 있는 경우에는 제외한다.

① 가업용 자산이 법률에 따라 수용 또는 협의 매수되거나 국가 또는 지방자치단체에 양도되거나 시설의 개체, 사업장 이전 등으로 처분되는 경우(처분자산과 같은 조류의 자산을 대체 취득하여 가업을 계속 사용하는 경우에 한함)

② 가업용 자산을 국가 또는 지방자치단체에 증여하는 경우

③ 가업상속을 받은 상속인이 사망한 경우

④ 합병·분할, 통합, 개인사업의 법인전환 등 조직변경으로 인하여 자산의 소유권이 이전되는 경우(조직변경 이전의 업종과 같은 업종을 영위하는 경우로서 이전된 가업용 자산을 그 사업에 계속 사용하는 경우에 한함)

⑤ 내용연수가 지난 가업용 자산을 처분하는 경우

## 3. 지분유지요건

가업상속공제를 받은 상속인은 상속개시일로부터 10년 이상 상속받은 주식지분을 유지하여야 한다. 지분이 감소한 경우에는 공제받은 금액에 다음의 기간에 기간별 추징률을 곱하여 계산한 금액을 상속개시 당시의 상속세과세가액에 산입하여 상속세를 부과한다.

| 기간 | 기간별 추징률 |
|---|---|
| 7년 미만 | 100% |
| 7년 이상 8년 이내 | 90% |
| 8년 이상 9년 이내 | 80% |
| 9년 이상 10년 이내 | 70% |

그러나 아래의 정당한 사유가 있는 경우에는 제외한다.

① 합병·분할 등 조직변경에 따라 주식 등을 처분하는 경우(처분 후에도 상속인이 합병법인 또는 분할신설법인 등 조직변경에 따른 법인의 최대주주 등에 해당하는 경우에 한함)

② 해당 법인의 사업확장 등에 따라 유상증자할 때 상속인과 특수관계에 있는 자 외의 자에게 주식 등을 배정함에 따라 상속인의 지분율이 낮아지는 경우(상속인이 최대주주 등에 해당하는 경우에 한함)

③ 상속인이 사망한 경우(사망한 자의 상속인이 당초 상속인의 지위를 승계하여 가업에 종사하는 경우에 한함)

④ 주식 등을 국가 또는 지방자치단체에 증여하는 경우

⑤ 상속인이 상속받은 주식 등을 물납하여 상속인의 지분율이 낮아지는 경우(상속인이 최대주주 등에 해당하는 경우에 한함)

## 4. 10년간 근로자유지요건

상속이 개시된 사업연도 말부터 10년간 각 사업연도 말 기준 정규직 근로자 수의 평균이 상속이 개시된 사업연도의 직전 사업연도 말 정규직 근로자 수의 100%(규모확대 등으로 비중소기업에 해당하는 경우에는 120%) 이상이어야 한다. 10년간 정규직 근로자 수의 전체 평균이 기준고용인원의 100%에 미달하는 경우에는 공제받은 금액에 다음의 기간에 기간별 추징률을 곱하여 계산한 금액을 상속개시 당시의 상속세과세가액에 산입하여 상속세를 부과한다.

| 기간 | 기간별 추징률 |
|---|---|
| 7년 미만 | 100% |
| 7년 이상 8년 이내 | 90% |
| 8년 이상 9년 이내 | 80% |
| 9년 이상 10년 이내 | 70% |

## 5. 각 사업연도 근로자유지요건

각 사업연도의 정규직 근로자 수의 평균이 상속이 개시된 사업연도의 직전 2개 사업연도의 정규직 근로자 수의 평균의 80%에 미달하는 경우에는 공제받은 금액에 다음의 기간에 기간별 추징률을 곱하여 계산한 금액을 상속개시 당시의 상속세과세가액에 산입하여 상속세를 부과한다.

| 기간 | 기간별 추징률 |
|---|---|
| 7년 미만 | 100% |
| 7년 이상 8년 이내 | 90% |
| 8년 이상 9년 이내 | 80% |
| 9년 이상 10년 이내 | 70% |

## 6. 사후 요건 위반과 상속세 과세

상속인이 가업상속공제를 적용받은 후 정당한 사유 없이 사후 요건을 위반하면 공제받은 가업상속공제액에 대하여는 상속세를 부과하되 2017년 상속분부터는 이자상당액을 가산하여 상속세를 부과한다.

## 7. 가업상속공제는 양날의 검이다

가업상속공제요건을 충족할 경우 최고 500억 원까지 상속공제를 해주기 때문에 상속세 절세효과는 매우 크다. 그런데 가업상속공제에 대한 사후관리 요건을 10년 동안 충족하는 것은 쉽지 않다. 1년 앞도 예측할 수 없는 기업 환경 속에서 상속개시 후 10년 앞을 예측하는 것은 현실적으로 불가능하다. 특히 이 기간 동안 가업상속공제를 받은 기업이 영업부진으로 사후관리 규정을 현실적으로 지킬 수 없어 거액의 상속세가 추징된다면 그 기업은 사실상 존폐위기에 직면할 수밖에 없다.

따라서 사후관리 요건이 매우 엄격한 가업상속공제를 받기 위해 절세전략에 올인할 것이 아니라 상속세·증여세 세금계획 제3단계 사업승계전략을 통해서 가업 중 일부를 사업승계한 후 나머지 재산에 대해서 가업상속공제를 받는 것이 미래에 있을지도 모를 위기에 대비하는 현명한 방법이 된다고 생각한다.

# 제11장

# 절세를 위한
# 상속의 기술

# 1. 절세의 마지막 기회, 상속세 절세

상속세·증여세 5단계 세금계획의 최종 목표는 결국 상속세 절세에 있다. 상속세 절세는 하루아침에 이루어지는 것이 아니다. 상속세·증여세 세금계획의 로드맵에 따라 장기간 단계적으로 미리 준비하면서 달성되는 것이다.

상속이 개시되면 상속세 신고기한까지 6개월이 남는다. 상속세 신고를 마치기 전까지 어떻게 보면 긴 시간 같지만 짧은 시간일 수 있다. 이 기간 동안 상속세 절세에 대해서 전혀 준비되어 있지 않은 당신이 마지막으로 할 수 있는 상속세 주요 절세 포인트는 다음과 같다.

첫째, 배우자상속공제를 잘 활용해서 배우자에게 어떤 재산을 상속할지, 얼마의 재산을 상속할지를 잘 판단해야 한다. 특히, 현재의 상속세 산출세액과 재상속세 산출세액이 최소가 되는 금액을 배우자가 상속받는 것이 중요하다. 왜냐하면, 배우자가 법정 상속지분만큼 상속을 받게 되면 배우자상속공제로 꽤 많은 금액이 공제되어 당장의 상속세는 줄어들지만 나중에 상속인인 배우자가 사망할 경우에는 상속세 공제액이 줄어들어 상속세가 크게 늘어날 수 있기 때문이다.

둘째, 상속재산에 대하여 최초로 상속등기를 할 때 잘 판단해서 분할해야 한다. 왜냐하면 상속세 및 증여세법은 재협의분할에 대해서는 엄격하게 제한하여 일정한 사유가 있는 경우를 제외하고는 특정 상속인이 당초 상속분을 초과하여 취득하는 경우 증여받는 것으로 보아 증여세를 과세하기 때문이다.

셋째, 상속받은 재산을 언제 처분할지 신중하게 결정해야 한다. 왜냐하면 상속개시일 전후 6개월 이내에 상속재산을 처분한 경우에는 거래가액을 시가로 보기 때문에 상속세 부담이 늘어날 뿐 아니라 상속개시일 전 처분한 부동산이 1년 내 2억 원, 2년 내 5억 원 이상인 경우로서 매각대금의 사용처가 모호한 경우에는 추정상속재산으로서 상속재산에 포함될 수 있기 때문이다.

넷째, 상속세 재원마련에 대해서는 사전에 미리 검토해야 한다. 특히 거액의 상속세가 예상되는 경우에 미리 상속세 재원을 준비하지 않으면 상속재산을 처분하거나 상속재산을 담보로 대출을 받거나 아니면 상속재산을 물납할 수밖에 없는데, 이렇게 할 경우 상속세 부담이 더욱 증가하기 때문이다.


## 고액 재산가는 상속세 사후관리를 조심하자

결정된 상속재산의 가액이 30억 원 이상인 경우로서 상속개시 후 상속개시일부터 5년이 되는 날까지의 기간 이내에 상속인이 보유한 부동산, 주식 등 주요 재산의 가액이 상속개시 당시에 비하여 크게 증가한 경우에는 그 결정한 과세표준과 세액에 탈루 또는 오류가 있는지를 조사하여야 한다.

고액상속인의 주요 재산 변동에 따른 상속세 세무조사 규정에서 말하는 주요 재산이란 부동산, 주식, 금융재산, 서화·골동품, 그 밖의 유형자산, 무체재산권을 말한다.

특히, 상속재산가액이 50억 원 이상의 상속재산의 경우에는 피상속인의 소재지 관할 세무서가 아니라 지방국세청에서 직접 실시하기 때문에 관할 세무서에서 조사하는 것보다 조사 강도가 훨씬 강하다고 할 수 있다.

---

**절세 포인트 1.** 배우자상속공제를 잘 활용해서 배우자에게 어떤 재산을 상속할지, 얼마의 재산을 상속할지를 잘 판단하라.

**절세 포인트 2.** 상속재산에 대하여 최초로 상속등기를 할 때 잘 판단해서 분할하라.

**절세 포인트 3.** 상속받은 재산을 언제 처분할지 신중하게 결정하라.

**절세 포인트 4.** 상속세 재원을 미리 준비하라.

**절세 포인트 5.** 상속재산가액이 30억 원 이상인 고액자산가는 사후관리를 조심해야 한다.

---

# 2. 상속세 계산구조를 알면
## 절세의 길이 보인다

### 1. 우리나라의 상속세는 유산과세형이다

우리나라의 상속세는 피상속인의 유산 전체를 하나의 단위로 하여 과세표준을 계산하는 유산과세형으로 운영하고 있다. 유산과세형은 피상속인의 유산 자체를 과세대상으로 하는 과세방식으로, 상속대상 재산을 상속인에게 분할하기 이전의 상속재산 총액을 과세표준으로 하여 누진세율을 적용하는 방식을 말한다.

따라서 피상속인의 상속재산 총액을 분할한다고 해서 상속세 부담이 줄어드는 것은 아니다.

### 2. 상속세 계산구조를 알아둬라

먼저 상속세를 절세하기 위해서는 상속세 어떻게 계산하는지 그 계산구조부터 알아야 한다.

**〈상속세 계산구조〉**

| | |
|---|---|
| **총상속재산** | 본래의 상속재산 |
| | 간주상속재산 : 보험금, 신탁 재산, 퇴직금 |
| | 추정상속재산 : 1년(2년) 이내 처분자산, 부담채무액 |
| | 상속개시 전 처분재산등 |

| | |
|---|---|
| (−) 비과세재산 | 국가 등에 유증 |
| | 금양임야, 묘토인 농지, 지정문화재 등 |
| (−) 상속세과세가액불산입재산 | 공익법인 출연재산 |
| | 공인신탁 재산 |
| (−) 공과금, 장례비용, 채무액 | |
| (+) 증여재산 | 상속개시일 전 10(5)년 이내 상속인(상속인 이외자)에게 증여한 재산 |
| | 창업자금과 가업승계에 따른 주식 |
| = 상속세 과세가액 | |
| (−) 상속 공제 | 기초공제(가업상속, 영농상속공제) |
| | 배우자상속공제 |
| | 기타 인적공제 |
| | 금융재산상속공제 |
| | 재해손실공제 |
| | 동거주택상속공제 |
| | 감정평가수수료 |
| = 상속세과세표준 | |
| (×) 세율 | 10%~50% 5단계 초과누진세율 |
| = 산출세액 | |
| (+) 세대를 건너뛴 상속에 대한 할증 과세 | 피상속인이 자녀가 아닌 직계비속에게 상속 시 30% |
| (−) 세액공제 | 신고세액공제, 증여세액공제 |
| | 단기재산상속세액공제, 외국납부세액공제 |
| | 문화재 자료 등 징수유예 |
| = 신고납부세액 | |
| (+) 가산세 | 신고불성실가산세 10%~40% |
| | 납부불성실가산세 1일 0.03% |
| = 납부할 세액 | |

## 3. 총상속재산가액

총상속재산가액은 본래의 상속재산에 간주상속재산과 상속개시 전 처분재산 등 산입액을 합산하여 구한다. 따라서 상속세가 과세되는 재산은 단순히 상속받은 재산뿐만 아니라 간주상속재산과 상속개시 전 처분재산 등이 포함되는 것을 일단 명심해야 할 것이다. 간주상속재산과 상속개시 전 처분재산 등에 대해서는 뒤에 상세히 기술하기로 한다.


## 4. 비과세

상속세 비과세는 재산을 상속받은 사실이 있다고 할지라도 국가가 세금을 부과할 수 있는 권리를 포기하여 처음부터 상속세 납세의무가 발생하지 않는 것을 말한다. 따라서 상속세 비과세대상으로 열거된 사항에 대해서는 상속세를 과세하지 않는다.

특히 선산이 있는 집안의 종손이 상속을 받는 경우에는 비과세 요건을 갖춘 금양임야 및 묘토에 해당되는 상속재산이 있는 경우가 많이 있으며, 선산이 대도시 주변에 있는 경우에는 최대 2억 원까지 상속세를 비과세받을 수 있다.

금양임야란 묘지를 보호하기 위하여 벌목을 금지하고 나무를 기르는 묘지 주변의 임야로 다음과 같은 요건을 충족해야 한다.

첫째, 피상속인이 제사를 모시고 있던 선조의 분묘(무덤) 주변의 임야이어야 한다.

둘째, 제사를 주재하는 상속인(공동으로 제사를 주재하는 경우에는 그 공동상속인 전체)을 기준으로 9,900㎡까지만 비과세 된다.

묘토란 묘지와 인접한 거리에 있는 것으로서 제사를 모시기 위한 재원으로 사용하는 농지로 다음과 같은 요건을 충족해야 한다.

첫째, 피상속인이 제사를 모시고 있던 선조의 묘제(산소에서 지내는 제사)용 재원으로 사용하는 농지이어야 한다.

둘째, 제사를 주재하는 자에게 상속되어야 한다.

셋째, 제사를 주재하는 상속인을 기준으로 1,980㎡까지만 비과세 된다.


## 5. 공과금 · 장례비 · 채무

공과금이란 상속개시일 현재 피상속인이 납부할 의무가 있는 것으로서 상속인에게 승계된 조세·공공요금 기타 이와 유사한 것을 말한다. 그리고 장례비란 상속개시일부터 장례일까지 직접 소요된 장례 비용을 말하며, 채무란 상속개시 당시 피상속인이 부담하여야 할 확정된 채무로서 공과금 이외의 모든 부채를 말한다.


## 6. 사전증여재산

생전에 사전증여로 통해 상속세를 회피하는 것을 방지하기 위해 상속개시일 전 10년 이내에 피상속인이 상속인에게 증여한 재산가액과 상속개시일 전 5년 이내에 피상속인이 상속인이 아닌 자에게 증여한 재산가액은 상속재산가액에 가산하여 상속세 과세가액을 계산한다. 따라서 사전증여 재산가액이 상속세에 합산되지 않기 위해서는 상속개시 전 10년 이후 또는 5년 이후에 증여가 이루어져야 하기 때문에 상속세·증여세 세금계획은 장기간에 걸쳐 준비해야 한다.

## 7. 상속공제

상속인의 인적상황과 상속재산의 물적 상황을 고려하여 다양한 상속공제 제도를 두고 있으며, 상속세 과세가액에서 공제되는 상속공제 금액은 공제한도액의 범위 내에서만 인정된다.

## 8. 세대생략 할증세액

아버지가 아들에게 상속을 하고, 그 아들이 다시 손자에게 상속이 되면 상속세가 2번 과세되지만, 할아버지가 아버지를 건너뛰고 손자에게 바로 상속을 하게 되면 한 번밖에 상속세를 과세할 수 없게 된다. 그래서 상속세 및 증여세법에서는 세대생략 상속을 통해 상속세를 회피하는 것을 방지하기 위해 할증 과세하도록 하고 있다.

## 9. 증여세액공제

증여세액공제란 10년(또는 5년) 이내 증여재산가액 합산과세로 인한 이중과세를 조정하기 위한 것으로 상속세 과세가액에 가산한 증여재산가액에 대하여 납부하였거나 납부할 증여세액을 상속세 산출세액에서 공제하는 것을 말한다.


## 10. 단기재상속세액공제

단기재상속세액공제란 상속개시 후 10년 이내에 상속인이 사망으로 다시 상속이 개시되는 경우 전에 상속세가 부과된 상속재산 중 재상속분에 대하여 전의 상속세 상당액을 상속세 산출세액에서 공제하는 것을 말한다.


## 11. 신고세액공제

상속세는 상속개시일이 속하는 달의 말일부터 6개월(비거주자인 경우는 9개월)이 되는 날까지 신고하도록 되어있다. 신고기한까지 신고한 경우에는 상속세 산출세액의 7%를 세액공제 하도록 하고 있다. 이 신고세액공제는 상속세를 납부하지 않더라도 적용되기 때문에 상속세를 납부하지 못하는 경우라 하더라도 신고는 반드시 해야 한다.

> **절세 포인트 1.** 상속세가 과세되는 재산은 단순히 상속받은 재산뿐만 아니라 간주상속재산과 상속개시 전 처분재산 등이 포함된다.
> **절세 포인트 2.** 상속재산 중에 조상의 무덤이 있는 선산이 포함되어 있는 경우에는 최소한 비과세대상 면적만이라도 제사를 주재하는 자에게 상속을 하자.
> **절세 포인트 3.** 상속세를 법정신고기한 내에 신고하여 신고세액공제를 받도록 하자.

# 3. 간주상속재산
# 빠뜨리지 말고 신고하자

상속세가 과세되는 총 상속재산가액은 단순히 상속받은 재산뿐만 아니라 간주상속재산도 포함되기 때문에 간주상속재산에 해당하는 보험금과 퇴직금 등을 빠뜨리지 말고 반드시 신고해야 한다. 간주상속재산에는 보험계약에 의해 취득하는 보험금, 신탁계약에 의하여 취득하는 신탁 재산, 퇴직금 등이 있다.

## 1. 보험금

피상속인이 생명보험 또는 손해보험을 가입하고, 보험료를 납부한 뒤, 보험사고의 발생 후 상속인이 보험금을 수령하면 이것을 피상속인이 상속인에게 보험금이라는 경제적 이득을 사망을 원인으로 하여 무상 이전하는 결과가 되므로 보험금을 상속재산으로 간주하고 있다. 상속재산으로 보는 보험금 되려면 생명보험 또는 손해보험의 보험금으로 피상속인의 사망으로 보험금을 받아야 하며 피상속인이 보험계약자가 된 보험계약에 따라 지급받아야 한다. 그리고 보험계약자가 피상속인이 아닌 경우에도 피상속인이 현실적으로 보험료를 납부하였을 때에는 피상속인을 보험계약자로 보도록 하고 있다.

## 2. 신탁 재산

신탁이란 신탁법에 의하여 위탁자가 수탁자와 재산 신탁계약을 체결하여 위탁자의 재산권을 수탁자의 명의로 신탁이전하고, 수탁자로 하여금 지정된 수익자를 위하여 그 재산권이나 그 이익을 관리·처분하도록 하는 것을 말한다.

이 경우 수탁자는 그 재산에 대한 명목상 소유자에 불과하고, 신탁 재산의 실질적인 소유자는 위탁자이므로 피상속인이 신탁하는 재산이나 피상속인이 신탁이익을 받을 권리를 소유한 경우에는 그 재산을 상속재산으로 보도록 하고 있다.

## 3. 퇴직금

피상속인에게 지급될 퇴직금 등이 피상속인의 사망으로 인하여 상속인 등 유족에게 지급되는 경우 퇴직금은 상속재산에 포함한다. 그러나 업무상 사망으로 인하여 근로기준법 등에 의하여 지급되는 유족보상금 등은 상속재산에 해당하지 않는다.

## 4. 간주상속재산 빠뜨려 신고할 경우 세법상 불이익이 있다

상속세를 신고할 때는 위와 같은 간주상속재산도 빠짐없이 챙겨서 반드시 신고해야 한다. 왜냐하면 상속세를 신고하지 않거나 신고해야 할 금액보다 적게 신고한 경우에는 10%~40%의 신고불성실가산세를 물어야 하고, 납부까지 하지 않으면 내야 할 세금의 1일 0.03%를 가산세로 또 물어야 하기 때문이다.

# 4. 보험금 수령 잘해야
## 상속세 줄일 수 있다


## 1. 상속포기를 해도 보험금 수령할 수 있다

대법원 판결(대법원 2001.12.21. 2001다65755 판결)에 따르면 보험계약에서 피상속인이 피보험자가 되고 상속인을 수익자로 하였을 때, 상속인이 보험금을 수령하는 것은 보험계약의 효과로서 상속인의 고유권리에 따라 취득하는 상속인 고유재산으로 본다. 따라서 상속인이 상속포기를 하더라도 보험금을 수령할 수 있다.

그리고 피상속인의 사망으로 수령하는 보험금으로서 피상속인이 보험료를 불입한 경우 상속세 및 증여세법상 간주상속재산에 속한다. 따라서 일괄공제 및 배우자 공제 등 각종 상속공제를 추가로 받을 수 있지만 상속포기를 했기 때문에 피상속인의 채무는 공제받을 수 없다.


## 2. 보험금의 수익자가 상속인이 아닌 경우에는 보험금을 포기하는 것이 좋다

보험금 수익자가 자녀가 아닌 손주인 경우 상속공제 종합한도를 구할 때 상속인이 아닌 자에게 유증 또는 사인증여한 재산의 가액에 해당하기 때문에 상속공제액이 그만큼 줄어 상속세 부담이 늘어날 수 있다. 그리고 보험금 수익자가 손주인 경우 세대생략상속에 해당하기 때문에 할증 과세가 적용되어 상속세 부담이 늘어난다.

<상속공제 종합한도액>

상속세 과세가액

- 상속인이 아닌 자에게 유증·사인증여한 재산의 가액
- 상속인의 상속포기로 그 다음 순위의 상속인이 상속받은 재산의 가액
- 상속세 과세가액에 가산한 증여재산가액

= 상속공제 종합한도액

　보험금 수익자가 자녀가 아닌 손주인 경우에는 보험금이 상속공제
액 이하이면 보험금 수령을 포기하여 자녀가 상속을 받은 뒤 손주
에게 증여하는 것이 상속공제 종합한도를 높이고 할증 과세를 피할
수 있기 때문에 상속세를 줄일 수 있다.

## 3. 계약자와 피보험자를 분리하고 계약자와 사망수익자를 일치시켜라

| 보험계약 | 계약자 | 피보험자 | 수익자 |
|---|---|---|---|
| 계약 1 | 남편 | 남편 | 상속인 |

　계약 1과 같이 보험계약자와 피보험자가 같은 사람일 경우에 피
보험자가 사망함에 따라 상속인이 수령하는 보험금은 상속재산으
로 본다.

| 보험계약 | 계약자 | 피보험자 | 수익자 |
|---|---|---|---|
| 계약 2 | 남편 | 부인 | 남편 |
| 계약 3 | 부인 | 남편 | 부인 |

그러나 계약 2 또는 계약 3과 같이 계약자와 피보험자를 분리하고, 계약자와 수익자를 일치시킨 경우에는 피보험자가 사망한 경우 받게 되는 보험금에 대해서는 보험료 불입자와 보험금 수령자가 동일하기 때문에 상속세 또는 증여세가 과세되지 않는다. 따라서 보험 계약을 체결할 때는 계약자와 피보험자를 분리하고 계약자와 수익자를 일치시키는 것이 상속세를 절세하는 방법이 된다.

**절세 포인트 1.** 상속포기를 해도 보험금은 수령할 수 있지만 상속재산에는 포함된다.
**절세 포인트 2.** 보험금의 수익자가 손주인 경우 보험금을 포기하는 것이 좋다.
**절세 포인트 3.** 계약자와 피보험자를 분리하고 계약자와 수익자를 일치시켜라.

# 5. 처분한 대금과 인출한 예금에 대해서 사용처에 대한 증빙을 준비해두자

## 1. 피상속인 소유재산만이 상속세 과세대상이 아니다

사람들은 대부분 사망 당시 피상속인이 소유하고 있던 재산만이 상속세 과세대상인 줄 알고 있다. 그러나 상속세 및 증여세법은 사망 전에 재산을 처분하거나 예금을 인출하여 과세자료가 쉽게 드러나지 않는 현금으로 상속인에게 미리 증여하거나 상속함으로서 상속세를 부당하게 감소시키는 것을 방지하기 위하여 '추정상속재산'규정을 두고 있다.

## 2. 추정상속재산이란?

피상속인이 사망 전 일정한 기간 내에 일정한 금액 이상의 재산을 처분하거나 예금 인출한 경우에는 상속인에게 사용처를 입증하도록 입증의무를 지우고 있다. 따라서 상속인이 사용처를 입증하지 못한 금액이 일정 기준에 해당되면 입증되지 않은 금액을 기준으로 계산한 금액을 상속인이 현금으로 상속받은 것으로 추정하여 상속세를 과세한다.

피상속인이 사망 전 1년(2년) 이내에 받은 처분대금 또는 인출한 금액이 2억 원(5억 원) 이상인 경우에는 상속인이 구체적인 사용처를 입증하여야 한다. 이 경우 처분대금 또는 인출금은 현금·예금 및 유가

증권, 부동산 및 부동산에 관한 권리, 그 외의 기타 재산으로 구분하여 판단한다.

예를 들어 상속개시 1년 전에 인출 및 처분한 대금이 현금 1억 원, 부동산 1억 원, 기타 재산이 1억 원인 경우 재산 종류별 가액이 2억 원에 미달하기 때문에 사용처 소명 대상에 해당하지 않는다. 하지만 현금이 3억 원이고 나머지는 각각 0원이라면 2억 원 이상이기 때문에 사용처 소명 대상에 해당되는 것이다.

## 3. 상속추정 여부 판정

피상속인의 재산처분금액 중 사용처가 객관적으로 명백하게 입증되는 금액이 아래와 같은 경우에는 상속받은 것으로 추정하지 않는다.

| 구분 | 입증금액 |
|---|---|
| 2억~10억 원 이하 | 처분·인출금액의 80% 초과 입증 |
| 10억 원 이상 | (처분금액 - 2억 원) 초과 입증 |

## 4. 추정 상속재산가액의 계산

소명하지 못한 금액 전부를 상속재산으로 보는 것이 아니라 사용처 미소명금액에서 처분재산가액의 20%와 2억 원 중 적은 금액을 차감한 금액으로 한다. 그 이유는 피상속인이 사망 전에 처분한 재산과 예금인출액의 사용처를 상속인이 전부 소명하는 것은 현실적으로 상당히 어렵다고 보기 때문이다. 그러나 주의해야 할 것은 사용처 입증대상에 해당하지 않아도 과세관청이 증여받은 사실을 입증하면 상속세가 과세되는 것이다.

| 추정상속재산가액 | = | 사용처 미소명금액 | - | MIN | ① 재산처분금액, 인출금액×20%<br>② 2억 원 |
|---|---|---|---|---|---|

결론적으로 상속개시 전 처분재산 등이 1년 이내에 2억 원 이상이거나 2년 이내에 5억 원 이상인 경우에는 피상속인이 사망하기 전에 반드시 사용처에 대한 증빙을 상속인이 미리 확보해 두어야 한다. 특히 거래상대방이 피상속인과 특수관계에 있는 자인 경우에는 금융기관을 통하여 대금을 입출금하고 무통장입금증 등 객관적인 증빙을 확보해 두어야 인정을 받기 쉽다.

## 5. 법인 대표자의 가지급금과 가수금의 사용처에 대한 증빙을 준비하라

개인사업과 유사한 대부분 법인의 경우 회사의 자금이 부족하면 대표이사가 일시적으로 자금을 융통하여 쓴 후 나중에 갚곤 하는데, 법인 대표가 갑자기 사망하는 경우 가족은 어디에서 자금을 빌려다 쓰고 갚았는지 알지 못하는 경우가 많다.

이런 경우 그 사용처를 밝히지 못하는 경우 상속세를 물어야 하는 상황이 발생할 수 있다. 왜냐하면, 가수금의 경우 대표가 회사에 자금을 빌려준 것으로 채권이 발생한 것이 되고, 회사로부터 가수금을 회수한 것은 채권을 처분한 것으로 된다. 따라서 회사에서 가수금을 반제 처리한 것에 대해서는 그 금액의 사용처를 밝혀야 상속재산에서 제외될 수 있기 때문이다. 그리고 가지급금의 경우 대표가 회사로부터 자금을 빌려온 것으로 채무가 발생한 것이 되고, 회사에 가지급금을 변제한 것은 채무의 상환이 된다. 따라서 회사에 가지급금을 상환한 것에 대해서는 그 금액의 사용처를 밝혀야 상속재산에서 제외될 수 있다.

---

**절세 포인트 1.** 사망 전에는 가급적 거액의 재산처분 행위와 채무부담행위를 하지 말자.

**절세 포인트 2.** 사망 전 처분한 재산과 부담한 채무에 대해서 사전에 증빙을 잘 챙겨두자.

**절세 포인트 3.** 법인 대표의 경우 가수금과 가지급금에 대해서 사전에 사용처를 잘 챙겨놓자.

---

# 6. 공과금·장례비는 공제받기 위해
   관련 증빙을 잘 챙기자

## 1. 공과금

공과금이란 상속개시일 현재 피상속인에게 납세의무가 성립한 것으로 상속인에게 승계된 조세, 공공요금, 기타 국세징수법에 규정하는 체납처분의 예에 의하여 징수할 수 있는 채권을 말한다. 그러나 상속개시일 이후 상속인의 귀책사유로 납부 또는 납부할 가산세, 가산금, 체납처분비, 벌금은 공과금으로 보지 않는다. 그리고 재산세 및 종합부동산세가 고지되기 전에 피상속인이 사망한 경우 재산세와 종합부동산세를 공과금으로 공제할 수 있다.

## 2. 장례비

장례비용에는 시신의 발굴 및 안치에 직접 소요되는 비용과 묘지 구입비, 공원묘지사용료, 비석·상석 등 장례를 치르는 데 직접 들어간 제반 비용도 포함시키고 있다.

장례비용이 500만 원 미만인 경우에는 증빙이 없더라도 500만 원을 공제해 주지만, 500만 원을 초과하면 증빙에 의하여 지출 사실이 확인되는 것만 공제해 준다. 다만, 장례비용이 1,000만 원을 초과하는 경우에는 1,000만 원까지만 공제해 준다. 또한 장례문화의 개선을 지원하기 위해 위 금액 외에 봉안시설의 사용에 소요된 금액을

500만 원을 한도로 하여 추가로 공제해 주고 있다

따라서 장례비용이 500만 원을 초과할 때에는 관련 증빙서류를 잘 챙겨 두어야 장례비 공제를 1,000만 원까지 받을 수 있는 것이다.

**절세 포인트 1.** 재산세와 종합부동산세는 공과금으로 공제하여 상속세를 줄이자.
**절세 포인트 2.** 장례비용이 500만 원을 초과할 때에는 관련 증빙서류를 잘 챙겨 두자.

# 7. 상속세 계산할 때 가장 중요한 공제항목인 채무 어떻게 공제받을까

상속세 및 증여세법상으로는 상속개시 당시 현존하는 피상속인의 채무로서 상속인이 실제로 부담하는 사실이 금융기관의 채무확인서에 의하여 확인되는 경우 해당 채무는 상속세 과세가액에서 공제된다. 그러므로 채무의 존재 사실을 명확히 하여 채무공제를 적용받을 수 있는 절세방안으로 부동산 구입 시 금융기관의 차입금 활용, 소유 건물에 대한 임대보증금 활용 등의 방법이 있다.

## 1. 상속세 계산할 때 공제될 수 있는 채무는 어떤 것일까?

채무란 명칭 여하에 관계없이 상속개시 당시 피상속인이 부담하여야 할 확정된 채무로서 공과금 외의 모든 부채를 말한다. 그리고 채무 금액의 크기에 관계없이 채무라는 사실만 입증되면 공제 대상이다.

상속재산의 가액에서 차감하는 채무는 상속개시 당시 피상속인의 채무로서 상속인이 실제로 부담한 사실이 국가·지방자치단체 및 금융기관에 대한 채무는 해당 기관에 대한 채무임을 확인할 수 있는 서류로 입증되는 채무를 말한다. 반면 국가·지방자치단체 및 금융기관 이외의 자에 대한 채무는 채무부담계약서, 채권자확인서, 담보설정 및 이자 지급에 관한 증빙 등에 의하여 입증되는 채무를 말한다.

## 2. 채무를 입증하는 방법과 입증책임은 어떻게 되는가?

채무는 상속세를 계산하는 데 있어 가장 중요한 공제항목이므로 납세자와 과세관청 사이에 분쟁이 가장 빈번하기 때문에 상속세 및 증여세법에서 공제 가능한 채무의 입증방법을 엄격하게 규정하고 있다. 그리고 상속개시 당시 피상속인의 채무가 존재하는지 여부, 보증채무 및 연대채무의 경우 주 채무자가 변제불능의 상태에 있어 피상속인이 부담하게 될 것이라는 사유에 대한 입증책임은 납세의무자에게 있다.

특히, 가공 채무계약서를 작성하여 채무공제를 시도하는 사례가 빈번하다. 그래서 과세관청에서는 사채(私債)의 경우 주소지 관할 세무서에 통보하여 소득세 과세자료로 활용하고, 부채가 변제된 경우에는 자금의 출처 및 흐름을 조사하는 등 사후관리를 강화하고 있기 때문에 가공채무를 통해 채무를 공제하는 행위는 하지 않는 것이 좋다.

## 3. 채무, 이렇게 해서 공제받자

### 1) 병원비는 피상속인이 부담하라.

피상속인이 큰 병에 걸렸거나 장기간 입원한 경우에는 병원비도 상당히 많이 든다. 이런 경우 많은 사람이 피상속인 명의의 예금잔액이 있다 하더라도 자녀들의 통장에서 돈을 인출하여 병원비를 납부하는 경향이 있는데, 이는 상속세 측면에서는 전혀 도움이 안 되고, 오히려 안 내도 될 세금을 내는 결과가 된다.

피상속인의 재산으로 병원비를 납부하면 그만큼 상속재산이 줄어들어 세금을 적게 낼 수 있지만, 자녀의 재산으로 병원비를 납부하면 상속재산은 변동이 없기 때문에 그만큼 세금을 더 내는 꼴이 된다. 그뿐만 아니라 피상속인이 돌아가실 때까지 내지 못한 병원비는 채무로서 공제를 받을 수 있다. 그렇기 때문에 피상속인의 병원비는 돌아가시고 난 후에 납부하든지, 그 전에 내야 하면 피상속인의 재산에서 내는 것이 유리하다.

### 2) 월세에서 전세로 바꾸라.

임대 중인 부동산을 상속받는 경우 상속인은 임대계약이 만료되면 보증금을 반환해야 할 의무가 있으므로 상속세 및 증여세법에서는 이를 피상속인의 부채로 보아 상속세를 계산할 때 공제를 해 주고 있다. 따라서 임대차계약을 체결할 때 월세 비중을 줄이고 보증금을 많이 받는다면 공제받을 수 있는 채무액이 늘어나므로 상속세를 줄일 수 있다.

### 3) 임대보증금은 피상속인에게 귀속시켜라.

상속세를 계산할 때 해당 상속재산에 대하여 임대차계약이 체결된 경우에는 부채로 공제되는 임대보증금의 귀속은 다음과 같다.

토지·건물의 소유자가 동일한 경우에는 토지·건물 각각에 대한 임대보증금은 전체 임대보증금을 토지·건물의 평가액으로 안분한다. 그리고 토지·건물의 소유자가 다른 경우에는 실지 임대차계약내용에 따라 임대보증금의 귀속을 판정하며 건물의 소유자만이 임대차계약을 체결한 경우에 있어서 해당 임대보증금은 건물의 소유자에게 귀속되는 것으로 한다. 따라서 상속세를 절세하기 위해서는 가능하면 임대보증금은 피상속인에게 귀속되는 것으로 임대차계약서를 체결하는 것이 좋다.

---

**절세 포인트 1.** 채무에 대한 입증방법은 매우 엄격하며, 입증책임은 납세의무자에게 있다.

**절세 포인트 2.** 채무에 대해서는 사후관리가 매우 엄격하기 때문에 가공채무는 공제하지 않는 것이 좋다.

**절세 포인트 3.** 병원비는 피상속인이 부담하도록 하며, 임대차계약은 월세에서 전세로 전환하는 것이 좋다.

**절세 포인트 4.** 임대보증금은 가능하면 피상속인에게 귀속되는 것으로 임대차계약을 하는 것이 좋다.

# 8. 사전증여재산 어떻게 하면
상속재산에 합산되지 않을까

상속개시일 전 10년 이내에 피상속인이 상속인에게 증여한 재산 가액과 상속개시일 전 5년 이내에 피상속인이 상속인이 아닌 자에게 증여한 재산가액은 상속재산가액에 가산하여 상속세 과세가액을 계산한다. 그래서 상속개시 전 10년 또는 5년 이내에 증여한 재산은 다시 상속재산의 가액에 가산되어 절세효과가 없을 수 있기 때문에 증여할 때에는 사전에 충분히 검토하고 증여 여부를 결정해야 한다. 어떻게 하면 사전증여재산이 상속재산에 합산되지 않도록 할 수 있을까?

## 1. 건강상태에 따라서 누구에게 증여할지 결정하라

증여자의 건강상태로 보아 10년 이상 생존할 것으로 판단되면, 상속인들에게 분산하여 증여하는 것이 좋다. 5년 이상 10년 미만의 기간 동안 생존할 것으로 판단되면 며느리나 사위, 손자 등 상속인이 아닌 자에게 증여하는 것이 좋다. 그리고 만일 5년 이상을 생존할 가능성이 없는 경우에는 증여보다는 상속을 하는 것이 세금부담 면에서 유리할 수 있다.

그리고 사전증여하였으나 수증자(어머니)가 증여자(아버지)보다 먼저 사망한 경우 나중에 사망한 증여자(아버지)의 상속세 과세가액에 먼저 사망한 수증자(어머니)에게 증여한 재산가액은 합산과세하지 않는다.

왜냐하면 증여자의 상속일 현재 이미 사망한 배우자는 상속인에 해당하지 않기 때문이다. 따라서 만일 아버지보다 어머니가 건강상태가 안 좋다면 어머니에게 사전증여한 재산은 아버지의 상속세 계산할 때 합산되지 않기 때문에 사전증여를 통해 상속세를 절세할 수 있다.


## 2. 상속세 과세가액에 합산되는 기간을 10년에서 5년으로 줄여라

자녀(상속인)에게 증여할 경우 10년간 합산되므로 며느리 또는 사위(상속인 외의 자)에게 증여하고, 며느리 또는 사위는 증여를 받은 후 다시 아들 또는 딸에게 증여하는 경우에는 5년간 합산되기 때문에 합산 기간을 5년 줄일 수 있다. 특히, 6억 원 이하 재산의 경우에는 며느리 또는 사위에게 증여한 후 다시 며느리 또는 사위가 증여받은 재산을 아들 또는 딸에게 재차 증여할 경우 며느리 또는 사위가 증여받을 때에만 증여세를 부담하면 된다. 그리고 며느리 또는 사위가 증여받은 날로부터 5년이 지난 후에 증여자가 사망한 경우에는 증여재산은 상속재산에 합산되지 않기 때문에 상속세도 절세된다.


## 3. 영리법인을 이용하라

상속개시일 전 5년 이내에 피상속인이 상속인이 아닌 자에게 증여한 재산가액은 상속재산의 가액에 가산하는데, 상속인이 아닌 자에는 영리법인도 포함된다.

영리법인에게 사전증여할 경우 다음과 같은 이점이 있다.

첫째, 자녀에게 증여할 경우에는 10년간 합산되지만 영리법인에게 증여할 경우 5년간 합산되기 때문에 합산 기간을 5년 줄일 수 있다.

둘째, 영리법인이 일반법인일 경우 순손익가치와 순자산가치를 각각 3과 2의 비율로 가중평균한 가액을 비상장주식의 평가액으로 하도록 하고 있다. 따라서 영리법인에게 증여하지 않을 경우의 상속세보다 영리법인에 증여할 경우의 상속세가 절세될 수 있다.

영리법인에게 사전증여할 경우 다음의 사항에 대해서는 미리 충분히 고려해야 한다.

첫째, 영리법인에게 증여할 경우 수증받는 법인은 그 수증이익에 대하여 법인세가 과세된다. 특히 증여자와 증여받는 영리법인이 특수관계자인 경우에는 시가에 대하여 법인세가 과세되는데, 시가가 불분명한 경우에는 감정가액, 상속세 및 증여세법에 의한 보충적 평가방법 순으로 보도록 하고 있다.

둘째, 증여자의 자녀가 대주주로 있는 비상장법인(코스닥 사장법인은 제외)으로 결손금이 있거나 증여일 현재 휴업 중이거나 폐업상태인 법인(이하 '특정 법인'이라 함)에게 증여할 경우 상속세 및 증여세법 규정에 따라 특정 법인과의 거래를 통한 이익의 증여규정에 의해 증여세가 과세될 수 있다.

특히, 특별연고자 또는 수유자가 영리법인인 경우에는 그 영리법인이 납부할 상속세를 면제하되, 그 영리법인의 주주 중 상속인과 그 직계비속이 있는 경우에는 다음에 따라 계산된 지분상당액에 대하여 그 상속인 및 직계비속이 상속세를 과세하기 때문에 주의해야 한다.

$$\left[\begin{array}{c}\text{영리법인에게}\\\text{면제된 상속세}\end{array} - \left(\begin{array}{c}\text{영리법인이 받았거나}\\\text{받을 상속재산}\end{array} \times 10\%\right)\right] \times \begin{array}{c}\text{상속인과 그 직계비속이 보유하고 있는}\\\text{영리법인의 주식 등의 비율}\end{array}$$

그러나 영리법인의 주주가 며느리 또는 사위인 경우에는 영리법인이 유증을 받은 재산에 대하여 상속세는 과세되지 않고 법인세만 부담하기 때문에 법인세율과 상속세율의 차이만큼 절세가 될 수 있다.

---

**절세 포인트 1.** 사전증여재산이 상속재산에 합산되지 않기 위해 상속세 합산과세 배제증여재산을 이용하라.

**절세 포인트 2.** 건강상태에 따라서 누구에게 증여할지 여부를 판단하라.

**절세 포인트 3.** 영리법인을 이용할 경우 장·단점을 잘 고려해서 증여하라.

---

# 9. 상속공제 잘 챙기면 상속세 줄일 수 있다

상속공제 규정을 요약하면 다음과 같다.

| 구분 | 상속공제액 |
|---|---|
| ① 기초공제 | 2억 원 |
| ② 가업상속공제 | MIN(㉠, ㉡)<br>㉠ 가업상속재산 ㉡ 200억 원(15년 이상 300억 원, 20년 이상 500억 원) |
| ③ 영농상속공제 | MIN(㉠, ㉡)<br>㉠ 영농상속재산 ㉡ 15억 원 |
| ④ 배우자상속공제 | MAX[MIN (㉠, ㉡, ㉢), 5억)]<br>㉠ 배우자가 실제 상속받은 가액<br>㉡ (상속재산가액×배우자 법정상속분) - (합산대상 증여재산 중 배우자가 증여받은 재산의 과세표준)<br>㉢ 30억 원 |
| ⑤ 그 밖의 인적 공제 | 자녀공제: 자녀 수×1인당 5,000만 원<br>성년자공제: 미성년자 수×1,000만 원×19세까지의 잔여년수<br>연로자공제: 연로자 수 × 1인당 5,000만 원<br>장애인공제: 장애인 수×1인당 1,000만 원 × 기대여명년수 |
| ⑥ 일괄공제 | - MAX [5억, (기초공제 2억 원 + 기타인적공제)]<br>※ 상속인이 배우자 단독인 경우: 일괄공제 적용 안 됨<br>※ 신고기한 내 무신고한 경우: 일괄공제(5억 원) 적용 |
| ⑦ 금융재산상속공제 | - 순금융재산가액(금융재산-금융채무)이<br>  2천만 원 초과 시: MIN(MAX(2천만 원, 순금융재산가액×20%), 2억 원)<br>- 2천만 원 미만 시: 순금융재산가액 전액 |
| ⑧ 재해손실공제 | 신고기한 내 화재·자연재해 등으로 멸실·훼손 시 그 손실가액 |
| ⑨ 동거주택상속공제 | MIN(㉠, ㉡)<br>㉠ 주택가액(부수 토지 포함)×80% ㉡ 5억 원 |
| ⑩ 공제적용 종합한도액 = 상속세 과세가액 - [상속인이 아닌 자에게 유증·사인증여한 재산+상속인의 상속포기로 후 순위 상속인이 받은 상속재산+상속재산에 가산된 합산대상 증여재산에 대한 증여 세 과세표준] | |

결국 공제대상 상속공제액은 다음과 같다.

> 공제 가능한 상속공제액
> = MIN(아래 ①~⑨합계, ⑩공제적용 종합한도액)

## 1. 손주 등 상속인이 아닌 자에게 유증 등을 할 때는 신중히 검토하자

상속인이 아닌 손주에게 유증 또는 사인증여를 한 재산은 상속공제 종합한도액을 줄이기 때문에 상속세 부담이 늘어난다. 그러나 상속세 과세가액의 크기에 따라 상속공제 종합한도 적용 여부가 달라지기 때문에 상속세 부담이 늘어나지 않는 경우도 생긴다. 특히, 상속세 과세가액이 거액일 경우에는 상속세 공제 종합한도가 적용되지 않는다. 그래서 상속세, 증여세와 지방세 등을 비교 검토하여 손주에게 유증하는 것도 절세할 수 있는 방법이 된다. 그리고 상속세 과세가액에 합산되는 증여재산(상속개시 전 10년 또는 5년 이내 증여한 재산)의 경우에도 상속세 과세가액이 거액일 경우에는 상속공제 종합한도가 적용되지 않는다.

## 2. 일괄공제 적용은 선택사항이다

기초공제 2억 원 및 그 밖의 인적공제를 합친 금액과 일괄공제 5억 원을 비교하여 큰 금액을 공제받으면 된다. 따라서 배우자가 없는 경우에는 최소 5억 원(일괄공제)은 공제된다. 만약 배우자 외에 다른 상속인도 있는 경우에는 최소 10억 원(일괄공제 5억 원+배우자공제 5억 원)은 공제되며, 배우자만 있는 경우에는 최소 7억 원(기초공제 2억 원+배우자공제 5억 원)은 공제되므로 상속인별 구성에 따라 최소공제 금액이 달라진다.

## 3. 상속세 신고기한 내 신고해야 인적공제를 받을 수 있다

상속세 과세표준 신고기한까지 상속세를 신고하지 않은 경우에는 기초공제 및 그 밖의 인적공제 적용은 배제하고 일괄공제만 적용한다. 따라서 기초공제와 그 밖의 인적공제를 합한 금액이 일괄공제보다 큰 경우에는 반드시 상속세 신고기한 이내에 상속세 신고를 해야 한다.

---

**절세 포인트 1.** 손주 등 상속인이 아닌 자에게 유증 등을 할 때는 신중히 검토하자.
**절세 포인트 2.** 기초공제와 그 밖의 인적공제를 합친 금액과 일괄공제 중 큰 금액을 공제받자.
**절세 포인트 3.** 상속세 신고기한 이내에 상속세 신고를 하여야 그 밖의 인적공제를 적용받을 수 있다.

---

# 10. 배우자상속공제를 잘 활용하면
## 상속세를 절세할 수 있다

상속공제 중 가업상속공제를 제외하면 가장 많이 공제되는 항목이 배우자상속공제이다. 따라서 상속이 개시된 경우 상속인 중에서 피상속인의 배우자에게 얼마를 상속하느냐에 따라서 상속세 납부세액이 달라질 수 있기 때문에 상속공제 중 배우자상속공제는 매우 중요하다.

## 1. 배우자상속공제는 법률혼 관계에 있는 배우자에 대하여 적용한다

상속세 및 증여세법상 배우자상속공제대상 배우자란 법률혼 관계에 있는 배우자를 말한다. 사실혼 관계인 배우자는 배우자상속공제를 받을 수 없다. 그러므로 사실혼 관계에 있는 배우자는 특별연고자임을 주장하여 법원에 상속재산의 일부 또는 전부를 분배받을 것을 청구할 수 있다.

특별연고자의 경우 사실상 상속재산을 상속받은 자이기 때문에 상속세 납세의무가 있다. 그러나 특별연고자는 상속인은 아니기 때문에 상속채무는 당연히 승계하지 않는다.

## 2. 배우자상속공제 얼마나 받을 수 있나

다음과 같이 배우자가 실제 상속받은 금액을 공제하지만 배우자 상속공제액 한도액 범위 내에서 공제한다.

> 배우자 상속공제액 = MIN(배우자가 실제 상속받은 금액, 배우자 공제한도액)

배우자가 실제 상속받은 금액은 상속재산가액 중 배우자 상속재산분할기한까지 배우자 실제 상속받은 재산임이 확인되는 재산의 가액에서 배우자가 실제 인수한 채무·공과금을 차감하여 다음과 같이 계산한다. 그리고 배우자가 사전증여받은 재산가액은 포함하지 않고, 피상속인의 상속개시 전 처분재산으로 상속 추정되는 재산의 가액도 포함하지 않는다.

### 〈배우자가 실제 상속받은 금액〉

> 배우자가 상속받은 상속재산가액
> (상속추정재산과 사전증여받은 재산은 제외)
> (-) 배우자가 승계하기로 한 채무·공과금
> (-) 배우자가 상속받은 비과세재산가액(금양임야 및 묘토, 문화재 등)
> _____
>
> = 배우자의 실제 상속받은 금액

배우자상속공제 한도액은 다음과 같이 계산한다.

### 〈배우자 상속공제 한도액〉

MIN (①, ②)
① (상속재산의 가액 × 배우자의 법정상속 지분) - (상속재산에 가산한 증여재산가
　액 중 배우자에게 증여한 재산에 대한 과세표준)
② 30억 원

상속재산의 가액은 다음과 같이 계산한다.

### 〈상속재산의 가액〉

총 상속재산가액
(+) 상속개시 전 10년 이내에 상속인에게 증여한 재산가액
(-) 상속인이 아닌 수유자에게 유증·사인증여한 재산
(-) 비과세되는 상속재산
(-) 공과금·채무
(-) 과세가액 불산입재산
= 상속재산의 가액

　총 상속재산가액이기 때문에 본래의 상속재산뿐만 아니라 간주상속재산과 추정상속재산이 포함된다. 그리고 상속개시 전 5년 이내에 상속인이 아닌 자에게 증여한 재산가액은 합산제외 하지만 상속인에게 유증·사인증여한 재산은 차감대상이 아니다. 공과금과 채무는 차감하지만 장례비는 차감하지 않는다.

　배우자에게 10년 이내에 증여한 재산이 있는 경우에는 상속재산에 포함하여 배우자공제를 계산한 후 배우자에게 사전증여한 재산에 대한 증여세 과세표준을 차감한다. 예를 들어 상속재산이 20억원이고 배우자에게 10년 이내 증여한 재산이 8억 원이며, 상속인은 배우자, 자녀 2명이 있는 경우 배우자상속공제금액은 다음과 같다.

> 배우자공제 = (20억 원 + 8억 원) × 1.5/3.5 - (8억 원 - 6억 원) = 10억 원

　결국 배우자에게 증여 후 10년 이내에 사망한 경우에는 증여재산에 대하여 상속세가 과세될 뿐만 아니라 배우자상속공제한도가 줄기 때문에 증여하지 않을 때보다 상속세 부담이 늘어난다. 따라서 배우자에게 증여하는 경우에는 증여 후 건강상태를 고려한 생존 기간과 상속재산에 합산되는 경우의 세금부담을 고려하여 신중하게 결정하여야 한다.

　배우자 법정상속지분이란 민법에 규정된 배우자의 법정상속분을 말한다. 만약 공동상속인 중 상속을 포기한 자가 있는 경우에는 그 자가 포기하지 않은 것을 가정하여 계산한 배우자의 법정상속분을 말한다.


## 3. 배우자상속재산분할신고기한까지 명의이전하라

　배우자가 실제 상속받은 재산을 상속공제받으려면 상속세 신고기한의 다음 날부터 6개월 이내(이하 '배우자상속재산분할기한'이라 함)에 상속재산을 배우자 명의로 등기·명의개서를 완료해야 한다.

　하지만 부득이한 사유로 배우자상속재산분할기한까지 배우자의 상속재산을 분할할 수 없는 경우에는 상속세 신고기한의 다음 날부터 1년이 되는 날까지 상속재산을 분할하여 신고하는 경우에는 배우자상속재산분할기한 이내에 분할한 것으로 본다.

　그리고 부득이한 사유를 적용받으려면, 상속인이 배우자 상속재

산분할기한까지 상속재산미분할신고서에 부득이한 사유를 입증할 수 있는 서류를 첨부하여 납세지 관할 세무서장에게 신고하여야 한다.

## 4. 배우자상속재산분할신고를 하지 아니하거나 실제 상속받은 금액이 5억 원 미만인 경우 배우자 상속공제는 얼마나 될까?

배우자 상속재산의 분할신고를 하지 않은 경우에는 배우자 최소공제액 5억 원을 공제한다. 배우자가 상속을 포기하여 실제 상속받은 재산이 없거나 상속받은 금액이 5억 원 미만인 때도 5억 원을 공제한다. 따라서 상속재산이 거액인 경우 배우자 상속재산 분할신고까지 상속재산을 배우자 명의로 등기하여야 상속세를 절세할 수 있다.

---

**절세 포인트 1.** 배우자상속공제를 잘 활용하면 상속세를 절세할 수 있다.
**절세 포인트 2.** 배우자에게 증여 후 10년 이내에 사망한 경우에는 증여재산에 대하여 상속세가 과세될 뿐만 아니라 배우자상속공제한도가 줄기 때문에 상속세 부담이 늘어난다.
**절세 포인트 3.** 배우자가 실제 상속받은 재산을 상속공제받기 위해서는 배우자상속재산분할기한 내에 상속재산을 배우자 명의로 등기하자.

---

# 11. 배우자에게 어떻게 상속해야 절세할 수 있을까

## 1. 배우자가 얼마를 상속받아야 절세할 수 있나?

배우자가 법정상속지분만큼 상속을 받게 되면 배우자상속공제로 꽤 많은 금액이 공제되어 당장의 상속세는 줄어든다. 하지만 나중에 상속인인 배우자가 사망하여 상속받은 재산이 다시 상속될 때에는 배우자 상속공제가 적용되지 않기 때문에 상속세 공제액이 줄어들어 상속세가 크게 늘어날 수밖에 없다. 결국, 배우자 상속공제라는 것은 상속세를 비과세하는 것이 아니라 상속세 납부를 상속인인 배우자의 사망 시점까지 연기하는 효과를 가지고 있다. 그래서 배우자 상속공제를 최대한 받을 것이 아니라 현재의 상속세 산출세액과 재상속세 산출세액이 최소가 되는 금액을 배우자가 상속받는 것이 세금을 가장 절세할 수 있는 방법이다.

그리고 상속재산을 분할할 때 단기재상속에 대한 세액공제 고려해야 한다. 상속개시 후 10년 이내에 상속인이나 수유자의 사망으로 다시 상속이 개시되면 전의 상속세가 부과된 상속재산 중 재상속분에 대한 전의 상속세 상속세산출세액에서 공제한다.

### 〈단기재상속에 대한 세액공제〉

$$\text{단기재상속 세액공제액} = \text{전의 상속세 산출세액} \times \frac{\left\{\text{재상속분의 재산가액} \times \dfrac{\text{전의 상속세과세가액}}{\text{전의 상속재산가액}}\right\}}{\text{전의 상속세과세가액}} \times \text{공제율}$$

| 재상속<br>기간 | 1년<br>이내 | 2년<br>이내 | 3년<br>이내 | 4년<br>이내 | 5년<br>이내 | 6년<br>이내 | 7년<br>이내 | 8년<br>이내 | 9년<br>이내 | 10년<br>이내 |
|---|---|---|---|---|---|---|---|---|---|---|
| 공제율<br>(%) | 100 | 90 | 80 | 70 | 60 | 50 | 40 | 30 | 20 | 10 |

통계청 자료에 따르면 2015년 현재 연령별 기대여명은 다음과 같다.

(단위: 년)

| 구분 | 65세 | 70세 | 75세 | 80세 | 85세 | 90세 |
|---|---|---|---|---|---|---|
| 여자 | 22.35 | 17.89 | 13.74 | 10.06 | 7.06 | 4.83 |
| 남자 | 18.15 | 14.29 | 10.83 | 7.97 | 5.72 | 4.05 |
| 차이 | 4.2 | 3.6 | 2.91 | 2.09 | 1.34 | 0.78 |

  그리고 통계청 자료에 따르면 1981년 남자의 평균 초혼연령 26.4세, 여자의 평균 초혼연령 23세로 3.4년 차이가 난다. 따라서 기대여명과 초혼 시 연령 차이를 모두 고려하면 통계적으로 남편이 사망후 7.6년~4.18년 후에 부인이 사망하는 것으로 나타난다.

  따라서 남편이 사망 후 그 배우자에게 상속재산을 협의분할 할 때단기재상속에 대한 세액공제를 염두에 두고 분할하는 것이 재상속시 상속세를 절세할 수 있는 방법이 될 것이다.


## 2. 상속세 연대납세의무제도를 활용하라

  상속인 또는 수유자는 상속재산 중 각자가 받았거나 받을 재산을기준으로 계산한 비율에 의하여 상속세를 납부할 의무가 있으며, 각자가 받았거나 받을 재산을 한도로 상속세를 연대하여 납부할 의무를 진다. 따라서 배우자가 연대납세의무 한도 내에서 자녀의 상속세를 대신 납부할 경우 자녀는 상속세를 납부하지 않기 때문에 재산을 상속받을 수 있다. 뿐만 아니라 배우자가 대신 납부한 상속세만큼은 다시 상속이 안 되기 때문에 재상속에 따른 상속세도 줄일 수 있다.

### 3. 배우자가 무엇을 상속받아야 절세할 수 있나?

재상속 시 상속세를 고려할 경우 배우자가 연대납세의무 한도 내에서 자녀의 상속세를 대신 납부해야 할 뿐 아니라 앞으로 살아 있는 동안 노후자금 및 병원비용으로 사용하기 위해서는 현금·예금 등을 상속받는 것이 좋다. 부동산을 상속받는다면 향후 가치상승 폭이 낮은 부동산을 상속받는 것이 좋다.

### 4. 상속세 재원이 부족할 경우 법정상속지분만큼 상속받자

상속세 재원이 부족할 경우에는 배우자 법정상속지분만큼 상속받아 당장 납부해야 할 상속세를 줄이는 것이 유리할 수 있다. 왜냐하면 상속세 재원이 부족할 경우에는 상속세를 마련하기 위해 어쩔수 없이 상속재산 처분, 담보대출, 물납, 연부연납할 경우 상속세를 더 많이 부담할 수밖에 없기 때문이다.

**절세 포인트 1.** 현재의 상속세와 재상속 시 상속세의 합계액이 최소가 되는 금액을 배우자 공제하라.

**절세 포인트 2.** 재산분할 시 단기재상속에 대한 세액공제 고려하라.

**절세 포인트 3.** 배우자의 경우 상속세의 연대납세의무제도를 잘 이용하라.

**절세 포인트 4.** 상속세 재원이 부족하면 법정상속지분만큼 상속받자.

# 12. 상속재산 중 금융재산이 있는 경우 금융재산 상속공제 혜택을 받을 수 있다

금융재산은 부동산에 비해 상대적으로 높게 평가되기 때문에 과세 형평성 문제를 해소하기 위해 '금융재산상속공제제도'를 두고 있다. 금융재산상속공제란 거주자의 사망으로 상속이 개시되는 경우로서, 상속개시일 현재 상속재산가액 중 순금융재산이 있는 경우에는 금융재산상속공제를 적용받을 수 있다. 금융재산 상속공제는 다음과 같이 금융재산가액에서 금융채무를 공제한 순금융재산가액을 기준으로 공제한다.

**〈금융재산 상속공제액〉**

| 순금융재산가액 | 금융재산 상속공제액 |
|---|---|
| 2,000만 원 이하 | 당해 순금융재산가액 전액 |
| 2,000만 원 초과 ~1억 원 이하 | 2,000만 원 |
| 1억 원 초과~10억 원 이하 | 당해 순금융자산가액 × 20% |
| 10억 원 초과 | 2억 원 |

## 1. 금융채무란 금융기관의 채무로 서류에 의하여 입증된 채무를 말한다

금융재산은 금융기관이 취급하는 예금·적금·부금 등을 말하며,

금융채무란 금융기관에 대한 채무를 말하기 때문에 금융기관이 아닌 곳으로부터 대출을 받은 경우에는 금융재산가액에서 차감하지 않는다.

따라서 피상속인이 상속개시 전에 회사로부터 금전을 차입(가지급금에 해당함)하여 금융기관에 예금 등을 하는 경우에는 채무로 공제받음과 동시에 금융재산 상속공제를 추가로 받을 수 있기 때문에 이중 공제를 통해 절세할 수 있다.


## 2. 최대주주 등이 보유하고 있는 주식은 금융재산 상속공제에서 제외된다

금융재산 상속공제대상에 해당하는 금융재산에는 최대주주 또는 최대출자자가 보유하고 있는 주식이나 출자지분은 포함되지 않는다.


## 3. 금융재산이 10억 원을 초과할 경우 부동산으로 바꾸는 것이 유리한가?

순금융재산가액 10억 원을 초과할 경우 금융재산 상속공제액 한도가 2억 원이므로 10억 원을 초과하는 금융재산은 부동산에 비해 높게 평가되어 상속세 불리할 수 있다고 생각할 수 있다.

일반적으로 금융자산보다는 부동산을 상속하는 것이 유리하다. 예를 들어 은행에 예치된 예금 5억 원을 상속하는 경우 예금 5억 원과 상속개시일까지의 미수이자가 상속세 과세가액에 산입된다.

만약 시가 5억 원에 상당하는 부동산을 상속하게 되면, 시가를 산정하기 어려운 경우 상속세 및 증여세법상의 평가액은 보충적 평가방법이 적용되어 보통 시가의 약 80% 이하의 수준으로 평가되므로 시가(5억)와 재산평가액(4억)과의 차액(1억)에 대한 절세효과가 발생하게 된다.

그러나 상속재산이 50억 원을 초과하는 거액의 재산을 보유한 경우에는 상속세 부담률에 비해 유동성이 절대적으로 부족하기 때문에 상속세 부담분만큼은 금융자산을 보유하는 것이 유리할 수 있다.

---

**절세 포인트 1.** 금융채무란 금융기관의 채무로 서류에 의하여 입증된 채무를 말한다.
**절세 포인트 2.** 최대주주 등이 보유하고 있는 주식은 금융재산 상속공제에서 제외된다.
**절세 포인트 3.** 상속재산이 50억 원을 초과할 경우 상속세 부담분만큼 금융자산을 보유하라.

# 13. 상속재산 분할과
## 재분할 잘못하면 세금 늘어난다

## 1. 최초 협의분할은 자유롭게 할 수 있다

피상속인이 유언으로 상속재산의 분할방법을 정하지 않은 경우 민법에 의하여 공동상속인은 언제든지 상속재산을 아무런 제한 없이 협의분할 할 수 있다.

그리고 최초 협의분할의 경우 특정 상속인이 법정상속분을 초과하여 재산을 취득하는 경우 증여재산에 해당되지 않기 때문에 증여세를 부과하지 않고 있다.

## 2. 재협의분할하는 경우에는 주의하자

상속세 및 증여세법은 재협의분할에 대해서는 엄격하게 제한하여 일정한 사유가 있는 경우를 제외하고 특정 상속인이 당초 상속분을 초과하여 취득하는 경우 증여받은 것으로 보아 증여세를 과세한다. 하지만 당초 분할된 상속재산이 다음과 같은 사유로 재분할하는 경우에는 상속지분의 변동이 있더라도 증여세를 과세하지 않는다.

① 상속세 신고기한 이내에 재분할에 의하여 당초 상속분을 초과하여 취득한 경우
② 상속회복청구의 소에 의한 법원의 확정판결에 따라 상속인 및 상속재산에 변동이 있는 경우
③ 채권자 대위권의 행사에 의하여 공동상속인들의 법정상속지분 대로 등기 등이 된 상속재산을 상속인 사이의 협의분할에 따라 재분할하는 경우
④ 상속세 신고기한 내에 상속세를 물납하기 위하여 민법상 법정상속분으로 등기·등록 및 명의개서 등을 하여 물납을 신청하였다가 허가를 받지 못하거나 세무서장의 물납재산의 변경명령을 받아 다른 재산으로 물납신청을 하고 당초의 물납재산을 상속인 간의 협의분할에 의하여 재분할하는 경우

## 3. 최초로 상속등기할 때 잘 판단해서 분할하라

상속이 개시된 경우로서 상속재산에 대하여 최초로 상속등기할 때 피상속인의 유증 또는 사인증여가 없는 경우에는 상속인 공동명의로 상속등기를 할 것인지 아니면 협의분할에 의하여 특정 상속인이 상속받을지 잘 판단해야 한다. 상속등기가 완료된 경우에도 최소한 상속세 신고기한 이내에 재분할을 해야 한다.

또한 최초로 협의분할에 의한 상속등기를 하면서 상속인 중 특정 상속인이 상속재산을 초과하여 채무를 상속받은 경우에는 초과하는 채무를 다른 상속인에게 증여한 것으로 보기 때문에 주의해야 한다.

## 4. 상속재산분할은 양도소득세와 연결된다

상속재산에 대한 분할에 대하여 증여세 과세 여부는 증여세 과세 문제뿐만 아니라 이후 해당 재산을 양도할 때 양도소득세 과세문제와 연결된다. 상속재산에 대한 최초의 협의분할 또는 재분할에 대하여 증여세 과세 여부 판단은 증여세 과세문제로만 끝나는 것이 아니라 이후 해당 재산을 양도하는 경우 양도소득세를 계산할 때 취득가액과 취득 시기 문제와 연관이 있다.

즉 상속재산 재분할에 따라 증여세가 과세되는 재산은 이후 해당 재산을 양도할 때 취득 시기는 재분할에 따른 등기접수일이 되며, 취득가액도 등기접수일 현재를 기준으로 상속세 및 증여세법에 따라 평가한 가액이 된다.

그러나 증여세 과세대상에 해당하지 않는 협의분할 재산은 상속 재산이 되어 취득 시기는 피상속인의 사망일이 되며, 상속재산으로서 일정 기간 중과세 적용제외 등 각종 혜택을 부여받을 수 있으므로 협의분할한 재산이 상속재산인지 또는 증여재산인지 여부를 잘 판단하여야 한다.

---

**절세 포인트 1.** 상속이 개시된 경우 상속재산에 대하여 최초로 상속등기 할 때 잘 판단해서 분할하라.
**절세 포인트 2.** 상속재산에 대한 분할에 대하여 증여세 과세 여부는 증여세 과세문제뿐만 아니라 이후 해당 재산을 양도할 때 양도소득세 과세문제와 연결된다.

# 14. 상속세·증여세가 거액인 경우 분납 또는 연부연납을 이용하자

상속세 또는 증여세는 일시에 납부하는 것이 원칙이나 일시납부에 따른 과중한 세금부담을 분산시켜 상속재산 또는 증여재산을 보호하고 납세의무의 이행을 용이하도록 하기 위해 분할하여 납부할 수 있다. 단기간에 나누어 내는 것을 분할납부, 장기간에 나누어 내는 것을 연부연납이라고 한다. 납부할 상속세 또는 증여세가 너무 많아 부담스러운 경우에는 세액의 일부를 이러한 분할납부, 연부연납제도를 적절하게 이용하여 납부하는 경우에는 일시납부에 따른 부담을 줄일 수 있고, 자금이용의 효율성을 높일 수 있다.

## 1. 분할납부

상속세 또는 증여세의 납부할 세액이 1천만 원을 초과하는 때에는 다음의 금액을 납부기한이 지난 후 2개월 이내에 이자 부담 없이 분할납부할 수 있다.
- 납부할 세액이 2천만 원 이하일 때: 1천만 원을 초과하는 금액
- 납부할 세액이 2천만 원을 초과하는 때: 그 세액의 50% 이하 금액

## 2. 연부연납

　상속세 또는 증여세의 납부세액이 2천만 원을 초과, 연부연납신청 기한 이내에 신청, 납세담보를 제공한 경우에는 연부연납을 허가할 수 있다.

　원칙적으로 연부연납허가일로부터 5년 이내이며 상속세의 경우 가업상속 재산가액의 비율이 50% 미만인 경우에는 연부연납 허가 후 2년 거치 5년 이내이며, 가업상속 재산가액의 비율이 50% 이상인 경우에는 3년 거치 12년 이내이다.

　연부연납은 법정신고기한 내에는 세금부담을 할 여력이 없으나 향후 연부연납기간 동안에 납부할 수 있는 경우 자금 운영면에서 유리하며 향후의 시중 대출금리가 연부연납에 따른 가산이자율보다 높을 것으로 예상될 때 이자면에서 장점을 가지고 있다. 그러나 연부연납을 실행하기 위해서는 담보물건을 제공해야 할 뿐 아니라 연부연납에 따른 각 회분 분할납부세액에 연 1.6%의 가산금 추가 부담해야 하는 단점이 있다.

# 15. 물납신청은 신중히 결정하자

물납이란 금전납부 대신 예외적으로 현물납부에 의한 방법으로 납세의무를 이행하는 것을 말한다.

## 1. 물납에 충당할 수 있는 재산의 범위

물납에 충당할 수 있는 부동산 및 유가증권은 다음과 같다.

---

① 국내에 소재하는 부동산
② 한국거래소에 상장된 유가증권과 한국거래소에 상장되어 있지 아니한 법인의 주식 또는 출자지분(비상장주식 등)을 제외한 다음의 유가증권
　㉠ 국채·공채·주권 및 내국법인이 발행한 채권 또는 증권
　㉡ 자본시장법에 따른 신탁업자가 발행한 수익증권
　㉢ 자본시장법에 따른 집합투자증권
　㉣ 자본시장법에 따른 종합금융회사가 발행하는 수익증권

---

원칙적으로 상장 유가증권과 비상장주식은 물납신청이 불가능하다. 하지만 상장유가증권은 최초로 한국거래소에 상장되어 물납허가통지서 발송일 전일 현재 자본시장법에 따라 처분이 제한된 경우에는 물납이 가능하다. 그리고 비상장주식의 경우 다음 중 어느 하나에 해당하는 경우 물납이 가능하다.

① 상속의 경우로서 그 밖의 다른 상속재산이 없는 경우

② 다음의 상속재산으로 상속세 물납에 충당하더라도 부족한 경우

　　㉠ 국채 및 공채

　　㉡ 최초로 한국거래소에 상장되어 물납허가통지서 발송일 전일 현재 자본시장법에 따라 처분이 제한된 경우

　　㉢ 국내에 소재하는 부동산(상속개시일 현재 상속인이 거주하는 주택 및 그 부수토지를 제외)

## 2. 물납을 신청할 수 있는 요건

상속받거나 증여받은 재산 중 부동산과 유가증권의 합계액이 재산가액의 50%를 초과하고 상속세 또는 증여세 납부세액이 2천만 원을 초과하는 경우 납세의무자의 신청을 받아 부동산과 유가증권에 대해서만 물납을 허가할 수 있다. 그러나 물납을 신청한 재산의 관리·처분이 부적당한 재산의 경우 물납을 허가하지 않을 수 있다.

## 3. 물납을 청구할 수 있는 납부세액의 범위

물납을 청구할 수 있는 납부세액은 상속재산 또는 증여재산인 부동산 및 유가증권의 가액에 대한 상속세 납부세액 또는 증여세 납부세액을 초과할 수 없다. 따라서 물납을 청구할 수 있는 납부세액의 범위는 다음과 같다.

$$\text{상속세·증여세납부세액} \times \frac{\text{상속·증여 받은 부동산 및 유가증권 가액}}{\text{상속·증여 재산가액}}$$

$$\frac{\text{상속·증여받은 부동산 및 유가증권가액}}{\text{상속·증여재산가액}}$$

예를 들어 상속세가 4,500만 원이며, 상속재산은 오피스텔(4,000만 원), 아파트(7억6천만 원), 금융자산(2억 원)인 경우 물납청구 납부세액의 범위는 다음과 같다.

---

물납청구 납부세액의 범위

$$= 4,500\text{만 원} \times \frac{(4,000\text{만 원} + 7\text{억 6천만 원})}{10\text{억 원}}$$

$$= 3,600\text{만 원}$$

---

이 경우 물납을 청구할 수 있는 상속세액은 상속재산가액 중 부동산과 유가증권의 가액이 차지하는 비율에 해당하는 상속세액을 초과할 수 없으나 물납을 청구한 부동산이 면적을 분할할 수 없는 경우로서 상속세액을 납부하는 데 적합한 부동산 및 유가증권이 없는 경우에는 물납청구 납부세액을 초과하는 세액에 대하여도 물납을 허가할 수 있다. 따라서 전체 상속세 4,500만 원 중 4천만 원은 물납하고 500만 원은 현금으로 납부할 수 있다.

## 4. 물납재산의 물납충당순서

    &lt;1 순위&gt; 국채 및 공채

    &lt;2 순위&gt; 물납 가능한 상장 유가증권

    &lt;3 순위&gt; 국내에 소재하는 부동산

    &lt;4 순위&gt; 비상장주식 등

    &lt;5 순위&gt; 상속인이 거주하는 주택 및 부수토지

## 5. 물납재산의 수납가액

    물납에 충당할 부동산 및 유가증권의 수납가액은 원칙적으로 상속재산 또는 증여재산의 가액으로 한다. 그러나 물납에 충당할 유가증권의 가액이 평가기준일부터 물납허가통지서 발송일 전일까지의 기간 중 유가증권을 발행한 법인의 유가증권가액이 평가기준일 현재의 상속재산 또는 증여재산의 가액에 비하여 50% 이상 하락한 경우 물납허가통지서 발송일 전일 현재로 재평가한 가액을 수납가액으로 한다.

## 6. 물납이 유리한 경우

    부동산의 경우 향후 부동산가격의 하락이 예상될 때, 채권은 향후 시중금리가 상승할 것으로 예상될 때, 상장주식은 향후 주식가격의 하락이 예상될 때에는 현금으로 납부하는 것보다 물납을 신청

하는 것이 향후의 손실을 최소화할 수 있어 유리하다.


## 7. 물납이 불리한 이유

첫째, 부동산 등의 가액을 기준시가로 신고한 경우 물납가액 역시 신고가액에 의하게 되는 것이다. 따라서 시가와 기준시가와의 차액만큼 상속세를 더 부담하게 되는 것이다. 둘째, 물납한 재산을 국가가 처분한 경우 그 시세차익은 국가에 귀속된다. 따라서 물납할 경우 미래의 시세차익을 포기해야 하는 문제점도 발생한다.

셋째, 상속세 및 증여세법 시행령 제70조 제7항에 따르면 "재산을 분할하거나 재산의 분할을 전제로 하여 물납신청을 하는 경우에는 물납을 신청한 재산의 가액이 분할 전보다 감소되지 아니하는 경우에만 물납을 허가할 수 있다."고 명시하고 있다. 만일 물납재산 중 토지의 일부가 도시계획선상 도로가 예정되어 있다면 도로 예정 부분은 상속인의 몫이 되어야 하기 때문에 물납을 통해 부동산의 가치가 하락될 수 있는 것이다.

# 16. 상속받은 재산 언제 양도하는 것이 좋을까?

## 1. 사망일 이전에 처분하지 않는 것이 좋다

### 1) 사망일 전 6개월 이내에 처분하는 경우

상속세 및 증여세법상 상속개시일 전후 6개월(증여재산의 경우에는 3개월) 이내의 기간(평가기간) 중에 해당 상속·증여재산에 대한 거래가액, 둘 이상 감정평가액의 평균액, 수용보상·공매·경매가액이 있는 경우에는 이를 시가로 보도록 하고 있다.

따라서 상속개시일 전후 6개월 이내에 매매가 발생하면 매매가액이 시가가 된다. 뿐만 아니라 상속개시일 전 처분한 부동산이 1년 내 2억 원, 2년 내 5억 원 이상인 경우로서 매각대금 등의 일부 또는 전부에 대한 사용처가 모호한 경우에는 추정상속재산으로서 상속재산에 포함될 수 있다.

### 2) 사망일 전 6개월에서 2년 이내에 처분하는 경우

원래는 평가 기간 밖의 매매, 감정가액, 수용가액은 시가로 인정하지 않는다. 하지만 상속개시일 전 6월 이내 기간을 제외한 평가기준일 전 2년 이내 기간 중에 매매가격, 감정가격, 수용·공매·경매가액, 유사사례가액 중 평가 기준일과 매매계약 등에 해당하는 날까지의 기간 중에 주식발행회사의 경영상태 시간의 경과 및 주위 환경의 변화 등을 감안하여 가격변동의 특별한 사정이 없다고 인정되는 때에는 평가심의위원회 자문을 받아 시가에 포함할 수 있다. 그리고 상속개시일 전 처분한 부동산이 1년 내 2억 원, 2년 내 5억 원 이상인 경우로서 매각대금 등의 일부 또는 전부에 대한 사용처가 모호한 경우에는 추정상속재산으로서 상속재산에 포함될 수 있다.

### 3) 사망일 전 2년 이전에 처분하는 경우

평가기준일로부터 소급하여 2년 전의 기간(상속개시일 전 6월 이내의 기간 및 증여일 전 3월 이내의 기간을 제외함) 또는 평가기준일 이후 6월(증여의 경우 3월)을 경과한 기간 중에 있는 거래가액 등은 시가로 인정하지 않으며 추정상속재산규정도 적용되지 않는다.

결국, 사망일 전에 처분하는 것은 바람직하지 않으며, 굳이 처분한다면 사망하기 2년 이전에 처분하는 것이 좋다.


## 2. 사망일 후에 처분하는 것이 낫다

### 1) 사망일에서 6개월 이내에 처분하는 경우

상속받은 재산을 상속개시일로부터 6월 이내에 처분하는 경우에는 그 매매가액은 상속재산의 시가에 해당한다. 따라서 양도소득세 계산 시 취득가액은 피상속인이 과거에 취득한 가액이 아니라 양도가액이 취득가액이 되기 때문에 양도차익이 발생하지 않아 양도소득세는 없다. 한편, 상속세 계산 시 상속재산가액은 양도가액을 시가로 보기 때문에 상속재산이 상속공제액을 초과할 경우 상속세 부담이 늘어날 수 있다.

## 2) 사망일에서 6개월 이후에 처분하는 경우

상속받은 재산을 상속개시일로부터 6월 이후에 처분하는 경우에는 그 매매가액은 상속재산의 시가에 해당하지 않는다. 양도소득세 계산 시 취득가액은 상속개시일 현재 보충적 방법으로 평가한 가액이 될 것이다. 따라서 양도가액에서 취득가액을 차감해서 양도차익을 구하는데, 이 경우 보유 기간은 피상속인이 취득한 날부터 기산하는 것이 아니라 상속개시일부터 기산하는 데 주의해야 한다. 한편, 상속세 계산 시 상속재산가액은 상속개시일 현재 보충적 방법으로 평가한 가액에 대하여 상속세가 과세된다.

결국, 사망일 후에 처분하는 것이 사망일 전에 처분하는 것보다 좋다. 특히 상속세 납부세액이 없거나 미미할 때는 사망일에서 6개월 이내에 양도하는 것이 절세 효과가 가장 크다.

---

**절세 포인트 1.** 재산 소유자의 사망일에 임박해서는 가급적 재산을 처분하지 않는 것이 좋다.
**절세 포인트 2.** 상속받은 재산을 처분하고자 하는 경우 상속개시 6개월 이후에 매매계약을 체결하라.

# 상속을 설계하라! 영업활동에 100% 활용하기

## 교육내용

1. 상속세 및 증여세의 이해 및 계산

2. 개인사업자 법인전환을 통한 절세전략
   - 현물출자 법인전환
   - 사업포괄양수도와 영업권

3. 상속세 절세 플랜과 보험 활용

4. 합병, 분할을 통한 절세전략

5. 법인 CEO의 고민
   - 가지급금, 명의신탁주식
   - 법인성과의 개인화(CEO플랜, 차등배당 등)

6. 비상장주식평가와 CEO RISK

7. 상속증여 설계의 새로운 솔루션
   - 민사신탁을 활용한 갈등 해소 및 절세전략

8. 가업승계를 통한 절세와 보험

## 강의장 위치

**주소** 서울시 강남구 논현로 652 한일빌딩 2층 CNO퍼블리셔 대강의장

(지정 주차 공간이므로 주차가 안 되는 점 양해를 구합니다!)

## 강의장 내부 전경

## 교육 및 저자 강의 일정 문의

**문의전화** | 02. 3443. 0780

**담 당 자** | 기획관리 본부장 박규희

**홈페이지** | www.cnoconsulting.com